πολιτικά

　　我（苏格拉底）跟得上你的道路吗？我说，你说的那门专业似乎指政治专业，而且还许诺把男子教成好的政治人？

　　就是就是，他（普罗塔戈拉）说，苏格拉底哟，这正是我的专职。

　　真漂亮，我说，你搞到的这门专业漂亮，要是你真的搞到了的话——我没法不说出自己的真实想法，尤其对你，——其实，我自己一直以为，普罗塔戈拉噢，这专业没办法教。可你现在却那样子说，我不知道该怎么看你的话。不过，为何我觉得这专业不可传授，没法由一个人递给另一个人，还是说清楚才好。

　　　　　　　　——柏拉图,《普罗塔戈拉》,139a2-319b3

子曰:
可与共学，未可与适道;
可与适道，未可与立;
可与立，未可与权。

——《论语·子罕》

πολιτικά
政治哲学文库

甘阳 刘小枫 | 主编

哲人与僭主

柏拉图书简研究

彭磊 | 著

华东师范大学出版社

华东师范大学出版社六点分社 策划

国家社科基金青年项目
"柏拉图书信的翻译与研究"
（项目编号 12CZX039）结项成果

总　序

甘　阳　刘小枫

　　政治哲学在今天是颇为含混的概念,政治哲学作为一种学业在当代大学系科中的位置亦不无尴尬。例如,政治哲学应该属于哲学系还是政治系?应当设在法学院还是文学院?对此我们或许只能回答,政治哲学既不可能囿于一个学科,更难以简化为一个专业,因为就其本性而言,政治哲学是一种超学科的学问。

　　在20世纪的相当长时期,西方大学体制中的任何院系都没有政治哲学的位置,因为西方学界曾一度相信,所有问题都可以由各门实证科学或行为科学来解决,因此认为"政治哲学已经死了"。但自上世纪七八十年代以来,政治哲学却成了西方大学内的显学,不但哲学系、政治系、法学院,而且历史系、文学系等几乎无不辩论政治哲学问题,各种争相出场的政治哲学流派和学说亦无不具有跨院系、跨学科的活动特性。例如,"自由主义与社群主义之争"在哲学系、政治系和法学院同样激烈地展开,"共和主义政治哲学对自由主义政治哲学的挑战"则首先发端于历史系(共和主义史学),随后延伸至法学院、政治系和哲学系等。以复兴古典政治哲学为己任的施特劳斯政治哲学学派以政治系为大本营,同时向古典学系、哲学系、法学院和历史系等扩展。另一方面,后现代主义和后殖民主义把文学系几乎变成了政治理论系,专事在各种文本中分析种族、性别和族群等当代最敏感的政治问题，尤其福科和德里达等对"权力—知识"、"法律—暴力"以及"友爱政治"等问题的政治哲学追问，其影响遍及所有人文社会科学领域。最后，女性主义政治哲学如水银泻地，无处不在，论者要么批判西方所谓"个人"其实是"男性家主"，要么强烈挑战政治哲学以"正义"为中心无异于男性中心主义，提出政治哲学应以"关爱"为中心，等等。

以上这一光怪陆离的景观实际表明，政治哲学具有不受现代学术分工桎梏的特性。这首先是因为，政治哲学的论题极为广泛，既涉及道德、法律、宗教、习俗以至社群、民族、国家及其经济分配方式，又涉及性别、友谊、婚姻、家庭、养育、教育以至文学艺术等表现方式，因此政治哲学几乎必然具有跨学科的特性。说到底，政治哲学是一个政治共同体之自我认识和自我反思的集中表达。此外，政治哲学的兴起一般都与政治共同体出现重大意见争论有关，这种争论往往涉及政治共同体的基本信念、基本价值、基本生活方式以及基本制度之根据，从而必然成为所有人文社会科学的共同关切。就当代西方政治哲学的再度兴起而言，其基本背景即是西方所谓的"60年代危机"，亦即上世纪60年代由民权运动和反战运动引发的社会大变动而导致的西方文化危机。这种危机感促使所有人文社会学科不但反省当代西方社会的问题，而且逐渐走向重新认识和重新检讨西方17世纪以来所形成的基本现代观念，这就是通常所谓的"现代性问题"或"现代性危机"。不妨说，这种重新审视的基本走向，正应了政治哲人施特劳斯多年前的预言：彻底质疑近三四百年来的西方思想学说是一切智慧追求的起点。政治哲学的研究在中国虽然才刚刚起步，但我们以为，从一开始就应该明确：中国的政治哲学研究不是要亦步亦趋与当代西方学术"接轨"，而是要自觉形成中国学术共同体的独立视野和批判意识。坊间已经翻译过来不少西方政治哲学教科书，虽然对教书匠和应试生不无裨益，但从我们的角度来看，其视野和论述往往过窄。这些教科书有些以点金术的手法，把西方从古到今的政治思想描绘成各种理想化概念的连续统，盲然不顾西方政治哲学中的"古今之争"这一基本问题，亦即无视西方"现代"政治哲学乃起源于对西方"古典"政治哲学的拒斥与否定这一重大转折；还有些教科书则仅仅铺陈晚近以来西方学院内的细琐争论，造成"最新的争论就是最前沿的问题"之假象，实际却恰恰缺乏历史视野，看不出当代的许多争论其实只不过是用新术语争论老问题而已。对中国学界而言，今日最重要的是，在全球化时代戒绝盲目跟风赶时髦，始终坚持自己的学术自主性。

要而言之，中国学人研究政治哲学的基本任务有二：一是批判地考察西方政治哲学的源流，二是深入疏理中国政治哲学的传统。有必要说明，本文库两位主编虽近年来都曾着重论述施特劳斯学派的政治哲学，但我们决无意主张对西方政治哲学的研究应该简单化为遵循施特劳斯派路向。无论对施特劳斯学派，还是对自由主义、社群主义、共和主义或后现代主义等，我们都主张从中国的视野出发深入分析和批判。同样，我们虽强调研究古典思想和古典传统的重要性，却从不主张简单地以古典拒斥现代。就当代西方政治哲学而言，我们以为更值得注意的或许是，各主要流派近年来实际都在以不同方式寻求现代思想与古典思想的调和或互补。

以自由主义学派而言，近年来明显从以往一切讨论立足于"权利"而日益转向突出强调"美德"，其具体路向往往表现为寻求康德与亚里士多德的结合。共和主义学派则从早年强调古希腊到马基雅维里的政治传统逐渐转向强调罗马尤其是西塞罗对西方早期现代的影响，其目的实际是缓和古典共和主义与现代社会之张力。最后，施特劳斯学派虽然一向立足于柏拉图路向的古典政治哲学传统而深刻批判西方现代性，但这种批判并非简单地否定现代，而是力图以古典传统来矫正现代思想的偏颇和极端。当然，后现代主义和后殖民主义各派仍然对古典和现代都持激进的否定性批判态势。但我们要强调，当代西方政治哲学的各种流派无不从西方国家自身的问题出发，因而必然具有"狭隘地方主义"（provincialism）的特点，中国学人当然不应该成为任何一派的盲从信徒，而应以中国学术共同体为依托，树立对西方古典、现代、后现代的总体性批判视野。

中国政治哲学的开展，毫无疑问将有赖于深入地重新研究中国的古典文明传统，尤其是儒家这一中国的古典政治哲学传统。历代儒家先贤对理想治道和王道政治的不懈追求，对暴君和专制的强烈批判以及儒家高度强调礼制、仪式、程序和规范的古典法制精神，都有待今人从现代的角度深入探讨、疏理和发展。近百年来粗暴地全盘否定中国古典文明的风气，尤其那种极其轻佻地以封建主义和专制主义标签一笔抹煞中国古典政治传统的习气，实乃现代人的无知狂妄病，必须彻底扭转。另一方面，我们也并不同意晚近出现的矫枉过正，即以过分理想化的方式来看待儒家，似乎儒家或中国古典传统不但与现代世界没有矛盾，还包含了解决一切现代问题的答案，甚至以儒家传统来否定"五四"以来的中国现代传统。深入研究儒家和中国古典文明不应采取理想化的方式，而是要采取问题化的方式，重要的是展开儒家和中国古典传统内部的问题、矛盾、张力和冲突；同时，儒家和中国古典传统在面对现代社会和外部世界时所面临的困难，并不需要回避、掩盖或否认，倒恰恰需要充分展开和分析。中国政治哲学的开展，固然将以儒家为主的中国古典文明为源头，但同时必以日益复杂的中国现代社会发展为动力。政治哲学的研究既要求不断返回问题源头，不断重读古代经典，不断重新展开几百年甚至上千年以前的古老争论，又要求所有对古典思想的开展，以现代的问题意识为归依。古老的文明中国如今已是一个高度复杂的现代国家,处于前所未有的全球化格局之中,我们对中国古典文明的重新认识和重新开展,必须从现代中国和当代世界的复杂性出发才有生命力。

政治哲学的研究在我国尚处于起步阶段,无论是批判考察西方政治哲学的源流,还是深入疏理中国政治哲学传统,都有待学界同仁共同努力,逐渐积累研究成果。但我们相信,置身于21世纪开端的中国学人正在萌发一种新的文明自觉,这必将首先体现为政治哲学的叩问。我们希望,这套文库以平实的学风为我国的政治哲学研究提供一个起点,推动中国政治哲学逐渐成熟。

2005年夏

目　录

你们必须以这封信作为一道至高的法。

——柏拉图,《书简六》323c8–d1

书简……柏拉图哲学最终到达之处。

——阿尔法拉比,《柏拉图的哲学》

引　言

为什么要读柏拉图的书简？

我们想回答说，是为了以经典释读做自我教育。较真的朋友或许会继续追问，这些书简算是经典么，听说有好多篇是伪作，为什么不去读对话作品，对话不是戏剧么，戏剧可比平白的书简有意思得多。听到这，我忍不住想争辩：不，真伪那是现代人发明的偏见，而且这些书简也是对话，是柏拉图与我们的对话，甚至还有着某种不为人知的戏剧结构……

这听起来有些匪夷所思，朋友会善意地提醒，不对吧，柏拉图的书简又不是写给我们的，哪来什么对话？可别忘了，这些书简是写给叙拉古的狄奥尼修斯、狄翁诸人的！

不错，可作为读者的我们永远无法确定，这些人有没有最终收到柏拉图的书简。由于莫测的机运，这些书简有可能在途中沉于大海，或者失于驿路（《书简二》312d8）——倘若如此的话，可能我们也就读不到这些书简了；假设在一位神的庇佑下，这些书简顺利到达了叙拉古，恐怕它们更不会流传下来：柏拉图叮嘱狄奥尼修斯，一接到书简就要即刻反复地读，读完一定要把书简烧掉（《书简二》314c5-6），因为这是避免写下的文字落入人群的唯一办法。不解的是，这封书简（《书简二》）为何并没有化为灰烬。

我们可以提出这样一种可能：狄奥尼修斯收到了这封书简，但他没有听从柏拉图的叮嘱，将这封书简公开来，使之不幸落入了人群（我们）手中，违背了柏拉图的初衷。可反讽的是，柏拉图还曾交代狄奥尼修斯，保存书简，或者保存一份备忘（ὑπόμνημα）（《书简十三》363e4–5，亦即整部《书简》的结尾），我们再次不解，难道狄奥尼修斯这一次听从了柏拉图？

莫非柏拉图的书简不是写给那些表面的"收信人"的，我们才是柏拉图真正心仪的阅读者？也就是说，这些书简并非真正的"书简"？①

恐怕不能这么看，表面上的"收信人"当然非常重要，正如要分清与苏格拉底对话的是忒拉绪马库斯还是格劳孔一样重要。不过，更为重要的是要铭记，这些书简也是写给我们的，正如我们也是聆听苏格拉底对话的"沉默的积极参与者"一样。②假如说，柏拉图始终隐匿在对话中各个角色的身后，戴着好几幅面具在说话，那么这些书简就是柏拉图第一次也是唯一一次以"我"的身份发言，借着我们的阅读和聆听，柏拉图将与我们面对面地交谈。不过，这将是一场美妙但极为困难的交谈：能否开启与柏拉图的这场对话，取决于我们付出多少心力，因为最伟大的心灵是在独语——即便在写作对话时，柏拉图依然是在独语，因为他的所有对话都是在一个较高者与低于这位较高者的人们

---

① 这里没有采纳所谓公开书简与私人书简的简单区分，因为这一区分并不适用于柏拉图。

② 参见克莱因对读者在柏拉图对话中的地位的精辟论述：Jacob Klein，《柏拉图〈美诺〉疏证》（*A Commentary on Plato's Meno*），University of North Carolina Press，1965，页6。另外，在写给"狄翁的各位家人和同伴"的《书简七》中，柏拉图插入了一段"哲学离题话"，突然隐秘地向"你"说起话来："如果你想（βουλόμενος）领会现在所说的内容，你就要抓住（λαβέ）一个例子，并据此来思索（νόησον）所有情形。"（342b3–4）βουλόμενος为阳性单数分词，λαβέ、νόησον均为动词第二人称单数的命令式。Luc Brisson的法译本注意到了这一细节。本书中所有柏拉图书简的引文，均由笔者译自希腊文。

之间进行，他从未展现过最高的心灵之间的对话——我们必须把他们的独语转换成对话，而这可能是我们无法胜任的任务。[①]我们要相信，柏拉图书简有着和柏拉图对话同样的性质，我们所要做的，就是努力促成与柏拉图的交谈，把这些独语性的书简转换成柏拉图与我们的对话，为此我们必须追索柏拉图悉心留下的提示，必须学会辨分严肃和戏谑，必须破除戏谑所造成的重重误解。或许，这是场没有尽头的对话，它将永远地延续下去，因为柏拉图要求我们：反复地读这些书简（《书简二》314c6，《书简六》323c6），甚至要聚在一起读（《书简六》323c6）。

　　柏拉图留给了我们十三封书简，《书简七》是其中最长、最居中的一封，素来为研究者最为看重。称其"居中"，不仅因为它确实是夹在最中间的一封，而且在与其他书简联构成的意义网络中，它也处于最核心的位置。它所记叙的故事、人物在其他书简中得到进一步描述，它所提出的政治—哲学学说也在其他书简中得到不同程度的体现，只有通过它，我们才能重构其他书简的背景和关系，才能进入整部书简的文脉之中——借用柏拉图本人所举出的例证（《书简七》342b以下），《书简七》之于其他书简，就如圆心之于圆圈的关系。因此，只有理解了《书简七》，才可能理解其他书简。

　　从表面来看，整部书简涉及的都是柏拉图与现实政治的关系，因为这些书简大多是写给政治人物的，而且其中包括僭主。我们据此可以说，通过呈现哲人柏拉图与僭主狄奥尼修斯的关系，这些书简形象地呈现了哲学与政治的关系这一命题。这正是柏拉图政治哲学的要害问题。并非偶然的是，柏拉图只有两次说到过我们耳熟能详的"哲人王"：《王制》以及《书简七》

---

① 施特劳斯，"什么是自由教育"，一行译，见刘小枫、陈少明主编，《经典与解释5：古典传统与自由教育》，北京：华夏出版社，2005，页7。

(326b1–4)；只有三次说到过"最好"与"次好"：《治邦者》、《法义》以及《书简七》(337d4–8)。①假如我们把《王制》、《法义》与《书简》串起来看，便不难发现，从言辞中的美好城邦 (callipolis) 到神话中的城邦（克里特）再到现实中的城邦（叙拉古），从苏格拉底到身份模糊的雅典异乡人再到柏拉图，书简似乎昭示着柏拉图在写作上的一次转变。由此看来，在柏拉图的政治哲学中，十三封书简理当享有重要的位置。通过对书简尤其是《书简七》的仔细释读，不仅可以开启那场与柏拉图的对话，而且能够以极切近的方式领会柏拉图的教诲。

本书由三部分组成。上篇概述了柏拉图书简的相关问题，为进入对具体书简的研究做好铺垫。中篇集中火力专攻《书简七》，首章分析了《书简七》的文学形式，其余四章则依文序疏解《书简七》各节。下篇择取了与柏拉图的西西里之行直接相关的六封书简，并按照收信人分组进行解读。

---

① 参见本书页146–147。

上篇　柏拉图书简综论

一、柏拉图书简的真伪

阅读柏拉图书简，首先要面对或清理的就是真伪问题。在十八、十九世纪的西方学界，柏拉图作品的真伪普遍受到怀疑，疑古最甚之时，柏拉图仅余五部对话未被断伪，十三封书简更是自不待言。[①]疑古风潮归于平静后，那些曾经的"伪作"如今绝大多数都已得到正名，但柏拉图书简依然深陷真伪的泥沼，有关这些书简之真伪的意见不可缕举，不仅各封书简的真伪情况不同，甚至同一封书简内部也有真伪的判分——不少学者认为，《书简七》的主体是柏拉图所作，但其中342a7–345a4的"哲学离题话"(Philosophical digression)却是后人写就并窜入的。西人对柏拉图书简的阅读、研究，绝大部分精力都耗费在真伪问题上，鲜有精深的义理阐发。要排开这些有关真伪的意见，有必要系统梳理真伪问题的由来，尤其是借古今对照寻觅我们对柏拉图书简应持的态度。

[①] 程志敏，"《厄庇诺米斯》的真伪"，见刘小枫、陈少明主编，《经典与解释16：柏拉图的真伪》，北京：华夏出版社，2007，页3–9。

书简文体的渊源

与对话作品不同，柏拉图书简的真伪问题有其特殊性，某种程度上与古希腊书简体的写作境况有关。

在柏拉图之前，古希腊并没有独立的书简写作，但悲剧诗人欧里庇得斯喜欢以书简作为重要的戏剧元素，甚至好几次让剧中人直接在舞台上宣读书简的内容（《伊菲格涅亚在陶洛斯》行727–787，《伊菲格涅亚在奥利斯》行34–123，《希波吕托斯》行856–880）；希罗多德、修昔底德也曾直接引述过历史人物的书简，还谈到战争时书简传递的趣事（《历史》1.124, 3.40–43, 7.239；《伯罗奔战争史》1.128–132）。[①]

公元四世纪的雅典，除了柏拉图，还有一位修辞学教师也写书简，此即与柏拉图素为对头的伊索克拉底（Isocrates，公元前436–388年）。伊索克拉底的主要著作是二十一篇演说词，但作为泛希腊主义的头号旗手，他还写有九封书简：全都是写给外邦统治者，包括叙拉古僭主狄奥尼修斯一世、马其顿王菲力、年轻的亚历山大，斯巴达王阿基达摩斯等等，其中有四封鼓吹希腊诸邦联合起来征服波斯。如今，这些书简多被认定确实出自伊索克拉底之手，但属于修辞创作，乃一类虚构的书简。另外值得一提的是，色诺芬在《居鲁士的教育》（4.5.26–34）中也辑录（或编撰）了一封居鲁士的书简，这封书简非常程式化，以χαίρειν[祝快乐]起头，以ἔρρωσο[祝身体好/保重]结尾，似乎说明当时的书简写作已经有

---

① 从这些文献记载看，古希腊最初的书信应称为"信板"（罗念生译法），正如我们古人称书信为简牍、尺素。"板"乃两块对折的木板，四面有边，中间涂蜡，以铜针在蜡上写字，毕后两板对合，加以封缄（详见周作人译，《欧里庇得斯悲剧集》中卷，中国对外翻译出版公司，2003，页835，注392；参希罗多德，《历史》7.239）。限于这种条件，书简自然要尽可能短，所以，我们有理由怀疑，柏拉图长达数十页的《书简七》会否真的是一封"书简"。

了一套形式和规范。①

在柏拉图之后，哲人的书简写作多了起来。据记载，亚里士多德写有二十多封书简，其中有四封写给亚历山大，九封给马其顿大将安提帕特(Antipater)(《名哲言行录》卷五，26)，学园继承人斯彪西普斯(Speusippus)则有一卷分别致狄翁、狄奥尼修斯和马其顿的菲力二世的书简集(《名哲言行录》卷四，5)：从收信人就可以看出，这些书简讨论的也多是政治。与之不同的是，菜园哲人伊壁鸠鲁也有三封致友人的书简(有赖拉尔修的全文抄录流传后世)，讨论的却是生死、自然学和天象学。尽管这些哲人书简都流传了下来，但和柏拉图书简的遭遇一样，它们无不有着严重的真伪问题——这很大程度上归因于希腊化时期的托名书简写作风潮。

公元二三世纪时，罗马帝国治下的泛希腊地区出现了一次文化复古，史称第二次智术师运动。这场运动力图重现公元前四世纪时雅典文化的辉煌，人们竞相模仿古代作品，出现了一种崭新的修辞作品，即假托古人之名拟作的书简，这种可谓"书信体小说"的写作形式既能通过塑造人物达到训练修辞技巧的目的，又能在短小的篇幅内展现个人的机智和学识，博人一笑，因而大为流行，至公元四世纪时，已经确立为一种重要的文学类型。匿名的作者们热衷托名于古代哲人(德谟克利特、赫拉克利特、希波克拉底、苏格拉底、柏拉图等)，演说家(埃斯基奈斯、德摩斯提尼)，政治家(泰米斯托克勒斯、狄翁、布鲁图斯等)，古代七贤(梭仑、泰勒斯)等等，②尝试着从一种更私人和更切近的角度刻画古

---

① 在柏拉图那里，有三封书简(一、十、十三)以ἔρρωσο结尾，两封书简(五、十一)以εὐτύχει[祝你好运]结尾，其余则没有明确的结束语。

② P. A. Rosenmeyer，《古希腊书简文学》(*Ancient Greek Literary Letters*)，Routledge，2006，页99。当今辑佚古希腊书简最全的集子仍属R.Hercher所编800多页的《古希腊书简集》(*Epistolographi Graeci*, Paris, 1873)。

人的形象，或是虚构情节，或是依据历史材料，近乎一种传记文学的创作。在这些书简作品中，最著名的就是37封所谓的"苏格拉底派书简"（Socratic epistles）。苏格拉底派书简并没有多少哲学讨论，而是主要描绘了苏格拉底哲人圈子的交往和活动，常被分为以下六组：①

第1–7封：托名苏格拉底；

第8–13, 29封：托名寓居狄奥尼修斯二世宫廷的阿里斯提普斯（Aristippus）；

第14–17封：由不同写信人讲述苏格拉底的审判和辞世；

第18–22封：托名色诺芬或与色诺芬有关；

第23–28封：描述柏拉图在叙拉古的经历，其中第24、25、26封托名为柏拉图，第一封由柏拉图致一位叙拉古的收信人，讲述自己想要隐居的意愿，第二封致狄奥尼修斯二世，引介一位叫克里尼斯（Krinis）的年轻人，第三封致叙拉古的朋友们，称赞他们忠于狄奥尼修斯，并敦促他们一如既往地保持忠诚；②

第30–37封：托名斯彪西普斯，或以斯彪西普斯为收信人；

经过这场伪作风潮，现代的阅读者们对古代书简多了一份戒心，事先总要问一句：真的，还是假的？真伪考证在现代蔚为大观，不过，在上面提到的这些书简中，柏拉图书简的真伪问题最

---

① 此处书简的排序依据R.Hercher。
② 这三封书简曾窜入柏拉图的正典。1870年，C. F. Hermann编校的柏拉图全集（Leipzig: Teubner）就将这三封书简与另外十三封书简联在了一起。

复杂，争议最多。

古典世界的流传

据第欧根尼·拉尔修记述（《名哲言行录》卷三，61），公元一世纪时，忒拉绪洛斯（Thrasyllus）就将十三封书简与《米诺斯》、《法义》、《厄庇诺米斯》划归为第九套四联剧，并为这些书简统统题上了问候语 εὖ πράττειν。拉尔修称这些书简为"伦理的"（ἠϑικαί），并一一列举了收信人的名字（唯一有出入的是，《书简十》的收信人 Ἀριστόδωρος 被误当作了 Ἀριστόδημος）。拉尔修随后还列举了文法学家拜占庭的阿里斯托芬（Aristophane of Byzantine，公元前257–150年）编排的三联剧，其中第五套三联剧为《克力同》—《斐多》—《书简》。由此看来，和柏拉图的对话作品一样，十三封书简的地位确立甚早，而且普遍受到承认。而且，忒拉绪洛斯和拜占庭的阿里斯托芬都把十三封书简看成一部作品、一部戏剧作品，放在一套四联剧或三联剧的末尾，以《法义》或《斐多》为中心。进而言之，两位编者并未把这些书简看成"历史性的"或"传记性的"，而是把它们看成戏剧作品，十三封书简就如《法义》的十二卷一样（《名哲言行录》卷三，57）。[1]

尽管有着拉尔修所提供的明证，但意外的是，亚里士多德和其他学园成员从未提到过这些书简，这成为后世学者否认柏拉图书简的首要理由。[2]最早提到和引述柏拉图书简的是西塞罗。在

---

[1] Thomas L. Pangle编，《政治哲学之根：十篇被遗忘的苏格拉底对话》（*The Roots of Political Philosophy: Ten Forgotten Socratic Dialogues*），Cornell University Press，1987，页4注6。

[2] 亚里士多德说到过狄翁的叙拉古远征（《政治学》1312a–b，《修辞学》1373a），但从未提到柏拉图与狄翁、狄奥尼修斯的交往，更没有提到柏拉图的三次西西里之行。

《图库卢姆清谈录》中（卷五，35, 100），西塞罗明确引述了"柏拉图致狄翁亲友的著名书简"（praeclara epistula Platonis ad Dionis propinquos），将《书简七》326b–c节译成了拉丁文；他还在《致家人书》（*Epistolae ad Familiares*，卷一，9.18）概述了《书简七》331c 中关于建议的思想。此外，《论善恶的极致》（*De finibus bonorum et malorum*，卷二，14,46）及《论职责》（*De Officiis*，卷一，7.22）提到柏拉图并引证了《书简九》358a。由此看来，西塞罗至少承认第七、九封书简为柏拉图所作。

另外一位引证柏拉图书简的古典作家是普鲁塔克。他的《对照列传》将狄翁与布鲁图斯（Brutus）并置，并在写作"狄翁传"时运用了《书简七》的素材，甚至原封不动地整句转录，经常称"如柏拉图所写"。其实，早在普鲁塔克之前，另一位为狄翁立传的作家、与西塞罗同时代的奈波斯（Cornelius Nepos）就这么做过，[1]不同的是，普鲁塔克还解释了《书简十三》中的一个段落，为了刻画狄翁的性格，他运用了与《书简四》相同的语词。公元三世纪时，新柏拉图主义者普罗提诺多次评注《书简二》（《九章集》卷一，8, 2；卷五，1, 1–8），并把这些书简奉为真迹。

其实，自忒拉绪洛斯编定柏拉图的九套四联剧之后，三十五篇对话和十三封书简在古代就很少受到怀疑。一般认为，最早的怀疑者是公元五世纪的新柏拉图主义大师普洛克罗（Proclus, 410–485年）。这一习见皆因一位奥林匹俄多茹斯（Olympiodorus）所写的《柏拉图哲学引言》第26节记载：神圣的普洛克罗把《厄庇诺米斯》视为伪作，而且还摒弃了《王制》《法义》《书简》，理由是《王制》《法义》卷数太多，且形式并非对话，而《书简》的风格则过于单一，于是，普洛克罗就把柏拉图的著作变为了

---

[1] 中译见奈波斯，《外族名将传》，刘君玲等译，上海：上海人民出版社，2005，页 102–113。

三十二篇对话。①不过，这位作者的记载恐怕并不忠实，因为普洛克罗曾引用过某些书简并将之归诸柏拉图：比如说，他的《〈蒂迈欧〉疏》就多次引用《书简二》312e及《书简七》328c、342e等处。要断言普洛克罗是个疑古派，看来颇值得商榷。

　　梳理出这些文本材料，并非是借古人之权威证明柏拉图书简确属真作——在那些考订家眼中，这样的证明定然没有任何说服力——而是想从中见出真伪问题的由来。通过对比古人与今人看待一部作品的态度，我们至少不会再肆意疑古非经，至少可以学会对一部古典作品保留适度的尊重和审慎：这种尊重和审慎对于柏拉图的书简尤为必要。

现代的疑古风潮

　　文艺复兴时期，十五世纪初期最伟大的柏拉图译者布鲁尼（Leonardo Bruni, 1369–1444年）先后翻译过《斐多》《克里同》《苏格拉底的申辩》《斐德若》等篇，最后又翻译了柏拉图书简（1427年），呈献给梅迪奇家族的科斯莫（Cosimo de Medici）。在献致信中，布鲁尼说明了他翻译柏拉图书简的理由，颇值得在此引用：

> 翻译这些书简带给我极大的愉悦，我仿佛在面对面地与柏拉图本人交谈，久久凝视着他，与他的其他作品相比，我更能在这些书简中发现他的身影，因为书简既不是虚构的对话，也没有归之于另一个人，书简中没有任何反讽和伪装（ironia atque figmento），它所描述的是这位最伟大和最智慧

---

① L. G. Westerink,《佚名著柏拉图哲学引言》(*Anonymous Prolegomena to Platonic Philosophy*), Amsterdam: North–Holland Publishing Co., 1962, 页46。

的人在严肃事态下不得不采取的行动。①

布鲁尼继续说到，柏拉图在书简中通过行动表明，他本人就体现着他所教导的正直、自由、虔敬、正义等美德。在信的结尾，布鲁尼模仿柏拉图致狄奥尼修斯的笔调，语重心长地对科斯莫说：

> 因此，我要求你反复阅读这些书简，把其中的每一条格言都铭记在心，尤其那些关于国家事务的建议。你会明白我所说的意思，如果你用心把它们全都细细读过。……再会吧，望你通过阅读和行动表明，我的这份礼物并没有白费。

布鲁尼的翻译当然极具政治意图，称不上如今严格的学术翻译，但却颇能体现佛罗伦萨当时的政治诉求。他力图把柏拉图塑造成一位"共和派"，是解放叙拉古僭政的首要力量，正是柏拉图激起了狄翁对自由的渴望，促使狄翁推翻了僭主统治。布鲁尼认定《书简十三》是伪作(他未加说明漏译的还有《书简二》314c7–315a5)，也正是因为此简突出了柏拉图与僭主的亲密关系。受布鲁尼影响，斐齐诺(Marsilio Ficino)1484年在佛罗伦萨出版拉丁文版的柏拉图全集时，同样拒斥《书简十三》，未予翻译(他另把《克利托普丰》判作伪篇)，他还断定《书简一》和《书简五》的作者是狄翁本人。直到1557年，文森特(Antoine Vincente)才将

① 参见James Hankins，《柏拉图在意大利文艺复兴》(*Plato in The Italian Renaissance*)，Leiden: E.J.Brill, 1990，卷一，注104。附带一提，书信体在文艺复兴时期重新成为政治修辞的重要工具，当时的作家接续西塞罗、小普林尼的写作传统，对书信写作技巧、原理的探讨层出不穷，就此可参斯金纳，《现代政治思想的基础》，奚瑞森、亚方译，北京：商务印书馆，2002，页56–66。

《书简十三》重新收入自己所编的柏拉图全集。①

1678年，英国剑桥的柏拉图主义者柯德沃思（Ralph Cudworth）也否认《书简十三》的真实性，他认为，《书简十三》363b 对"神"与"神们"的区分说明，作者不可能是作为多神论者的柏拉图，而只能是一位基督教作家。二十年后，英国学者本特利（Richard Bently）发表论文《论普法拉西斯、泰米斯托克勒斯等人的书简》（Dissertation upon the Epistles of Phalaris, Themistocles etc.），被认为是现代人考订古代书简的开山之作，本特利的主要研究对象是以公元前六世纪的西西里僭主普法拉西斯（Phalaris）之名传下来的书简，并未详尽讨论柏拉图书简，但从他对各封书简的征引来看，他肯定柏拉图书简是真作。可以说，在十八世纪之前，柏拉图书简的真伪并未成为一个问题，受到排斥的至多仅有第十三封。

随着现代启蒙思潮的汹涌而至，柏拉图作品的真实性纷纷受到质疑，在一番番"考订"风波中，柏拉图书简自然不能幸免于难，其所受到的冲击远远超过对话作品。1783年，德国学者迈纳（Meiners）首先发难，否认全部书简（尤其第二、十一、十三封）的真实性；1816年，阿斯特（Friedrich Ast）继之而来，在其《柏拉图的生平和著作》（Platons Leben und Schriften）中对全部书简嗤之以鼻，声称这些书简根本配不上柏拉图的名字，仅对了解柏拉图的生平有所帮助，指责作者"粗野的自夸"（plumpe Ruhmredigkeit）；1820年，索瑟（Joseph Socher）的《论柏拉图的著作》（Über Platons Schriften）提出，《书简七》和《书简八》有申辩意味，可能是由学园成员在柏拉图死后不久所写，目的是为柏拉图在叙拉古的政治行动辩护。1864年，卡森（H.T.Karsten）发表了拉丁文论文《柏拉图书简考订研究》（Commentatio critica de

① James Hankins，《柏拉图在意大利文艺复兴》，前揭，页306–307。

Platonis quae feruntur Epistolis),在细致分析过书简的内容、风格、史实和学说之后,卡森总结说:这十三封书简均属伪作,尽管其中有着柏拉图对话和哲学的痕迹,但无一不是从对话作品中抄袭拼凑而成,因而其风格散乱,粗糙低劣;这些书简约在公元三世纪上半叶编定,作者应当是一位或多位修辞学家,目的是为柏拉图申辩,展示柏拉图的生平及其与统治者的关系,但书简所刻画的柏拉图与柏拉图的哲学完全不符;在这些书简中,第七封最为重要,也是其他几封赖以编造的模式,第三、七、八封有较多相似性,应当出于同一位作者,是我们了解柏拉图生平事迹最古老和最可靠的材料。卡森的论文被誉为"第一份真正重要的考订",直到今天仍然有极大影响,特别是他在各封书简之间、以及书简与对话之间所作的文本对勘,基本都被此后的研究者采用。受其影响,之后的哲学史家策勒(Zeller)接着认定,十三封书简全属伪作。

到十九世纪末,发端于德国的这股疑古辨伪浪潮稍稍平息,英国古典学者坎贝尔(Lewis Campbell)在其《柏拉图的〈智术师〉和〈治邦者〉》(*Plato, Sophistes and Politicus*, 1867)中倡导技术化的风格学分析,给柏拉图研究带来了一丝转机。但迟至1888年(坎贝尔的著作在德国长期不为人知),李特(C.Ritter)才发表《对柏拉图的检验》(*Untersuchungen über Platon*),经过细致的风格学分析大胆宣布,《书简七》的文风和《法义》一模一样,他还谨慎地暗示第四、五、八封书简都是真作,甚至第二、九、十封也未必是伪作。此后的一些研究者(如Fr. Blass、Eduard Meyer、Hans Raeder),以及德文版柏拉图全集的译者阿佩尔特(Otto Apelt)都坚持书简的真实性,仅仅排斥第一封和第十二封。再往后,考订的手段越来越多,涵括了语言分析、风格分析、史实考证、学说辨疑,真伪的意见也越来越多,比如说,李特1910年又推出《对柏拉图新的检验》(*Neue Untersuchungen über Platon*),承认第三、七、八封书简的真实性,他还推断说,设若这些书简不是柏拉图本人所作,其作者一定是根据柏拉图的笔记汇编而成;维拉莫维兹(Wilamowitz-Moellendorff)最初怀疑所有书简的真实性(除对第六封有所保留),但他的巨著《柏拉图》(*Platon*, 1920)作出修正,承认第六、七、八封书简。鉴于维拉莫维兹作为古典学权威的地位,《书简六》也得到了很多人的接受。

    进入二十世纪,书简的西文译本渐多,研究者也渐多,对各封书简的真伪尽管意见不同,但却有一个基本的走向:由于前代学者丰硕的"考订成果",除少数怀疑者外,第七、八封书简的真实性得到了普遍承认,其余几封书简则聚讼纷纭,难有定论,甚至还有不少被认为是伪作。举例来说,布里松(Luc Brisson)的法译本(1987年初版,1994年再版)当属最晚近的西文译本,但他却认为,能够确定为真的只有《书简七》,《书简八》《书简十一》属可疑作品,而其余书简则全属伪作,尽管他也承认,这些"伪作"对于了解柏拉图的生平和学说、甚至对阐释《书简七》具有莫大的价值。[①]经过现代考证的洗礼,柏拉图书简似乎成了一堆"有问题"的历史材料,仅对了解柏拉图的生平以及他在西西里的政治活动有用,这意味着,《书简》在柏拉图的作品织体中无足轻重,遑论在柏拉图哲学中有什么地位了。

    翻开任何一部西文译本,几乎无不先以大量的篇幅来讨论真伪问题,进而考述书简的"历史背景"。我们忘了,正如柏拉图对话中的苏格拉底不是历史上的苏格拉底一样,柏拉图书简中的柏拉图也未必是历史上的那位柏拉图。真伪问题的实质在于,人们惊异地发现书简中的柏拉图不太像是隐藏在对话中的柏拉图

[①] Luc Brisson,《柏拉图书简》(*Platon: Letters*), Paris, 1994,页20–21。该书第70页列出了自斐齐诺以来对柏拉图各封书简的真伪判分,值得参看。

(unplatonic)，或者说，不太像是位"穷理尽性"的哲人。①然而，我们并不能排除这样一种可能性：柏拉图甚至也会在自己的书简中隐藏自己，甚至是有意塑造一个非柏拉图的柏拉图；我们更不能忽略这样一个事实，这些书简多是写给僭主的，在僭主面前，一位智慧者所说的话会是真诚和严肃的么（见《书简七》332d6-7)?②考虑到这些书简的"申辩"性质，我们有必要将真伪问题转换为意图问题，即追问柏拉图如此写作的意图何在。对此，施特劳斯的阅读经验或可借鉴：

> 我现在深信，所有的柏拉图书信（包括第一封）都是真实的：它们是柏拉图与色诺芬的《远征记》相对应的作品。它们表明，作者并非因苏格拉底的缘故而堕落的：作者始终隐蔽在对话里，而书信及《远征记》的目的则是说明隐蔽者绝无恶意，绝对正常。③

---

① 不少论者认为，从书简可以看出，柏拉图在私人生活上有着人易犯的弱点，这些弱点不宜在自己公开性的对话作品中展示出来，但在私人性的信件中，他感到没有必要再加以克制，见 J. Harward，《柏拉图书简》(*The Platonic Epistles*)，Cambridge, 1932, 页71。

② 参见施特劳斯，《论僭政》，何地译，北京：华夏出版社，2006，页30。

③ 施特劳斯1939年致克莱因信函，见《回归古典政治哲学》，朱雁冰、何鸿藻译，北京：华夏出版社，2006，页312。

二、版本源流与研究现状

若要深入研究某个古典文本，最好从原文（希腊文或拉丁文）入手，一昧依赖现代译本，终究隔了一层，难免跟着译者出错不说，而且还会错失原文的精微曲奥。因此，应当先搞清有多少原文校勘本和西文译本，从中斟酌考量，拣择校勘最精当的本子作为翻译的底本，再参照几个译笔信实的西文译本，逐字逐句尽可能慢地译出一个中译本，同时尽可能多地吸纳西文译本的注释。这样做既可以避免误判误译原文，又能极大地丰富对原文的理解。只有先打下这个坚实的地基，接下来的研究才能踏实展开。下面对柏拉图书简的校勘本、译本和研究文献略作绍述。

原文校勘本

现代柏拉图希腊文全集的编订，主要依据两大最古的抄件。一为九世纪末的牛津抄件（Bodleianus 39，简写为B，藏于牛津），只包含前六套四联剧；另一为同时代的巴黎抄件（Parisinus Graecus 1807，简写为A，藏于巴黎国家图书馆），只包含第八、第九套（含书简）四联剧和伪篇。中间缺失的第七套四联剧则依靠另外两份稍后的抄件补齐：公元1100年左右的威尼斯抄件（Venetus

Append. Class. 4, cod.1, 简写为T, 实为巴黎抄件的副本, 但包含其缺少的部分), 十二世纪的维也纳抄件(Vindobonensis 54, 简写为W)。单就柏拉图书简的希腊文而言, 编订者首要的依据当然就是上面提到的巴黎抄件, 然后还可参照巴黎抄件的副本、梵蒂冈抄件(Vaticanus Graecus 1, 简写为O, 含第九部四联剧和伪篇)。了解这些抄件的基本情况, 有助于我们识读编订者所做的各种校勘。[①]

对柏拉图书简的翻译和研究而言, 现有三个校勘本可资利用: 伯奈特(John Burnet)所编订的牛津版柏拉图全集第五卷中的校勘本(*Platonis Opera*, Tom. V, Oxford, 1907); 法国Budé学会主编的柏拉图全集第十三卷中的校勘本(与《厄庇诺米斯》及其他可疑的对话和伪篇并列一卷, *Platon Oeuvres Complètes XIII.1: Lettres*, Paris: Les Belles Lettres, 1926), 比伯奈特本稍胜一筹的是, 校勘者苏依耶(Joseph Souilhé)更多地利用了梵蒂冈抄件, 而且注重所谓的 "间接传统", 注出了早期教父如亚历山大的克雷芒、尤西比乌、奥利金, 普洛克罗斯、斯塔拜欧(Stabaios)等人对书简的引述或评注, 但在对疑难之处的校读上不如伯奈特慎重; 1985年, 一位名不见经传的英国古典学学者摩尔-布伦特(Jennifer Moore-Blunt)在德国出版了他的校勘本(*Platonis Epistulae*, Leipzig: Teubner), 这位学者的功夫非常扎实, 不仅十几页的前言用拉丁文写成, 而且广泛吸收了晚近的研究成果, 校注校释比前两个本子多出好多, 后附的希腊文字词索引也极便于查对。据此, 在原文本的选择上, 宜用伯奈特本, 同时参考苏依耶本、摩尔-布伦特本。

[①] 据J. Souilhé的法译本导言整理, 见J. Souilhé, *Platon Oeuvres Complètes XIII.1: Lettres*, Paris, 1926, 页XXXVIII–XXXI。

现代译本

在柏拉图的作品中，书简的现代译本并不算少，甚至远远多过某些对话具有的译本。先说英译本。英语学界对书简的翻译集中在上个世纪二三十年代，先后有四个译本：

L.A. Post, *Thirteen Epistles of Plato*, Oxford, 1925(简注)；

R. G. Bury, *Plato: Letters*, Loeb Classical Library *Plato* Vol. IX, 1929(简注)；

J. Harward, *The Platonic Epistles*, Cambridge, 1932(有长篇导言，注释较详)；

G. R. Morrow, *Studies in the Platonic Epistles*, University of Illinois, 1935；[①]

另外还有两个单独的《书简七》和《书简八》译本：

R.S. Bluck, *Plato's Seventh and Eighth Letters*, Oxford 1946 (简注)；

W. Hamilton, *Plato's Letter VII and VIII*, Penguin, 1973(简注)；

总体而言，这些英译本的译文质量令人难以恭维，均不同程度地违背了翻译柏拉图首要的"信实"原则，其中尤以L.A. Post、G. R. Morrow两家为甚。尽管J. Harward相对忠实，但对一些关键词的处理存在失误，比如把"僭主"翻成"君主"(monarch)，把"城邦"翻成"国家"(country)。

相较之下，法译本不仅更为信实，而且文本分析之精审细致也远在英译本之上。较早的法译本即上文提到的苏依耶的希法对照本，后有若班(Léon Robin)在苏依耶的基础上推陈出新(*Platon*,

---

[①] 1962年修订重版，更名为*Plato's Epistles*, Indianapolis：Bobbs-Merrill，共282页，导言计187页，注释较简。John M. Cooper所编柏拉图全集就采用此译本，但仅保留了译文。

Oeuvres Complète II, Paris: Gallimard, 1950)，稍后的布里松主持新的柏拉图法文全集，贡献了一部最新的西文译本（*Platon: Letters*, Paris, 1987）。布里松列出了自文艺复兴以来的所有译本和研究文献，译文紧扣原文，注释精要，最具参考价值。

数量最多的还是德译本，而且从上世纪二三十年代起就不断有新译本问世。先后有：

O. Apelt, *Platons Briefe*, Leipzig, 1918, 1921年第二版；

W. Andreae, *Platons Staatschriften I: Briefe*, Jena, 1923；

E. Howald, *Die Briefe Platons*, Zürich, 1923, 1951年第二版；

H. Gomperz, *Platons Selbstbiographie*, Berlin/Leipzig, 1928；

H. Weinstock, *Platon Die Briefe*, Stuggart, 1947；

W. Neumann/J. Kerschensteiner, *Platon Briefe*, München, 1967；

D.Kurz, *Platon Werke V: Phaidros, Parmenides, Briefe*, Darmstadt, 1983；[①]

2006年，Rainer Knab出版了单行的《书简七》译本（*Platons Siebter Brief*, Georg Olms Verlag, 共337页），该译本含希腊原文校勘、翻译、注疏三个部分，内容闳富，惜乎笔者德文不精，只能参考英法译本。

文献综述

所谓"文献综述"，其实是要搞清在我之前有谁读过以及如何读的，以作为对我读的昭示，由此我得以进入一个阅读共同体，力争在阅读的竞争中胜出。然而，真正用心读柏拉图书简的

---

① 收入希德对照版八卷本柏拉图全集第五卷，此全集主要采用施莱尔马赫的译本，但施氏未译书简，由D.Kurz补译。

人并不多，不仅见不到书简的笺注本，甚至连义疏本或义疏性文献也难觅，研究文献也以单篇文章居多。人们似乎更热衷于谈论柏拉图的西西里往事，而不是恭恭敬敬地摊开十三封书简，反复地读。这正应了柏拉图本人的预言：他对狄奥尼修斯说，在我们死后，人们也将（更）乐于谈论我们之间的关系（《书简二》310e–311c）。

就现代柏拉图学术而言，一般的研究者会关注到书简，基本上出于两个问题。其一是柏拉图与现实政治的关系，原因很简单：假如说对话作品代表着柏拉图的言辞，可以从中抽绎出柏拉图的一套哲学、政治学、伦理学、美学理论，那么，书简则代表着柏拉图的行动，几乎是了解那个搞政治的柏拉图的最重要文献，因此成为很多人借题发挥的材料。[①]其二，柏拉图在两封书简中（《书简二》314b7–c6，《书简七》341c4–342a1）谈到，自己从没有就最严肃的主题写下任何东西，将来也不会写，因为这些主题本身无法立诸文字，因此，书简就和《斐德若》一样被认为是柏拉图对书写的批判。有了这些文本为依据，历来有人相信柏拉图可能有一套"未成文学说"，自二十世纪五、六十年代起，以克莱默（J. Krämer）、盖瑟尔（K. Gaiser）为首的图宾根学派致力于开掘柏拉图的口传传统，根本上改变了近代自施莱尔马赫以来对对话作品的独崇，他们认为，柏拉图的对话作品中既没有包含他的全部学说，更没有包含他最重要和最根本的学说，必须从"间接传

---

① 比如M. I. Finley，"柏拉图与现实政治"（Plato and Practical Politics），见氏著《古代面面观》（*Aspects of Antiquity*），New York, 1968，页74–87; David Grene，"西西里的实验"（Experiment in Scily），见氏著《古希腊政治思想》（*Greek Political Theory: The Image of Man in Thucydies and Plato*），Chicago, 1950，页164–176; M. Schofield，"柏拉图与现实政治"（Plato and Practical Politics），载《剑桥希腊和罗马政治思想史》（*The Cambridge History of Greek and Roman Political Thought*），Cambridge, 2000，页293–302。总体来看，此类研究关注的与其说是柏拉图书简本身，不如说是柏拉图的西西里。

统"——有关柏拉图哲学的二手材料,比如亚里士多德的记载、学园弟子的听课笔记等——重构柏拉图的哲学体系。①

当然,对柏拉图书简的研究主要围绕着《书简七》展开,其他几封书简大多受到忽略,有的(第一、四、五、十封)甚至没有任何专门的研究文献可言。《书简七》如此受人瞩目,首先是缘于其内容的重要性和多面性。大体而言,《书简七》包含了史证、政治哲学、形而上学三个层面的内容,对《书简七》的阅读和研究随之在这三个层面展开:

(1)《书简七》述及柏拉图的经历,与狄翁、狄奥尼修斯等人的交往,三次西西里之行的来龙去脉,可以说是了解柏拉图的生平、稽考西西里古史的重要材料,也是重构其他书简的写作背景和时间关系的凭证,由此延伸出自传研究和历史研究,即综合奈波斯、拉尔修、普鲁塔克、西西里的狄奥多如斯(Diodorus Sicilicus)的记载来勾画柏拉图的生平,或者考辨柏拉图与狄翁的关系;②

(2)《书简七》讲述了柏拉图个人政治思想的形成,明确提出

---

① 图宾根学派的奠基之作是J. Krämer的《柏拉图与亚里士多德的美德观》(*Arete bei Platon und Aristoteles*, Heidelberg, 1959),以及K.Gaiser的《柏拉图的未成文学说》(*Platons ungeschriebene Lehre*, Stuttgart, 1963),此后影响到英国的J. N. Findlay、意大利的G. Reale,晚近的代表人物则是T. A. Szlezák。当今德语学界的柏拉图权威Rafael Ferber系统梳理了"未成文学说"问题的由来,见其《哲人的无知:何以柏拉图没有写下"未成文学说"》(王师译,北京:华夏出版社,2010),如书名所示,Rafel Ferber无意重构"未成文学说"的内容,而要试图解答为什么柏拉图没有写下"未成文学说",该书有近三分之二的篇幅讨论《书简七》,另涉及《王制》《蒂迈欧》《斐德若》。另可参先刚,"柏拉图未成文学说的几个基本问题",《哲学门》第五卷,2004。

② 代表性文献可参:A. S. Riginos,《柏拉图志:有关柏拉图生平和著作的传说汇编》(*Platonica: The Anecdotes Concerning the Life and Writings of Plato*), Leiden: E. J. Brill, 1976; Renate von Scheliha,《狄翁:西西里的柏拉图式政治家》(*Dion: Die Platonische Staatsgruendung in Sizilien*), Leipzig, 1934; G. Boas,"柏拉图传记中的事实与传说"(Fact and Legend in the Biography of Plato), *The Philosophical Review*, Vol.57, 1948,页439—457; H. D. Westlake "狄翁与提摩勒翁"(Dion and Timoleon), *The Cambridge Ancient History*, Vol.6, Cambridge, 1970,页693—722。

了哲人王的概念，并以建议的形式向叙拉古人提出了很多政治主
张，可以和《王制》《法义》诸篇对观，对于认识柏拉图晚年的政
治思想很有用，从而开出一路从政治思想着手的研究；①

　　(3)《书简七》中有一段长而晦涩的"哲学离题话"(342a7–
345a4)，极形而上地讨论了知识问题，而且说法与对话作品有所
不同，吸引了不少哲学学者穷究不舍，尤其是形而上学传统深厚
的德国学人。相较而言，研究《书简七》中的哲学或形而上学的
文献最多，甚至不乏专著；②

　　最后值得特别评述一下古典哲学名家埃德斯坦(Ludwig
Edelstein)的研究。③埃德斯坦的著作可谓是英语学界迄今唯一一

① 代表性文献可参：Kurt von Fritz，《柏拉图在西西里及哲人统治问题》(*Platon in Sizilien und das Problem der Philosophenherrschaft*)，Berlin, 1968; G. J. D. Aalders，"柏拉图书简的政治思想与政治谋划"(Political Thought and Political Programs in the Platonic Epistles)，*Pseudepigraphia* Vol.1, K. von Fritz编，Fondation Hardt, 1972，页147–175。

② A. E. Taylor，"《书简七》对知识的分析"(The Analysis of ἐπιστήμη in Plato's Seventh Epistle)，载*Mind*, Vol.21, 1912, 页347–370; W. Andreae，《柏拉图书简中的哲学》*Platons Philosophie in seinen Briefen*, Leipzig, 1922; "柏拉图书简中的哲学问题"(Die philosophischen Probleme in Platons Briefen)，*Philologus*, 1923; G. Morrow，"《书简七》中的知识论"(The Theory of Knowledge in Plato's Seventh Epistle)，*Philosophical Review*, Vol.38, 1929, 页326–349; H. G. Gadamer，《柏拉图〈书简七〉中的辩证法与诡辩》(*Dialektik und Sophistik im siebenten platonishchen Brief*)，Heidelber, 1964(中译见《迦达默尔论柏拉图》，余纪元译，北京：光明日报出版社，1992，页102–136); K. v. Fritz，"《书简七》中的哲学段落与柏拉图的秘传哲学问题"(Die Philosophische Stelle im siebten platonischen Brief und die Frage der esoterischen Plilosophische Platons)，*Phronesis* 11, 1966, 页117–153, 英译文 The Philosophical Passage in the Seventh Platonic Letter and the Problem of Plato's 'Esoteric' Philosophy, 收入*Essays in Ancient Greek Philosophy* I, J. P. Anton / G.L. Kustas编，State University of New York Press, 1971, 页408–447; R. Thurnher，《柏拉图的〈书简七〉：尝试一次全面的哲学阐释》(*Der siebte Platonbrief. Versuch einen umfassenden philosophischen Interpretation*)，Meisenheim, 1975。另外，前述图宾根学派的著作在这方面也多有涉及。

③ Ludwig Edelstein，《柏拉图的〈书简七〉》(*Plato's Seventh Letter*)，Leiden: E. J. Brill, 1966。

份"义疏性"研究(也仅171页),被奉为书简研究的典范之作,该书把《书简七》拦腰砍为"历史叙事"和"哲学题外话"两大部分,并按照叙述顺序进行文本细读。尽管埃德斯坦的解读前所未有的细致和深入,注意到了整部书简的修辞特征,但他的出发点是证伪,是要从对话与书简教诲上的差异证明《书简七》以及其他书简均属伪作,正是这一不审慎的出发点,使得他的论述流为乖谬。埃德斯坦的失误还在于,他把柏拉图的讲述当作了严格的"历史",用拉尔修、普鲁塔克的"传记传统"来反驳书简,而最致命的是,他没能领会柏拉图对话的形式特征,以致把对话中的各种观点(无论是苏格拉底还是其他人物)都当作柏拉图本人的观点,用以证明柏拉图绝不可能写《书简七》。

翻检过这些文献,我们大致可以看到今人阅读书简的几大误区:正如对柏拉图对话的解读过度哲学化,对柏拉图书简的解读则过度历史化,柏拉图书简几近沦为一个历史文本,《书简七》中的"哲学"之所以引人注目,正是解读对话的哲学化趋向所致;人们习惯于把十三封书简相互割裂开来,而不是将之看作一个整体,或是看作一个自足的文本;人们还习惯于将书简与对话对立起来,要么以书简架空对话(如图宾根学派),要么从对话来颠覆书简(如埃德斯坦)。西方百年来对柏拉图书简的阅读并非透彻和完美,平心而论,国人近年的几份研究反倒没有落入上面那些窠臼。[1]

阅读柏拉图书简将是一次艰难的行路,沿途满布障碍或陷

---

[1] 成官泯,"柏拉图《第七封信》的结构与主题",见《经典与解释2:柏拉图的哲学戏剧》,上海三联书店,2003,页49–80;林国华,"柏拉图的'叙拉古'与狄翁的'友谊'难题",见《经典与解释5:古典传统与自由教育》,北京:华夏出版社,2005,页157–179;"关于柏拉图'第七封书信'的文体问题",见氏著《诗歌与历史:政治哲学的古典风格》,上海三联书店,2005,页198–200。王恒,"柏拉图《书简》中的政治与哲学问题",林国华、王恒编《古代世界的自由与和平》,上海人民出版社,2010,页180–207。

阱，但那未经探索的神秘又诱人前往。解读柏拉图书简，既要循着前人的行迹，又要避免因此而陷入迷途，因这些前车之鉴，我试图文学化地进入柏拉图书简，并寻找书简与对话的一致性，所谓"文学化"，不是执着于某个先在的范畴，继而在文本中寻索这一范畴的体现，而是悬置主题，目光紧盯文本，细致推敲柏拉图在文中的修辞与笔法，记录我在这次探索之行中亲历、证实的一切。

三、柏拉图书简的戏剧结构

公元一世纪时，忒拉绪洛斯将三部对话（《米诺斯》、《法义》、《厄庇诺米斯》）加十三封书简排成一部四联剧（《名哲言行录》卷三，61）。这位古代编者并没把十三封书简从柏拉图的作品织体中排除出去，而是将十三封书简看成一部作品，且看成一部戏剧作品，与对话等量齐观。这一编排原则昭示我们两点：柏拉图书简与柏拉图对话具有某种相似性，因而可以编排在一起；柏拉图书简虽有十三封，但体现着某种统一性，因而可以视作一部作品。从这两点出发，似可把握柏拉图书简的性质。

第一点与柏拉图的写作问题相关。众所周知，柏拉图从未写过纯思辨性的论说文，其写作几等于戏剧性的对话作品。但是，柏拉图为什么非写对话不可？

在讨论修辞术的《斐德若》中，苏格拉底指出写作有三大缺陷。其一，成文的言辞如一幅成型的画，看上去栩栩如生，其实已经僵死，"如果你问它们说的某种东西，想把意思搞懂，它们却总是翻来覆去讲同一套话"，[1] 换言之，它无法真正教诲学习者；其二，成文的言辞四处流传，没法区分读者，不知道该对谁说、不该

---

① 《斐德若》引文依据刘小枫教授未刊译稿，谨此鸣谢。

对谁说；其三，一旦遭到误解和非难，它更没法辩解和维护自己（275d–e）。依苏格拉底看，任何撰述都难免有这些缺陷：不论是谁写，不论是曾经还是将要写下的，不论是关于法律、政治的还是关于私人的或是"关于任何东西"的，不论散文还是诗行，都无法完美地传授真相，都必然不够牢靠和透彻（277d–e）。[1]

但苏格拉底还提到另一种写作。[2]假如一个人拥有关于正义、美和善的知识，他就能够将一种言辞连带这些知识一道写在习者的灵魂中——而非定格在莎草纸上。这种言辞永远鲜活，能够卫护自己，而且懂得对谁该说、对谁该缄默（276a, c）。何谓写在灵魂中？苏格拉底拿农夫耕种打比方说，灵魂好比一块园子或土壤，写作者好比农夫，靠着"辩证术"拽住一颗合宜的灵魂，用这种含有知识的言辞把种子播散在灵魂里面，于是灵魂里也生出别的言辞，从而使种子永久不死（276e5–277a4）。因此，写作的技艺首先要求认识自己要说或所写的每样东西，其次要求认识灵魂的天性，再次要求找出适宜于每种灵魂的言辞。如此一来，写作就成了以合宜的方式与合宜的灵魂的交谈，它不再是僵死的，而是鲜活生动的"对话"（277b5–c6），因为写下的东西既出自作者的灵魂，又能在其他灵魂中自然地生长（278a–b）。显然，柏拉图对话就是这种写作的典范。柏拉图作为哲人，拥有"辩证术"和引导灵魂的技艺，在他笔下，对话总在特定的人物之间展开，以展现对不同灵魂类型的教育或劝说。可以说，柏拉图通过写作对话克服了写作的缺陷。假如我们把书简同样视作柏拉图的作品，是否也能把书简视作柏拉图的"写作"呢？

苏格拉底所说的"关于任何东西"的任何写作显然包括一

---

[1] Jacob Klein，《柏拉图〈美诺〉疏证》，前揭，页12。
[2] 论者大多把苏格拉底所言理解为成文言辞与口头言辞的区别，但笔者更倾向于理解为两种写作的区别，因为苏格拉底强调的是"写"。

般而言的书简：不论是谁写的，不论是政治性的还是私人性的书简。可以推想，一般的书简定然难脱苏格拉底所说的缺陷，对此不妨参考一个例证。与柏拉图同时代的修辞家伊索克拉底有九封书简传世，其中第一封写给叙拉古僭主狄奥尼修斯一世，望其能担当未来希腊的运途，书简开头便说，"如果我还年轻些，我就不应给你写什么信，我应当乘船到你那里，亲自跟你交谈"。伊索克拉底宁愿面谈而不愿写信，但年迈的他无力承受舟车之苦，只得选择次好的方式。他在信中说明了写信不如面谈的原因：若给人出谋划策，当面说肯定胜过写信，这不仅因为面对面容易商讨，还因为"所有人都更加相信亲口说出的话，而不是写下的话，因为他们把前者看作实践性的建议，而把后者看作精心的编造"，更重要的是，如果所说的内容没有得到理解或相信，那就可以当场进行补救，而写下的书简一旦引起误解，就没人加以纠正或辩护。①这与苏格拉底所言何其相像！据此，我们不得不设想，柏拉图必定比伊索克拉底更明了书简的这些尴尬，他也必定会运用其写作技艺来克服这些尴尬，他的书简应当与对话一样，既能辨分不同的灵魂，又能为自己辩护。基于这一设想，我们就应当从柏拉图对话来理解柏拉图书简，既然对话和书简都属于柏拉图的写作，只有首先正确地阅读对话，领会柏拉图呈现教诲的方式，才能正确地阅读书简，并由此理解书简中的教诲。鉴于柏拉图对话的戏剧性，我们不由得猜想，柏拉图书简是否同样具有戏剧性？若是，我们就要遵照阅读柏拉图对话的原则来阅读柏拉图书简，不仅要注意书简的"内容"（柏拉图以及其他人物的言辞），也要注意书简的"形式"（比如书简的排序、收信人的身份、时间、场景、情节等），且要根据"形式"来理解"内容"。

---

① *Isocrates in three volumes*, Leob Classical Library, Harvard University Press, 1968, Vol. III, 页372–375。

可惜的是，十八世纪以来的柏拉图书简研究却循着一条历史考证的路子：抛开柏拉图的写作技艺，跑到后世的作家那里搜罗一切貌似与柏拉图和西西里相关的材料，然后细致地考证人名、地名、年代、时间，以期从柏拉图书简中构建起"真相"——当然，更重要的是借以断定柏拉图书简的真伪。"实证主义者们"固执地相信，柏拉图写下的一定是一份信实的记述，如果不信实的话，那肯定不是柏拉图写的。换言之，宁可相信普鲁塔克、奈波斯、哈利卡纳苏斯的狄奥尼索斯（Dionysius of Halicarnassus）的说法，也不愿相信可能是"柏拉图的"说法。对此，我们可以提出：普鲁塔克、奈波斯等人的记述就一定是今天意义上的"历史"么？它们能够作为反驳"柏拉图"的充足理由吗？倘若"柏拉图"看似不可信的记述与后世作家的说法矛盾，难道我们不更应该从柏拉图的意图来考虑柏拉图为什么这么写而不那样写吗？假如这些书简是柏拉图所写，柏拉图为什么不可以像他写对话那样来写这些书简呢？尽管十三封书简表面上散漫芜杂、缺乏关联，但它们有可能像一篇对话一样有着精妙绝伦的织体，并且传达了某种严肃的教诲。要得到这样的发现，需要我们缓慢而深入地阅读，找寻柏拉图悉心留下的提示，因为柏拉图说，他总是会为少数读者留下蛛丝马迹让他们自己来发现（《书简七》341e2–3）。

其实，关于如何阅读书简，柏拉图留下了关键性的提示，但由于他的提示含糊莫测，而且塞在一封被视为"伪作"的书简里，所以极易被大多数人忽略掉：

> 至于那个符记（σύμβολον）——它可以表明哪些书简是我严肃写下的，哪些不是——我设想你还记得，可你还要加以理解，并且要凝神专注于它。因为，有许多人命令我写，要公然拒绝他们可并不容易。那严肃的书简以"神"开头，不那么严肃的书简则以"神们"开头。（《书简十三》363b1–6）

令人费解的是，柏拉图的十三封书简均不是以"神"或"神们"开头。我们是由此推断《书简十三》是伪篇，还是这样设想：某人说自己有A和B，可最后他从兜里掏出的既非A亦非B而是C，对于言行的不一致，我们应该相信他说的还是他做的呢？虽然柏拉图说他的书简以"神"或"神们"开头，可事实上没有哪篇书简如此开头，这便意味着柏拉图用事实—行动反驳了自己的言辞，换言之，"神"、"神们"的说法不过是一句玩笑话，实在没有必要当真，更没必要论证柏拉图所说的"神"是不是基督教的上帝。柏拉图的这一笔法并不稀奇，因为苏格拉底就认为"行动比言辞更可靠"，而且常常不是借由言辞而是借由行动表明他的看法(色诺芬，《回忆苏格拉底》卷四，4.10)。

不过，柏拉图却为我们指出，他的有些书简是严肃写下的，有些则不是严肃写下的，至少《书简十三》并不那么严肃。"神"与"神们"莫须有的区分又提示我们，这些书简既不是严肃写下的，也不是不严肃写下的，也就是说，它们混合着"严肃"(σπουδή)和"游戏"(παιδία)。"严肃"就是认真、正经、热诚，"游戏"则是闹着玩、开玩笑，柏拉图的书信可能是半认真半玩笑的，既包含了严肃的教诲，又包含了游戏的成分。在另一封书简中，柏拉图又神秘兮兮地说：

> 你们还必须以这封信作为一条约定和一道至高的法——这是理所应当的——同时以一种不无品味的严肃(σπουδή μή ἄμουσος)和作为严肃之姊妹的戏谑(παιδία)起誓……(《书简六》323d1–2)

收信人要把柏拉图的书简看作神圣的约定和至高的法，这足够严肃了，何况还要向这封书简起誓！但柏拉图还要求他们，起誓时要混合着严肃和戏谑——这是柏拉图书简中严肃和戏谑的唯一一次对举。尽管这一对举在柏拉图对话中并不少见，^①但只有在这里，柏拉图才说游戏与严肃是一对姊妹。我们要以严肃和游戏相混合的态度看待柏拉图书简，这反过来提示我们，柏拉图是以严肃和游戏相混合的态度写下了他的书简。"游戏"是什么意思？这又要绕回《斐德若》。苏格拉底说，写下的言辞必然带有许多游戏（《斐德若》277e），因为写下的言辞是对口头言辞的"模仿"——口头言辞才是本真的，写下的言辞只是其影像（《斐德若》276a）——而"模仿"是最高的"游戏"（《智术师》234b）。^②而"严肃"是什么意思？《书简七》对此说得最为详细：

> 每个严肃的人远远不会就那些严肃的主题写作，以免把它们抛入人群中，激起众人的妒意和疑惑。所以，蔽之一言，应当由此认识到，每当某人看到写成的著述——立法者法律方面的著述也好，任何其他方面的著述也好——这些著述之于作者并非最严肃的，若作者本人严肃的话，[之于作者最严肃的东西]藏于他那最美之域的某处。如果他把自己真正严肃从事的东西付诸文字，"那么一定是"凡人们而非诸神"亲手毁灭了你的心"。（《书简七》344c1–d2）

柏拉图所严肃从事的不正是爱智慧吗？但真正严肃的东西不可说也不能说，因而不能付诸文字；但是，如何引导有天分的少数人也来追求严肃的东西呢？通过模仿，即通过影像来显现严肃之物，这一模仿的过程本身就是游戏。离开游戏，严肃之物也无从显示出来；离开严肃，游戏就无甚意义。大部分人停留于影像，

---

① 可参《厄庇诺米斯》980a, 992b，《法义》卷三688b, 卷六761d, 803c以及《会饮》197e。
② 以上分析参考Jacob Klein，《柏拉图〈美诺〉疏证》，前揭，页10–11, 18–19。

少数人则通过影像上升到对严肃之物的领会，如此既能避免"激起众人的妒意和疑惑"，又能引导少数人走向哲学。故而，一位严肃之人的写作不可能非常严肃，必然带有很多游戏（《书简七》344c，《斐德若》276d—e. 277e）。柏拉图对话不过是借以展现严肃之物的游戏。有不少人认为《书简七》的这段话是绝对严肃的，代表了柏拉图真正的写作观。但是，《书简七》同样是柏拉图写下的文字，而柏拉图并不会把自己严肃从事的东西付诸文字，所以，《书简七》中定然也包含着游戏，柏拉图书简同样是严肃与游戏的混合体。

下面我们试着看看柏拉图书简的游戏性或戏剧性何在。柏拉图在书简中悄声告诉给我们，他写过许多书简（见《书简三》315b，《书简十一》358e），绝对不止十三封。但是，我们所知的仅是十三封——这十三封中恰恰有一些本不应该流传下来：比如第二封，柏拉图曾嘱咐狄奥尼修斯把这封书简烧掉（《书简二》314c）。为什么只有十三封，为什么只是这十三封？

初看之下，十三封书简的排列次序似乎并无一定的规则，既不是按照写作时间（历史考证的时间）的先后，也不是按照收信人的不同。这些书简全是写往外邦的，而且是僭主制或王制的外邦，其中写给狄奥尼修斯、狄翁等人的共计七封（一、二、三、四、七、八、十三），这七封书简都涉及柏拉图的西西里之行，篇幅也相对较长，构成十三封书简的主体，约占十分之九的比例。

若按照收信人来分，这些书简可以分为以下八组：

1. 狄奥尼修斯（一、二、三、十三）；

2. 叙拉古的狄翁（四）；

3. （马其顿王）佩尔蒂卡（五）；

4. （小亚细亚地区的僭主）赫尔弥亚、（学园弟子）厄拉斯托斯和克里斯库斯（六）；

5. 狄翁的各位家人和同伴(七、八);

6. 塔兰特的阿尔基塔斯(九、十二);

7. (狄翁的同伴)阿里斯托多如斯(十)。

8. (外邦政治家)拉奥达玛斯(十一);

　　如果我们把《书简六》的三位收信人拆分开来,再把《书简七》和《书简八》所指的群体算作一位收信人的话,那就共计有十位收信人,另外,只有狄翁、阿尔基塔斯两个人名前面出现了地名:叙拉古和塔兰特;只有《书简十三》的收信人出现了地名—身份—人名的叠合:叙拉古的僭主狄奥尼修斯。如果叙拉古通向僭主,塔兰特则可能通向哲人,因为阿尔基塔斯是古希腊史上赫赫有名的毕达哥拉斯派哲学家、数学家、乐理家、机械制造师,也是南意大利塔兰特城的统帅($\sigma\tau\varrho\alpha\tau\eta\gamma\grave{o}\varsigma$)。在叙拉古和塔兰特之外,则是柏拉图身处的雅典。

　　在这十三封信中,写给狄奥尼修斯的最多,共四封:三封打头(一、二、三),一封收尾(十三)。柏拉图把给狄奥尼修斯的信安插在首尾两端,并在最后改变了对狄奥尼修斯的称谓:前三封信的问候语均是"柏拉图祝狄奥尼修斯万事顺遂",最后一封信的问候语变成了"柏拉图祝叙拉古僭主狄奥尼修斯万事顺遂"。称谓的变化暗示,从第一封信到最后一封信暗藏着某种运动,从而构成十三封信的内在线索与结构。为了证实这一猜测,我们需要仔细对比第一封信与最后一封信。

　　《书简一》是封绝交信,柏拉图称,自己作为"你们"最信任的人执掌你们的城邦,还作为全权将领多次保全你们的城邦,如今却受到你们的驱逐,为此,柏拉图愤懑不平地诅咒狄奥尼修斯,称僭主将生活在孤独中,因为缺少朋友而被人所杀。考证家们说,柏拉图从未在叙拉古担任过"全权将领",更未享有"《书简一》的作者"所说的那样高的地位和权力,也没有任何材料显示柏拉图受到过狄奥尼修斯驱逐。有鉴于此，《书简一》交代的情节很可能是虚构，而且颇有戏剧性：柏拉图成为你们最信任的人，象征着柏拉图与狄奥尼修斯结成了朋友，柏拉图掌握统治权，象征着哲学与政治的结合，因此，柏拉图受到放逐，就象征着柏拉图与狄奥尼修斯的关系破裂、哲学与政治的分离。《书简十三》的标题虽然称狄奥尼修斯为"僭主"，但正文中并没出现"僭主"的称呼，而且开头便借一个虚构的场景表明，狄奥尼修斯在智慧方面大大受益于柏拉图（《书简十三》360b），随后，柏拉图便督促狄奥尼修斯学习哲学，还说到要为狄奥尼修斯的妻儿送去礼物（《书简十三》361a–b）……《书简十三》中的柏拉图与狄奥尼修斯亲密无间，甚至狄奥尼修斯还在柏拉图的教导下投身哲学（《书简十三》363c），恍然间，我们似乎又回到了《书简一》的开头。倘若《书简一》展示了柏拉图与狄奥尼修斯之关系的破裂（哲学与政治的分离），《书简十三》则展示了两人之关系的恢复（哲学与政治的重新结合），《书简一》既是起点亦是终点，《书简十三》既是终点亦是起点，十三封书简由此构成一个首尾相连的圆环。这个圆环的每一节链条以各自不同的方式展现了哲学与政治之间的复杂关系：结合或分离。正是由于两者既无法完全分离，也不能完全结合，于是只能在不断的分与合中循环下去。

倘若我们以这样的眼光来看其他书简，便能有一些意外的发现。就在柏拉图与狄奥尼修斯的关系破裂之后，《书简二》集中处理了这一问题：柏拉图与狄奥尼修斯应该有着怎样的关系？（《书简二》310d–d）狄奥尼修斯向柏拉图提出了上述问题，而柏拉图回复说，"智慧和强权（φρόνησίς τε καὶ δύναμις μεγάλη）自然地（πέφυκε）要结合为一，它们永远在相互追逐、相互寻求和相互聚合"（《书简二》310e）。《书简三》中，柏拉图与狄奥尼修斯的关系再现紧张，因为狄奥尼修斯诽谤柏拉图阻挠自己殖民西西里、把僭政转成王政，为了驳斥这一污蔑，柏拉图展开自我申辩，表

明自己与狄奥尼修斯并没有政治上的合作关系(《书简三》316d,
318d),最后,柏拉图要求狄奥尼修斯模仿古代诗人斯忒西库斯的
"悔过诗",从谎言走向真话。至此,柏拉图离开狄奥尼修斯,转
向其他收信人。

　　《书简四》写给狄翁:狄翁远征叙拉古初步取得胜利,柏拉
图表示称许,勉励狄翁要取代吕库尔戈斯(Lucurgus)和居鲁士
(Cyrus)成为万众瞩目的人物;《书简五》写给年轻的马其顿王佩
尔蒂卡(Perdiccas):柏拉图选派了欧弗莱奥斯(Euphraeus)去辅佐
佩尔蒂卡,他在信中建议佩尔蒂卡应当如何使用欧弗莱奥斯,并
以虚拟的对话为他不参与雅典民主政治的行为作了辩护;《书简
六》同时写给一位僭主和两位哲人:柏拉图称他们彼此需要,应
当相互接近,最终"形成一种友爱的结合"(《书简六》323a)。这
三封书简都体现着哲学与政治的结合,并呈现出上升结构:《书
简四》写给狄翁一人,《书简五》相当于写给佩尔蒂卡和柏拉图
的那位弟子,《书简六》则写给三个人,并明确宣扬政治与哲学
的结合。其后的《书简七》和《书简八》不再是写给一位或几位
收信人,而是写给一个群体,它们是十三封书简的中心和转折,
哲学与政治在其中呈现出更为复杂和隐秘的关系。《书简八》之
后的四封书简都相当简短,至少比前面最短的《书简一》还要简
短,而且内容上也不直接涉及西西里之行。这些变化暗示,柏拉
图在后面的书简中吝于显露自己的真容。所以,在《书简九》中,
柏拉图勉励塔兰特的阿尔基塔斯承担其对城邦的义务,不要因
为公众事务打扰"自己的事"而烦恼(对比《书简五》);在《书简
十二》中,他与阿尔基塔斯相互交换著作,却完全没有提到这些
著作的内容,也没说到哲学,阿尔基塔斯毕竟是十三封书简中最
接近哲人的收信人(对比《书简二》);在最短的《书简十》中,柏
拉图写给一位毫无名气的年轻人,信中居然将"真正的哲学"定
义为"稳靠(βέβαιον)、可信赖(πιστὸν)和健全(ὑγιές)"(对比《书简

六》，尤其322d–e)；《书简十一》的主题最为接近前半部分：外邦政治家拉奥达玛斯邀请柏拉图前来为一座殖民地立法，柏拉图却拒绝了，因为他对立法成功并不抱什么希望，所以他只给出了言辞上的建议(对比《书简七》《书简八》)。总之，在十三封书简中，柏拉图在前半部分的形象更近于一位有政治爱欲的哲人，在后半部分的形象更近于一个单纯的好人，无怪乎《书简十三》大部分内容谈的都是极其日常的事情，譬如人事、钱、礼物，但其中又贯穿着哲学的基调：柏拉图在开头和结尾都勉励狄奥尼修斯致力于哲学。这暗示着哲人身份的恢复，也暗示了书简的重新开始。

四、柏拉图书简的问候语

　　十三封书简虽然写给不同的收信人，但每封书简的开头却有着相同的问候语。就笔者所见，尚未有人深入思考过柏拉图所用问候语的含义。忽略这一形式要素显然是不应该的。让我们先了解一下古希腊人口头和书面常用的问候语。

　　古希腊人平常见面或道别，常习惯性地说一句χαῖρε，以示"你好""好久不见"或"再见"之意。此词是χαίρω的第二人称命令式，本意为"高兴、愉快"，χαίρω的命令式作问候语，好比拉丁语以动词valeo[强壮、健康]、salveo[健康]的命令式来表达日常问候或告别——不同的是，希腊人的问候语暗自祝愿对方笑口常开，罗马人则更希望对方身体健康。

　　在古希腊的"熟人社会"里，每一个希腊人不知道每天要说多少句χαῖρε。但是，在某些忒好较真儿的人看来，这句再日常不过的问候语很成问题。在柏拉图对话《卡尔米德》中，苏格拉底与卡尔米德、克里提阿探讨了什么是"明智"（σωφροσύνη）。少年卡尔米德的定义落败后，自认为很有智慧的老辈子克里提阿接替上阵，先要弄了一番智术师派的语义分析（163b3–c8），在苏格拉底的追问下，他仓促把"明智"定义成德尔斐神谕"认识你自己"（164c7–165b4）。他说，明智就是"认识你自己"，某个人把这句铭文立于德尔斐，是为了让神以之代替χαῖρε来问候那些走进神殿的人：

> 因为 "你好" (χαίρειν) 这一问候语 (τοῦ προσρήματος) 并不正确，而且应该彼此互勉的不是 "快乐" (χαίρειν)，而是 "明智" (σωφρονεῖν)。因此，神问候那些走进神庙的人有些不同于常人，这就是立下这句铭文的人当时的想法。(《卡尔米德》164el–5)

尽管克里提阿这里的说法有些含混，不知他所说的 "彼此互勉" 仅限于神与人之间，还是包括人与人之间，但可以推想，假如每个人见面都彼此问候Σωφρόνε[明智吧！]，不知会有多别扭！难道每个人都要舍弃快乐而成为明智者吗？克里提阿的说法不仅否定了传统的问候语，也不知不觉拉平了神与人的关系（神要对人致以问候？）。显然，哲学追问会解构既有的语言传统和信仰传统。

χαῖρε用于口头问候，而在书面语中——譬如写信，则常用不定式χαίρειν致以问候。古希腊流传下来的书信作品开头大都比较程序化，遵循着 "写信人-[致]收信人-χαίρειν" 的套式，①或干巴巴的一句 "[致]收信人"。譬如，前文提到的修辞家伊索克拉底的九封书简中只有一封采取标准套式：Ἰσοκράτης Διονυσίῳ χαίρειν[伊索克拉底向狄奥尼修斯问好]，其他八封均取后一种形式；色诺芬《居鲁士的教育》(4.5.26–34)所含的一封书简开头为：Κῦρος Κυαξάρῃ χαίρειν[居鲁士向居亚克萨勒问好]。另外，伊璧鸠鲁传世

---

① 据说，之所以是不定式形式，是因为受省略了的动词πέμπειν[送去]支配，因此应译成 "写信人向收信人问好" 或 "写信人祝收信人快乐"（参考http://www.cs.utk.edu/~mclennan/OM/CSC.html）笔者所见的西文译本中，不少是将不定式单独理解，译为 "写信人致收信人，χαίρειν"。

的三封书简均采取标准套式。例外的是，柏拉图的十三封书简开头却以εὖ πράττειν作为问候语，显然，这并非因为这句问候语在当时很流行。

罗马帝国时期用希腊语写作的路吉阿诺斯(Lukianos)曾碰到这么一件尴尬事：某天清早，他去给一位为官的朋友行安，本应像往常那样问候χαῖρε，他却脱口而出ὑγίαινε[祝你健康]。ὑγίαινε在当时多用作告别语(例见阿里斯托芬，《蛙》行165，《公民大会妇女》行477)，而且没人在早晨行此问候——在场的人都讥笑老迈的路吉阿诺斯犯了口误。为给自己辩护，路吉阿诺斯写了短文《关于问候语之失》(Ὑπὲρ τοῦ ἐν τῇ προσαγορεύσει πταίσματος)，呈给那位朋友。①文中先以语文学的方式对比了三种问候语：χαίρειν古已有之，见于荷马、悲剧诗人、纪事作家笔下，在任何时候、任何场合都适用；柏拉图用εὖ πράττειν取代χαίρειν，为的是表征"身体和灵魂的良序"；毕达哥拉斯训诫弟子们以ὑγιαίνειν[祝你健康]互致问候，故毕达哥拉斯派成员彼此写信开头均书ὑγιαίνειν，而伊壁鸠鲁在其更严肃的书简中，以及致其最亲密的朋友们的书简中，一般也以ὑγιαίνειν开头。②为了论证ὑγιαίνειν比χαίρειν更得体，路吉阿诺斯征引许多文本、王侯的轶事证明，古人最看重的东西是健康，而不是快乐，因为人无时不需要健康，因此早、中、晚都可以问候ὑγίαινε，尤其是"你们这些为官、事务繁忙的人们"更要有强健的体魄。他还说自己的"口误"是健康女神或医神的旨意，为的是通过"我"来许诺给"你"健康。这篇短文表明，每

---

① *Lucian in Eight Volumes*, Leob Classical Library, Harvard University Press, 1999, Vol. VI, 页172—189。

② 第欧根尼·拉尔修有另外两种说法。在说到柏拉图的书简时，他称伊壁鸠鲁的书简以εὖ διάγειν[好好消闲]开头(《名哲言行录》，III.61)。可在为伊壁鸠鲁作传时，他又说伊壁鸠鲁写给他人的信用εὖ πράττειν和σπουδαίως ζῆν[认真严肃地生活]取代了χαίρειν(《名哲言行录》，X.14)。

一种问候语背后都有某种特定的含义，决不可随意乱用，否则便得像路吉阿诺斯那样不得不为自己"辩护"。虽然文中只有一小节提到柏拉图，却称柏拉图为"在此类问题上最值得信任的权威"，而且，*εὖ πράττειν*俨然已被视作柏拉图专用的问候语。

话说回来，柏拉图为什么不用*χαίρειν*作问候语？《书简三》的开头恰好谈到这一问题，其中就表达了克里提阿式的对*χαῖρε*的不满：

> "柏拉图祝狄奥尼修斯快乐（*χαίρειν*）！"我这么写，该是碰巧找对了最佳的问候语吧？或者，我不如按照我个人的习惯写上"万事顺遂"（*εὖ πράττειν*），正如我在给朋友们的书信中通常致意的方式？因为，据当时亲眼见到的人们讲，你用这句问候语来讨好德尔斐的那位神，据说，你还写过：快乐吧（*χαῖρε*），并当使僭主的生活快活始终（*ἡδόμενον*）。至于我，在招呼一个凡人时——更别说一位神时了，我绝不愿命令他这么做。就神而言，我会违背自然地强求于神，因为神性（*τὸ θεῖον*）远远居于快乐和痛苦之上；就人而言，快乐和痛苦通常会带来伤害，在灵魂中产生迟钝（*δυσμάθεια*）、遗忘（*λήθη*）、愚蠢（*ἀφροσύνη*）和狂妄（*ὕβρις*）。（《书简三》315a6–c5）

僭主狄奥尼修斯用*χαῖρε*问候德尔斐的神，正显出僭主极力追求的东西：快乐，尤其是吃、喝、性等身体方面的快乐（参见色诺芬，《希耶罗》1.17–38）。而柏拉图鄙弃快乐，追求灵魂的健康、敏捷和明智，他从不以*χαῖρε*问候人，更不会以此问候神。柏拉图说，他给朋友们写信通常以*εὖ πράττειν*行问候——这里隐含的问题是，哲人与僭主能否成为朋友。在给狄奥尼修斯的另外三封书简中，柏拉图开头均题*εὖ πράττειν*，这难道表示两人真地成了朋友？要解开这一谜题，得从理解柏拉图所说的*εὖ πράττειν*的含义入手。

作为问候语的 εὖ πράττειν 通常译作"万事顺遂",意为"行好"、"走好"。[①] πράττειν 意指"做、行事",其名词形式 πρᾶξις(英译action, practice)便指人的行事、作为,尤指政治作为,形容词形式 πρακτικός(英译active, practical)更是经常指实践的或政治的生活方式(尤其亚里士多德)。[②]在柏拉图书简中,πράττειν 也多指"从事政治",比如,《书简七》中就有 πράττειν τὰ πολιτικά [干政治]、πράττειν τὰ κοινά [从事公务]等说法(见《书简七》325b1, c6, e1, 326a1)。εὖ 是常见的副词"好"、"幸运",可作为前缀与其他词构成复合词,在这里显然是修饰动词 πράττειν。简单点说,这句问候语表示"祝你(们)做得好"或"愿你(们)行事顺利"。在《书简八》中,柏拉图向收信人问候 εὖ πράττειν 后,接着就说:"你们究竟该作何考虑才能真地 εὖ πράττοιτε(πράττειν 的祈愿式第二人称复数),我将尽我所能试着向你们说明。"(《书简八》352b3–4)如此看来,εὖ πράττειν 既是柏拉图对收信人的问候或祝愿,又暗含着对收信人的劝诫:要想"做得好"或"行事顺利",只有听取柏拉图的建议,接受柏拉图的教诲。另外,倘若 πράττειν 是指"从事政治",εὖ πράττειν 便是"祝你(们)为政有道",[③]柏拉图给朋友们的问候便是一句政治性问候——鉴于柏拉图的书简大多写给政治人,柏拉图向政治人致以政治性的问候,似乎再自然不过。这也提示我们,柏拉图《书简三》开头所说的"朋友"并非出于哲学结成的朋友,而是针对政治人的一种修辞:我柏拉图并非你潜在的敌人,我可以教导为政之道,从而成为你的朋友……尽管僭主

---

① 伯格编,《走向古典诗学之路》,肖涧译,北京:华夏出版社,2007,页57。

② 参见Carnes Lord,《亚里士多德的政治学》(*Aristotle: The Politics*),Chicago: The University of Chicago Press, 1984,页273。

③ 英译本有wellfare/welldoing/prosperity等译法,意在凸显 εὖ πράττειν 包含的"行正道"和"成功"含义。Souilhé的法译本译为bon succès,Luc Brisson译为[com-]porte-toi bien。

最喜欢听到的问候是χαίρειν，僭主统治也因此是最糟糕的政制，柏拉图却依然要教导僭主εὖ πράττειν。由于柏拉图没有像伊壁鸠鲁那样流传下来哲人之间的书简，我们也就无从得知，柏拉图给他的哲人朋友们写信是否也会问候εὖ πράττειν。

至此，我们似乎已经弄明白了柏拉图问候语的隐含之义，可如果把这句问候语放在柏拉图政治哲学的语境中去看，我们的理解便能更深一层。在《王制》中，苏格拉底依据"一人一技艺"的原则，在言辞中建立了最好的城邦，在这座城邦中，"正义就是做自己的事 (τὸ τὰ αὑτοῦ πράττειν)，而不是四处忙碌 (πολυπραγμονεῖν)"(433a8–9)。然而，在现实的城邦中，究竟谁能够秉持此种正义呢？在《高尔吉亚》结尾的神话中，苏格拉底重申《王制》中的正义观，但承认只有哲人能够秉持："哲人专做自己的事情，一生从不四处忙碌" (φιλοσόφου τὰ αὑτοῦ πράξαντος καὶ οὐ πολυπραγμονήσαντος ἐν τῷ βίῳ, 526c3–4)。解经家施特劳斯注意到，柏拉图笔下的苏格拉底较少谈论做好自己的事 (doing one's job well)，而更多谈论做自己的事 (doing one's job)，其通常的含义在于只管个人的事 (minding one's own business)，不是四处忙碌，而是过一种退隐的生活。[1]如果我们把施特劳斯的这句话还原为希腊文，似乎应该这样说：苏格拉底不关心εὖ πράττειν，只追求τὰ αὑτοῦ πράττειν，亦即从政治生活中退隐，专注于个人的沉思，因为哲人就是"只管个人的事"。这令我们想到，柏拉图以εὖ πράττειν问候收信人可能暗示了两种生活方式的区别：εὖ πράττειν所代表的实践的政治生活，τὰ αὑτοῦ πράττειν所代表的沉思的哲学生活。柏拉图还可能暗示了自己的身位：处在两种生活之间的政治

---

[1] Leo Strauss, "The Origins of Political Science and the Problem of Socrates", *Interpretation*, Vol. 23, no. 2, 1996, 页187；中译见《古典政治理性主义的重生》，北京：华夏出版社，2011，页66。

哲人。

　　亚里士多德在《政治学》中讨论了最佳生活，恰好谈到εὖ πράττειν与τὰ αὑτοῦ πράττειν的对比，有助于我们理解柏拉图的问候语。亚里士多德说，在那些认为有美德的生活最值得选择的人中，有两种行事态度：一种拒绝执掌政治权力，认为自由人的生活优于政治人的生活，清闲无为(τὸ ἀπρακτεῖν)最好；另一种认为政治人的生活最好，"什么都不做的人(τὸν μηδὲν πράττοντα)不可能做得好(πράττειν εὖ)，而做得好和幸福是一回事"，有所作为(τὸ πράττειν)最好(《政治学》1325a21–23)。①亚里士多德相继拨正了这两种态度，他说："幸福就是有为"(ἡ εὐδαιμονία πρᾶξίς ἐστιν，1325a32)，认为"无为"高于"有为"是不对的，对每个城邦和个人而言，最好的生活就是有为的/实践的/行动的生活(βίος ὁ πρακτικός，1325b15–16)；但是，有为的生活并不必然意味着与他人发生关系，也不是指那些为了结果而从行动中(ἐκ τοῦ πράττειν)产生的实践性思考(διανοίας πρακτικὰς)，毋宁是指那些自身完满的思考，那些因其自身而进行的沉思和思想(τὰς αὐτοτελεῖς καὶ τὰς αὑτων ἕνεκεν θεωρίας καὶ διανοήσεις)(《政治学》1325b15–21)。照此来看，亚里斯多德虽然承认有为的/实践的/行动的生活是最好的生活，但他的意图却是在"有为"面前为"无为"辩护：不仅为政或专研实践性知识是"有为"，因其自身进行的沉思同样算是"有为"，实践的生活可与沉思的生活划上等号！

　　从《政治学》的这番辨证看，苏格拉底"只做自己的事"是"清闲无为"、"什么都不做"，但也同样是一种"有为"，何况我们很少见到苏格拉底专注于个人的沉思(比较《会饮》220c–d)。相对柏拉图的问候语而言，哲人"无为"抑或"有为"的问题

----

① "有为""无为"的译法借鉴自吴寿彭先生。参见亚里士多德，《政治学》，吴寿彭译，北京：商务印书馆，2007，页354–357。

似乎有些离题了，但它有助于思考下面这一令人费解的说法：在《高尔吉亚》(521d6-8)，苏格拉底说，自己一直在着手真正的政治术，而且今天只有他一个人还在"搞政治"($\pi\varrho\acute{a}\tau\tau\epsilon\iota\nu$ $\tau\grave{a}$ $\pi o\lambda\iota\tau\iota\varkappa\acute{a}$)。

中篇 《书简七》研究

一、《书简七》的文学形式

我们未必写过对话，但我们一定写过信；我们未必像柏拉图那样给城邦统治者写过信，但我们一定给家人、朋友、师长写过信。回顾自己有限的书信经验，我们可以明白一个简单的道理：我们总是就某事给某人写信。无论是谁写信，他总得要首先考虑自己与收信人的关系，搞清楚高下尊卑、亲疏远近之后，才好下笔；他还得考虑收信人的性格爱好、收信人平常做什么想什么，然后才能决定对收信人谈哪些事以及怎么谈。简言之，收信人终归是个人，不同的收信人就是不同的人，甚至同一个收信人在不同时候也有不同——我们对这个收信人这样写信，对那个收信人那样写信，正如我们对不同的人要说不同的话，如果给不同的收信人写同样的信，就成了打官腔。我写给你的信不同于我写给他的信，但我仍然是同一个我。书信是写信人与某个特定的人的特定交谈，在此意义上，书信确实就是对话。差别仅仅在于，书信是一个人对另一个人说的话，它只是两人对话的一半。西方好多书信体写作的大师都把书信看成对话，作为文体大师的尼采也不例外：

> 两人对话。——两人对话是完美的谈话，因为一方说

的一切都极为考虑对方，体现在某种色彩、声调和伴随的
动作上。这就像写信一样，同一个人可以有十种表达自己
内心思想的方法，采用哪种方法取决于他写信给这个人还
是那个人。(《人性的，太人性的》条374。楷体为原文所有)[①]

　　既然书信是对话，我们不妨简单比较一下柏拉图的对话与柏
拉图的书简。[②]理解一部作品的关键是首先理解其文学形式，在
柏拉图那里尤为如此。

忆　述

　　在柏拉图对话中，苏格拉底总是在某个时间的某个场合、与
某个人或某些人围绕特定的主题展开对话，从柏拉图那里，我们
只能看到一位特定情境中的特定的苏格拉底，我们看不到苏格拉
底本身。同样，在柏拉图书简中，柏拉图与某个收信人展开特定
的对话，收信人的身份、写信的时机等因素决定了柏拉图在这封
信中只能如此言说，而不能别般言说。十三封书简代表着柏拉图
与不同收信人的十三场对话，我们从中也只能看到每封书简中的

---

① 尼采，《人性的，太人性的》，魏育青译，上海：华东师范大学出版社，2008，页
　273。引文略有改动。
② 柏拉图对话与柏拉图书简的关系，实乃政治哲学的大问题。假如说柏拉图的对话代
　表柏拉图的言辞、柏拉图的书简代表柏拉图的行动，那么，究竟是以柏拉图的对话
　来看柏拉图的书简，还是以柏拉图的书简来看柏拉图的对话，涉及到如何看待哲人
　的言辞和行动的关系。据说，尼采对柏拉图的理解就是从书简入手，从早年的《柏
　拉图对话入门》(Einführung in das Studium der platonischen Dialoge, 1872)、《柏拉
　图的生平与学说》(Über Platons Leben und Schriften, 1876, 见尼采《早期文稿》)开
　始，尼采就努力挖掘那个行动中的充满政治热情的柏拉图形象，并由此从柏拉图
　书简来理解柏拉图对话——现代哲人中间，恐怕没谁比尼采更为津津乐道柏拉图
　的西西里之行(参《人性的，太人性的》条261，《朝霞》条496)，这大概是因为，在
　尼采看来，柏拉图的西西里之行体现着哲人的权力意志与哲学的统治欲。

柏拉图，而看不到柏拉图本身。柏拉图的对话和书简都是一种当下的发生，这种当下性体现在多个方面，比如：对话者的身份和灵魂类型，对话发生的时机和场合，对话者之间的关系。受这种当下性规定，苏格拉底或柏拉图在不同的场合做出不同的反应，对不同的人说出不同的言辞，就此来说，柏拉图笔下绝没有随意或偶然，每一个字都体现着在某种当下性下只得如此的必然。

《书简七》作为当下的对话，其形式上的奇特之处在于：面对当下的处境，柏拉图离题回忆和讲述自己曾经有过的经历。自我忆述是柏拉图惯用的手法，在他笔下，苏格拉底曾在《会饮》中忆述第俄提玛的教诲，在《斐多》中忆述自己的"两次远航"，但无论是《会饮》还是《斐多》，柏拉图只是在一场对话的某个部分采取忆述形式，像《书简七》这样通篇以忆述形式展开的对话绝无仅有。[①]柏拉图似乎感到，必须要通过这种自我忆述的形式才能与当下的收信人展开有效的交谈。《书简七》呈现出过去与当下的交错，对于这种时空蒙太奇，我们可以假设：柏拉图的忆述与当下有紧密的关联，至少是为了回应当下的情境；忆述就是讲述一个故事，我们知道，故事都是编织出来的，柏拉图以讲故事的形式与当下的收信人对话，他的故事主要讲他自己，也即是说，柏拉图编造了一个有关他自己的故事给大家听。

情　境

柏拉图是《书简七》的主角，这与柏拉图的对话截然不同。可关于柏拉图，我们究竟了解多少呢？从柏拉图所写的对话中，

[①] 当然，柏拉图有四部对话通篇是由苏格拉底进行忆述（《王制》《卡尔米德》《吕西斯》《情敌》），但苏格拉底在对谁忆述，我们并不知晓。《书简七》却是柏拉图向一个具体的收信人的忆述。

我们基本没法对他本人有所认识，惟在眼前的这封《书简七》中，柏拉图才头一回谈起个人的生平行状。让我们先来看看与《书简七》相关的一些传闻：

苏格拉底受审被判死刑那年，柏拉图还不到三十岁。年届四十，他头一回离开雅典，漫游南意大利和西西里各地，在叙拉古偶然结识二十出头的当地权贵狄翁。狄翁年轻、聪敏，颇有哲学天分，柏拉图便冒险向他传授了某些教诲。隔了二十多年，叙拉古的老僭主亡故，新僭主继位，狄翁趁机邀请柏拉图来叙拉古，希望柏拉图像当初教导自己一样来教导新僭主，花甲之年的柏拉图应邀前往——这二十年间，柏拉图在自办的雅典学园讲学，过着安稳又舒心的哲学生活；大概为了实现某种宏大的理想，他接受邀请，远赴异乡。又过了五年，这位老人应邀再次扬帆出航，南下西西里，屈指算来，他已六十七岁了。两次出行经历相似，变故良多却无果而终，此后柏拉图返归雅典，再没出去过。相传柏拉图八十一岁寿终，适逢天数，三次西西里之行恰好贯穿了他的后半生。

《书简七》写在柏拉图第二次出行结束之后的五六年间。依古典学家们推算，大致是在公元前360年，柏拉图从西西里黯然返回。公元前357年，经三年筹备，流亡在外的狄翁集结雇佣军，从伯罗奔半岛出发，征讨狄奥尼修斯。短短三个月，狄翁就推翻了狄奥尼修斯的统治，威震整个希腊世界。遗憾的是，狄翁一直没有在叙拉古建立新的政制，而是纠缠于旧制倾覆后的内乱，柏拉图曾就此评论说："废除僭政以来，你们在西西里全地进行的每场战斗都是因为同样的原因：一些人想要再次夺取权力，另一些人则想要彻底脱离僭政。"（《书简八》352c5–8）。柏拉图所说的两方分别是狄翁为首的民主派和狄奥尼修斯为首的僭主派，没错，狄奥尼修斯虽然被赶下了台，但他依然拥有强大的兵力，时刻觊觎再度夺取权力，而以狄翁为首的群体虽以推翻僭政为志，但这伙人里头鱼龙混杂、人心不一，潜藏分裂与阴谋。就在这极为严峻的时刻，命运的悲剧上演了：无力驾驭时局的狄翁终被自己的同伴所杀（公元前354年，死时55岁）。据说，狄翁被害后，追随他的人马退守叙拉古北部小城，他们致信柏拉图，要求他以"行动和言辞"共同合作。时年七十四岁（公元前354年）的柏拉图写信作答，于是就有了眼下的这封《书简七》。

学界判定柏拉图各篇对话的写作时间，往往基于文本考据上的各种猜测，说到底并没有太多坚实的证据。但《书简七》与现实政治紧密地交织在一起，遵循以上历史线索，我们就能推定，写这封信的柏拉图已是垂垂老者，步入了人生的黄昏。老人，更准确地说，一个年老的哲人最为接近智慧。在《书简七》中，这位智慧的老人面对着一个"深陷内乱的城邦"和"内乱中（στάσεων）每天涌现的众多的各种争执"（《书简七》337b1, 336e1–2），他原本应该享受哲学的自足和晚年的宁静，却又突然站到了政治现实的腥风血雨中，目睹战争、阴谋、暗杀和毁灭，经历政治生活中那些最极端的时刻。一场政治动荡，一位年老的哲人，这骚乱与静穆的两极构成了《书简七》的情境。这位年老的哲人要应对一次外部的政治动荡，他采取的方式却是忆述自己由年轻到年老的生命经验，政治与哲学的双重经验。因此，在聆听柏拉图的讲述时，我们必须时刻关注以下问题：柏拉图为什么要采取这种方式，柏拉图本人以往的经验对于处理当下这场政治动荡有何意义？

史上确有这场西西里的政治动荡，也确有狄翁、狄奥尼修斯其人，但柏拉图不是在讲述史上的这些事和人，而是在讲述他自己的经验。为了应对当下的这场政治动荡，柏拉图有理由编造出一番难辨真假的经验，编造出一个狄翁、一个狄奥尼修斯，甚至编造一个柏拉图出来。我们不能把《书简七》中的人物、情节、描述当成真事，但可以把一些历史材料拿来与《书简七》相印证，尽管印证的结果更多时候显得是，"《书简七》的作者对历史缺乏常识性的了解"，但《书简七》越不符合历史、越"不真实"，我们越能从中看出柏拉图的用意。至于《书简七》所发生的情境，我们甚至也不必当真：不妨想想看，一位垂垂老者，没权没力，平常做起事来就有些荒唐可笑（《书简七》347b1），平生仅有的两次政治行动都不了了之，一群仓惶无助的政治人偏偏向这样一位老者写信求援，不近似于一个玩笑么？正如一位英译者所说，

> 难道这群人的呼请不仅仅是文学上的虚构（literacy fiction），只是用作柏拉图此信的画面背景么？柏拉图是个运用想象力虚构故事的天才。没人会把《王制》或《会饮》的情境当作真有其事。①

《王制》中的苏格拉底与一群年轻人谈论正义，我们当然不至于轻率到认为，历史上的苏格拉底确实在某天与一群年轻人谈论了正义，而柏拉图只是记录了这场谈话。同样，我们最好也不要认为，一群政治人确实有向柏拉图写信求援，而柏拉图确实给他们回信作答；柏拉图可能只是选择以这群政治人作为对话者，选择以一场政治动荡作为对话的时机。《书简七》的情境可能完全出于柏拉图的设计和虚构，意识到这一点，我们便再不可拿历史文献的标准来衡量《书简七》，只得以阅读柏拉图对话的方法来阅读它，至少要把它看作一部文学作品，别太当真。

收信人

《书简七》是为了答复"狄翁的各位家人和同伴"。在柏拉

---

① J. Harward, "柏拉图的第七、第八书简" (The Seventh and Eighth Platonic Epistles), *The Classical Quarterly*, Vol.22, No. 3/4, 1928, 页146。

图的十三封书简中，其他几封都是写给具体的某个人，对话仅在两人之间展开，唯独第七、第八封写给同一个身份模糊的群体：狄翁的家人和同伴（οἰκείος καὶ ἑταῖρος），因此是柏拉图与一个群体的对话。

这是一个以狄翁为中心集结起来的群体，其成员包括"家人"和"同伴"。οἰκείος一词源于οἶκος[家庭，家族]，它不仅指由血统和姻亲形成的亲属关系，也包括通过友谊、共同的事业等纽带融入一个家庭的人。以οἰκείος在《书简七》中的用法为例，柏拉图的"家人"包括卡尔米德(Charmides)和克里提阿(Critias)这样的亲戚(324d1)，也包括与他形同家人的学园弟子们(350c1，另参346b7)。ἑταῖρος的内涵更为复杂和多样，它原指共同处事的"伙伴"，后泛指因各种纽带而缔结的伙伴关系，换言之，它既可指共同追求美德的同道，也可指共同作恶的同谋。据法译者布里松统计，《书简七》中以ἑταῖρος所指代的包括：柏拉图与苏格拉底的关系(325b6)，柏拉图与塔兰特的毕达哥拉斯派的关系(339e2–3)，柏拉图与狄翁的关系(328d1, 333d2)，柏拉图与狄奥尼修斯表面的关系(348a4)，狄翁与两个杀人凶手的关系(333e6)。[1]可以想见，作为收信人的"狄翁的家人和同伴"必定是一个相当驳杂的群体。

柏拉图为何选择以"狄翁的家人和同伴"作为收信人？他本可以选择意思相近的"狄翁的朋友和亲人"（φίλων καὶ συγγενῶν, 334c4）。或者，是否有这样一种可能，这群人在来信中自称"狄翁的朋友和亲戚"，柏拉图却在回信中改称他们"狄翁的家人和同伴"？"家人和同伴"意味着什么？

家人等于家庭，家庭是城邦社会的雏形，尽管在政治意义上低于城邦。在十三封书简中，只有狄翁、阿尔基塔斯两个人名前面出现了城邦之名(见《书简四》、《书简九》、《书简十二》)。狄

---

[1] Luc Brisson，《柏拉图书简》，前揭，页210–211，注释2。

翁远征叙拉古取得初步胜利时，柏拉图向其表达了期许和告诫，书简开头是"柏拉图致叙拉古的狄翁"。狄翁被城邦所流放，他的远征旨在实现个人与城邦的结合，城邦之名的出现无疑预示着这种结合。在信中，柏拉图甚至对狄翁说："遍布全地的所有人都注视着一个地方[叙拉古]，而且在这个地方最主要注视着你。"（《书简四》320d4–5）。狄翁本应要掌握叙拉古的大权，通过创立新的政制来再造一个城邦，但他不幸没有完成使命。狄翁殒命之时，僭政虽然暂时倾覆，但新的政制尚未创立，叙拉古处于分崩离析当中。按亚里士多德的说法，政制的变易是判断城邦是否变易的标志，假如一个城邦从僭主制变成了民主制，那这个城邦就成为另一个不同的城邦（见亚里士多德，《政治学》1276b10–15）。当下的叙拉古并没有完成这种转变，毋宁说，它是一个尚在生成之中的城邦。所以，我们在《书简七》只能看到家人和家庭，这一称谓预示着一个分裂中的城邦，一个界于在与不在之间的城邦。

　　同伴（ἑταῖρος）意近于朋友（φίλος），柏拉图在信中常常混用两词，但他似乎不愿直称收信人为狄翁的朋友。我们不应忘记，杀害狄翁的并不是狄翁的敌人，而恰恰是他的同伴：狄翁流放雅典时结识了两个兄弟，彼此成了"朋友"和"同伴"，正是这两个同伴谋害了狄翁（《书简七》333e–334a）。柏拉图就此评论说，"他们结成朋友，不是通过哲学，而是像大多数的朋友那样是通过普通的伙伴关系（ἑταιρίας）"（333e1–3），与此相反，柏拉图成为狄翁的朋友，"不是靠庸俗的交情，而是由于自由教养的纽带"（334b4–6）。在此，柏拉图区分了两种朋友：多数人是通过普通的伙伴关系结成朋友；只有少数人能够通过哲学结成朋友，比如他和狄翁。前一种朋友不可靠，仅是出于不可靠的利益关系聚合起来的同伴，随时都可能反目成仇；后一种朋友是美德意义上的朋友，因为共同的哲学追求而稳固可靠。显然，只有通过哲学才能成为真正的朋友，否则就只能是伪朋友或不可靠的同伴。柏拉图的这一区分

暗自针对着收信人，他仅称收信人为狄翁的"同伴"，不妨问：作
为"狄翁的同伴"，他们是真朋友，还是伪朋友呢？不难想象，其
中大多数同伴都属于前一种朋友，不然柏拉图就不必疑虑这些人
的意见和渴望是否跟狄翁一样了（324a2–3）。尽管如此，并不排除
有个别同伴与狄翁结成了哲学意义上的朋友：《书简七》写给狄
翁的同伴们，而《书简十》写给狄翁最亲密的同伴阿里斯托多如
斯（Aristodorus），之所以说他与狄翁最亲密，是因为他"在追求
哲学的人中展现出最有才分的性情"（《书简十》358c1–3）。我们得
假定，这位阿里斯托多也是《书简七》的收信人之一。①

　　至此，我们可以对收信人加以描述了。在一座分裂的城邦，
一个因为各种关系而聚合起来的群体，成员杂多，缺乏共同的友
谊基础。因为狄翁，他们成为彼此的伙伴，狄翁被杀后，群龙无
首的他们好比一支无人统率的杂牌军队，一个最高权力空缺的城
邦。当下的叙拉古业已分崩离析、无人统治，而当下的这群收信
人亦群龙无首、间隙重生，城邦与收信人互为隐喻。由此，我们可
以明白，为什么《书简七》是写给一个没有具体名字也没有首领
的群体：因为旧的叙拉古已经覆灭，新的叙拉古尚未产生。狄翁
死后，他的"各位家人和同伴"理应完成他没有完成的使命，肩
负起订立新的政制、重建一座城邦的责任，柏拉图选择以他们为
收信人，无异于选择向一座未来的城邦发言，他扮演的是伟大的
立法者和建城者的角色。

　　柏拉图的这一角色在《书简八》中更为明确。虽然《书简
八》也是写给"狄翁的各位家人和同伴"，但柏拉图开篇就宣称，
这封书简不只写给"你们"，也写给叙拉古的所有人，最后还写

---

① L.Edelstein认为，柏拉图在《王制》《法义》中ἑταιρεία对持否定态度，从而可以证
明《书简七》为伪作，参见氏著，《柏拉图的〈书简七〉》，前揭，页30–31；另见G.
R. Morrow，《柏拉图书简》（*Plato's Epistles*），Indianapolis：Bobbs–Merrill, 1962,
页141。对ἑταιρεία的关键词式研究，见G. M. Calhoun,《雅典的政治和诉讼团体》
（*Athenian Clubs in Politics and Litigation*），University of Texas, 1913。

给 "你们的仇人和敌人"（《书简八》352b4–c2）。面对整个城邦，柏拉图在书简中不仅完全直言不讳（πάσῃ παρρησίᾳ），而且秉持着一种不偏不倚的正义之辞（κοινῷ τινι δικαίῳ λόγῳ, 354a2–3），为叙拉古拟定了一整套政制法案，活脱脱一位超越城邦的立法者！

《书简八》明晰，《书简七》隐晦。确如柏拉图所说，无论在格调，还是内容上，《书简八》都远比《书简七》更加直言不讳和不偏不倚，个中原因在于：《书简八》中的柏拉图主动站到城邦面前，施行立法；而《书简七》的柏拉图却是被迫站到城邦面前，被迫成为立法者。主动与被迫之间的差异体现在两封书简的形式上。《书简七》是应 "狄翁的家人和同伴" 的要求作出的回复，是柏拉图被迫写下的信——假如没有收信人的要求，柏拉图便不会写下《书简七》，他一定感到非写不可，否则，他可以拒绝回复，或者托人捎个口信，推脱自己年迈，不愿再操心政治（《书简七》338c4, 350d1–2）。与《书简七》不同，《书简八》并不是对任何人的回复，它由柏拉图完全自愿自发地写下，而且公开写给所有人。[1]稍览《书简八》，便可发现柏拉图的意图所在，那就是消除笼罩整个西西里的内乱，挽救受到蛮族人威胁的希腊文明（《书简八》353e2–354a1）。为此，柏拉图开出的药方是，说服民主派和僭主派和好，采取中间道路，共同奉守法的统治。《书简七》虽有与《书简八》类似之论，但其整体性的意图始终难以把握，我们在阅读过程中会发现，《书简七》确是一次心灵的 "漫游"。

听　众

通常而言，我们给人写信，然后读对方的回信。很难想象一封信居然不是读的，而是听的。可是，柏拉图的这封信就是供人

---

[1] 被迫给出的回复还有第二、三、五、十一、十二封书简（共六封）。主动给出的还有第一、四、六、九、十、十三封书简（共七封）。

听的! 柏拉图在信的开头讲到狄翁的一个"意见",

> 至于这一意见是如何形成的, 年轻人和不年轻的人都并
> 非不值得一听(οὐκ ἀπάξιον ἀκοῦσαι), 而我将试着从头向你们
> 细细讲述这一意见……(324b5–6)

读对应写, 听对应讲: 我们读写下的文字, 听口头的讲述。
从写者和讲者的角度来说, 写更具私人性, 讲相对公开。在十三
封书简中, 柏拉图明确要求"读"(ἀνα-γιγνώσκω)的是第二封
(312e1, 314c6)、第三封(315c7)、第六封(323c6), 而且还要求反复
地读(《书简二》314c6, 《书简六》323c6)。明确要求听的只有第七
封。显然, 柏拉图把这封信理解为一次讲述和聆听(333c8再次说
到"听"), 这恰好证明: 柏拉图本人也把《书简七》理解成一次
对话。[①]

柏拉图的听众是谁? 不再是所谓的收信人, 而是"年轻人与
不年轻的人"(νέῳ καὶ μὴ νέῳ), 意即所有人, 其中当然包括我们。
《书简七》是柏拉图与所有人的对话, 但柏拉图作了一个简单又
深刻的区分: 年轻与不年轻。这个区分可说是哲学对话的根本
区分。在柏拉图笔下, 苏格拉底很少与不年轻的人谈话, 他热衷

[①] 《书简七》中没有一次说到"读", 柏拉图对狄翁、狄奥尼修斯以及其他年轻人的
教育, 不是通过读——读柏拉图写下的对话作品, 而是通过聚谈(συνουσία)。并非
古人尚口传, 也并非阅读不够普及, 笔者所见, 柏拉图对话中就有好几次阅读活
动: 斐德若念吕西阿斯写的赋(《斐德若》230e4), 小奴读由欧几里德记下的苏格
拉底与泰阿泰德的对话(《泰阿泰德》143b3), 年轻的苏格拉底等人听来到雅典的
芝诺读自己的著作(《帕默尼德》127c5, 127c7, d7), 甚至苏格拉底还读过阿纳克萨
戈拉的书(《斐多》97c1, 98b8, 98b5)。因此, 柏拉图在《书简七》中有意回避让人
读自己写下的作品, 这正应了他的那句话: "我从没写下过任何东西"(《书简二》
314b7–c4)。相关解读可参茨莱萨克, "《书简七》论如何获致哲学知识", 王师译,
收入拙编《叙拉古的雅典异乡人: 柏拉图〈书简七〉探幽》, 北京: 华夏出版社,
2010, 页174–189。

的是与那些天分高的年轻人交谈——在《王制》卷一，在老人克
法劳斯(Cephalus)起身去献祭之后，苏格拉底才与一群年轻人展
开了对正义的哲学讨论。年轻人与老人的差别不是年龄，而是心
灵，有的人天生年轻，有的人天生不年轻。梭伦漫游埃及时，一位
老祭司对他说：

> 你们希腊人永远是小孩子，在希腊没有人能成为老
> 人……每个灵魂都是年轻的；因为你们没有一个信念起源
> 于古老的传统，也没有一丁点年代久远的知识(《蒂迈欧》
> 22b4-8)。

年轻的心灵不依赖任何传统，不受习俗的捆缚，热衷探问，
沉醉于太阳下新鲜的一切，因而极为适合过哲学生活；相反，不
年轻的心灵最为依附传统，象征着城邦的习俗和权威。哲学无疑
会撼动既有的习俗，深深摇晃老人持守一生的准则，哲学生活对
于老人来说过于危险和玄远，因而，审慎的苏格拉底避免与老人
谈论哲学，最多只是引导他们继续持守健康的意见。只有对那些
天分高的年轻人、那些真正的年轻人，苏格拉底才会积极主动地
与之展开哲学讨论，引导他们走向哲学生活，从而落下败坏青年
的罪名。①柏拉图当然清楚苏格拉底所坚持的这一区分的意义，
是他塑造了苏格拉底。既然他认为自己的这封信适合年轻人，也
适合不年轻的人，那将是怎样的一场对话呢？不仅对所有人无

---

① 参见施特劳斯，《自然权利与历史》，彭刚译，北京：三联书店，2006，页85-86。就
此不妨参考一则轶事：布鲁姆(Allan Bloom)从芝加哥大学拿到博士学位后，先是
到市立的教育机构给成年人开课，听众包括家庭主妇、退休职员等等，总之都是
些灵魂基本定型的成年人。给这些人讲课，布鲁姆教得并不是特别好，因为他需
要影响年轻人，最终是在大学，他教出了自己最优秀的学生(事见布鲁姆，《巨人
与侏儒》，张辉选编，北京：华夏出版社，2003，页12)。

害——不会触动城邦的习俗，而且对年轻人有益——苏格拉底式的哲学教育。

此时，就在我们开始阅读《书简七》时，我们已经在聆听柏拉图的讲述——我们就是柏拉图的听众，柏拉图的讲述特别针对着我们。这次聆听将是一场自我认识的过程，我们是否年轻，能够走向何种生活，答案也许就将揭晓……

线索与结构

《书简七》讲述了柏拉图的三次西西里之行，它本身也是一次行程，因为，这封奇特的书简从头至尾都在"离题"，在不同的时间维度和不同的层面来回游走。

在时间维度上，柏拉图穿梭于过去和当下之间，有时还跳出时间发表哲学议论。面对收信人在非常事态下的紧急促请，柏拉图并没有即刻作出回答，反而"离题"回溯到似乎毫不相干的过去，从自己年轻时的经历讲起。柏拉图依次述及自己年轻时从热心从政到转向哲学的心路历程、第一次到西西里结识狄翁的情形、应狄翁和狄奥尼修斯的邀请到叙拉古的始末。结束这段忆述后，柏拉图终于回到正题，开始针对收信人的现实处境提出建议，但他的建议也呈现出过去与当下的交错。柏拉图先说到自己向人提建议的普遍原则（不拘泥于一时），然后回忆了第二次出航时曾和狄翁一道给狄奥尼修斯的建议，中间插入对狄翁之死的评述，最后才迟迟道出对收信人的现实建议。至此，可以说柏拉图已经完成了这封书简的任务或使命，以言辞给予了收信人最确切的答复，这封书简到这里就应止笔了。孰料柏拉图离开现实，再次启航，转而开始忆述第三次到叙拉古的前因后果，中间插入了有关哲学、写作和知识的讨论（俗称"哲学离题话"），之后又讲到如何与狄奥尼修斯发生冲突，如何辗转离开叙拉古，最后回到对狄翁的咏赞。

尽管《书简七》处在充满紧迫感的现实情景中，但柏拉图大部分时间都在忆述过往，似乎忽略了当下。就内容而言，《书简七》的主体是柏拉图对三次西西里之行的忆述，在忆述过程中，相继穿插了政治性建议(330b8–337e2)和哲学讨论(342a7–345c3)。因此，《书简七》大致就包含了三个层面的内容：柏拉图的自我忆述、政治建议、哲学讨论。[①]这三个层面实际对应着《书简七》的三个时间维度：忆述是忆述过去发生的故事，政治建议则是对当下的现实状况给出的建议，哲学讨论既不属于过去，亦不属于当下，而属于时间之外的普遍。过去—忆述、当下—政治、普遍—哲学，《书简七》的行程就沿着这三条轴线展开。

虽然柏拉图三次去过西西里，但柏拉图本人只承认有两次：他把自己的第二次出行称作"第一次"(见《书简七》330b9，《书简三》317a坚持了这一说法)，把第三次称作"第二次"(见《书简七》330c7，352a2–3)。值得注意的是，就在《书简七》最中间的位置(337c2–3)，这两次西西里之行间隔开来，同时也把《书简七》划分为篇幅相当的两大部分。[②]第一部分(324b8–337e2)，始于柏拉图对年轻时代的忆述，中间叙述第一次西西里之行，最后止于对收信人的建议——给出这些建议之后，柏拉图已经回复了收信人的要求，这封书简实际上已经结束。看似多余的第二部分(337e3–350b5)主要交代柏拉图第二次西西里之行的始末，中间插入了哲学讨论。两个部分虽然都是主要忆述柏拉图曾经的漫游，但在言说对象、内容、文风、形式上均有极大差别。

---

① 三个层面的区分，可参Paul Friedländer，《柏拉图》(*Plato*)，Hans Meyerhoff译，New York: Pantheon Books，卷一，1958，页237–238。

② 不妨数一数编码：从"引子"到"给收信人的建议"(323d9–337e2)，接近有15个斯特凡码(stephanus numbers)；从"第二次远航"到"尾声"(337e3–352a7)，不多不少，也是15个斯特凡码。

两个部分的言说对象并不相同。第一部分虽然一开始就在离题，但它默认的言说对象始终是字面上的那群收信人，而第二部分明确把言说对象从收信人转换成了另外一个群体："那些一再询问我为何愿意第二次去的人。"这一转换出现在第一部分的中间位置，当时柏拉图刚刚忆述完第一次西西里之行，正准备向收信人提出建议：

> 我到西西里并在那里度过的最初那段时日就是如此。此后，我离乡远行，应狄奥尼修斯热诚之至的召请再次到了那里。我的理由以及我的所作所为是多么合理和正当，在建议你们于当前事况下应当怎么做之后，我再来一一道明，以便[答复]那些一再询问我为何愿意第二次去的人，免得我把附带的事（πάρεργα）当成了要说的正事（ἔργα）。(330b8–c8)

第二部分显然是附带的事，给收信人提建议才是这封书简的正事；第二部分显然是答复那些对柏拉图为什么第二次去西西里感兴趣的人，而不是答复狄翁的家人和同伴。但是，第二部分占了整封信一半的篇幅，而给收信人的建议不过区区十分之一的篇幅，究竟哪个才是正事？或许，对收信人来说，得到柏拉图的建议是正事，他们只想得到柏拉图在行动和言辞上的帮助，并不关心柏拉图的第二次出行；但对柏拉图来说，给这些人建议只是无关紧要的、附带的事，真正重要的正事是讲讲自己为什么要第二次去西西里。

问题就来了，第二次西西里之行对于柏拉图为什么这么重要？

从内容上看，第一部分没有出现任何抽象的哲学讨论，第二部分不仅出现了一节颇长、颇晦涩的"哲学离题话"，而且一开始就与哲学相关：由于许多人说狄奥尼修斯在哲学上取得了惊人的进步，甚至纷纷夸赞狄奥尼修斯的哲学(339b2–e1)，柏拉图才勉强接受邀请，第二次远航。第二次远航旨在验明狄奥尼修斯的哲学是真哲学还是伪哲学，同样，柏拉图之所以讲述第二次远航，也是为了哲学：

> 我理应讲出真相，听过所发生的事情后，要是谁瞧不
> 起我的哲学，反而认为僭主有理智（νοῦν），我也毫无怨言。
> (339a3–5)

难道柏拉图要与僭主狄奥尼修斯比赛智慧？极有可能。虽然狄奥尼修斯与柏拉图只有一次哲学交谈（345a1），但这位僭主却以哲人的形象出现，妄称自己掌握了许多最重要的真知，甚至还有哲学写作——柏拉图的"哲学离题话"正是由此引出。在外界看来，狄奥尼修斯俨然成了哲学权威。柏拉图所做的一切（包括现在的讲述）都是为了揭穿僭主的伪哲学——大多数人不可能也无力达到哲学的真知，他们最多只能拥有意见。用柏拉图自己的话说，他的第二次出航是拯救哲学的行动（347e6–7）。

单就叙事笔法而言，第一部分内容简略，节奏平缓、情感克制，第二部分细致生动，富有时间和情感的律动（好几次说到柏拉图的发火、愤懑、不快，见345d4，346a2，d3）。比如，除了狄翁和狄奥尼修斯父子，第一部分最多只是提到几位已逝的历史人物（苏格拉底、大流士、格隆、希耶罗），几乎没有提到当时人的名字，甚至在说到杀害狄翁的凶手时（333e1以下），柏拉图也保持着克制的缄默；第二部分放弃了这种缄默，频频提及很多当时人的名字，甚至包括一些似乎无关紧要的人物（阿尔基塔斯、阿尔基德莫斯、赫拉克雷德斯、忒奥多特斯、欧律比乌斯、泰西阿斯、拉弥斯克）。第二部分在文学形式上亦更多样，不仅直接引述了三场与狄奥尼修斯的对话和柏拉图的内心独白，甚至还引了荷马的两句诗。这使得第二部分更加琐碎，也更加难以琢磨。

二、柏拉图的自述(323d9–330b7)

想法与意见(323d9–324b7)

柏拉图收到了狄翁的家人和同伴们所写的信,《书简七》就是柏拉图的回复。为了让我们听得明白,柏拉图先复述了这封信的内容。来信说,柏拉图应当认为他们的想法和狄翁一样,而且柏拉图应以行动和言辞尽己所能,与他们合作。合作(χοινωνεῖν)意味着一种结合,但柏拉图显然对这种结合有所疑虑,他答复说,假如你们的意见和渴望和狄翁一样,我就加入你们,如若不然,我就需要多加斟酌。可见,柏拉图之所以有所疑虑,是因为他并不了解来信的这群人。

这群人是因为狄翁才与柏拉图发生关系,柏拉图认识狄翁,但未必认识这个群体里的每个人。与一个人对话,显然要首先摸清这个人有什么禀性和什么样的灵魂,然后才知道该对他说什么、不该对他说什么、以及应该怎么说;不清楚对方的状况,对话便无法展开。现在的问题是,柏拉图要与一群陌生人同时对话。这群人里面有哪几类人,柏拉图暂时并不清楚。假如这群人里有许多不同,原则上就该对不同的人说不同的话,但如今的困难在于,柏拉图要同时对不同的人以同样的话表达不同的意思。

所以，为了保险起见，柏拉图只能答复说，如果你们的意见和渴望与狄翁一样，我就与你们合作，如若不然，我就要多加斟酌。因此，《书简七》就成了对"你们"的检验，聆听《书简七》之后，"你们"中间谁有狄翁的想法，谁没有狄翁的想法，将会自动判然分明。翻到结尾，我们看到：柏拉图已经与"你们"中间的"某人"（τινί）——并不是与"你们"所有人——完成结合，成为了"我们"（ἡμῖν，352a6）。①

　　给出这个答复后，柏拉图话锋一转，说"至于狄翁的想法和渴望是什么，我大致能说上一说"。柏拉图问"狄翁的想法和渴望是什么（τίς ἦν）"——他问狄翁的家人和同伴，也问我们这些听众：你们知道"狄翁的想法和渴望是什么"吗？作为听众的我们确实不知道，而柏拉图疑虑狄翁的家人和同伴一样不知道。谁知道呢？只有柏拉图知道，而且柏拉图不是"揣测"（εἰκάζων），他"知道得很清楚"（ὡς εἰδὼς σαφῶς）。"揣测"就是猜想，猜想的结果是影像（εἰκών），而认识的结果是理式（εἶδος），"揣测"与"知道"的对比暗示：只有柏拉图能够达到清楚的认识，而旁人只能达到影像般的意见；至于"狄翁的想法和渴望是什么"，可能狄翁的家人和同伴并不握有认识，最多只有影像般的意见。既然如此，柏拉图为什么还要讲述"狄翁的想法和渴望是什么"？这可能是因为，柏拉图不知道这群收信人的想法是什么，他并不了解这群人，柏拉图只知道狄翁的想法和渴望是什么，他只了解狄翁，他把"狄翁的想法和渴望"告诉这群人，是让他们通过认识狄翁来

---

① 假如我们是收信人，我们一定会对柏拉图的这个答复感到惊愕，甚至有几分恼火。我们信誓旦旦地称自己跟狄翁的想法一样，但柏拉图却以"如果"表达了对我们的质疑；我们向柏拉图求助，他却左推右托。从这个开头，我们看不出柏拉图的任何意图，甚至也看不出柏拉图打算给收信人建议。参见罗德，"《书简七》中的神秘主义哲学"，王师译，见拙编《叙拉古的雅典异乡人：柏拉图〈书简七〉探幽》，前揭，页222–229。

认识自己，那些能够成功自我认识的人，将最终获得与狄翁一样的想法和渴望。

奇怪的是，柏拉图并没有直接讲述"狄翁的想法和渴望是什么"，他紧接着说到狄翁的一个意见：

> 最初到叙拉古时，我几近四十岁，狄翁的年纪则和现在的希普帕西努斯一样，而且他从那时就一直秉持着一个意见（δόξαν）……(《书简七》324a5–b1)

如果我们注意柏拉图的用词，可以发现，柏拉图把开头的"想法"置换成"意见和渴望"，然后又转换成"想法和渴望"，最后仅仅保留了"意见"。短短几句话之间，完成了从"想法"到"意见"的急剧转换。如果收信人读过柏拉图对话，就应该了解，这一转换绝非随意。διάνοια是理智性的"想法"，更准确地说，是哲学性的"思考、思想"，διάνοια与δόξα的差别是两个世界的差别。[1]在《王制》卷六末尾，苏格拉底用著名的分线（divided line）划分了可见世界与可知世界，可见世界是影像和意见的领域，可知世界是理式和知识的领域，哲人在其中进行理性沉思。苏格拉底随后又将可知世界分成两个部分：纯粹的理式、数学研究的对象（奇数与偶数、各种图形），其中，理式对应灵魂中最高的理智（νόησις），数学研究的对象对应思考（διάνοια），[2]而对"思考"的定义就是"介乎意见与理性之间的某种东西"（参《王制》509d–511e，尤其511d–e）。由此可见，《书简七》开头从διάνοια到δόξα的转换，相当于从可知世界下降到可见世界，从知识下降到意见，从

---

[1] 通览整封书简，διάνοια只适用于柏拉图和狄翁，见《书简七》326b5, 327b7, 328c3, 330b5, 331a5各处。另参《智术师》263e3–5，《泰阿泰德》189e6–7：διάνοια是灵魂之内无声的自我对话。

[2] 布鲁姆的《王制》译本将νόησις译作intellection，将διάνοια译作thought。

理式下降到影像。进一步说，这一转换和下降分成以下四步：

1. 写信人自称跟狄翁的想法（διάνοια）一样……

2. 柏拉图称假如写信人的意见和渴望（δόξα καὶ ἐπιϑυμία）和狄翁一样……

3. 柏拉图称自己知道狄翁的想法和渴望（διάνοια καὶ ἐπιϑυμία）是什么……

4. 柏拉图称狄翁平生持有一个意见（δόξα）……

显然，要考虑从διάνοια到δόξα的转换，还必须考虑中间起衔接作用的ἐπιϑυμία[渴望]，ἐπιϑυμία可高可低，就其在《书简七》中的用法而言，它既可指吃、喝、性等身体方面的欲望（331a2, c5），也可指灵魂对哲学的欲求（327d2, 328a2, 330b6, 338b6–7），这截然相反的两层意思提醒我们，即便柏拉图前后用了同一个ἐπιϑυμία，也未必是指同一种"渴望"。搞清楚这一点，我们再回过头来依次看这四步转换：

1. 写信人称自己的"想法"和狄翁一样，但在柏拉图看来，狄翁不仅有想法，还有某种渴望（3），想法必须要和渴望结合在一起，也就是说，理智思考必然伴随着对哲学的欲求。写信人忽略了狄翁的渴望（假定狄翁的渴望是对哲学的欲求，见327d, 328a），毋宁说他们缺乏狄翁的渴望，自然便不可能产生狄翁式的理智思考，甚至不可能有理智思考；

2. 柏拉图称，假如写信人的意见和渴望和狄翁一样，他便予以合作。写信人自称有想法，但柏拉图却避而不谈他们的想法，只说他们的意见和渴望，这无形中否认他们有任何想法，暗示他们只有意见和渴望。另外，"假如"的虚拟语气表明，写信人的意见和渴望未必就是狄翁的意见和渴望，至少他们的渴望未必就是对哲学的渴望；

3. 柏拉图肯定狄翁的想法和渴望。写信人有意见和渴望，狄翁有想法和渴望，两者都有渴望，但前者的渴望和意见联结在一起，后者的渴望和理智联结在一起（关于狄翁的节制，可见327b2–4，336c3–4），两种渴望有着本质区别。意见和欲望位于最低的位置，理智和哲学欲求位于最高的位置，柏拉图从想法下降到意见和欲望（1–2），再从意见和欲望上升到最高的想法和渴望（2–3），相当于从最低点上升到了最高点（2–3）；

4. 柏拉图说狄翁平生持有一个意见。只有意见，没有渴望，这说明狄翁的这个意见既涤除了身体欲望，也不涉及哲学欲求，它处于"意见和渴望"(2)与"想法和渴望"(3)之间，是一个正确的意见。现在，柏拉图已经揭示了狄翁的意见是什么，他还要讲述这一意见形成的过程——我们不该忘记，柏拉图刚刚说过，他要讲讲狄翁的想法和渴望是什么(3)。思想远比意见更高、更重要，为什么又突然转到意见上去？如果收信人熟悉柏拉图对话，便应该知道，苏格拉底与人谈话几乎总是从意见开始；柏拉图的讲述也从意见开始，这似乎说明，《书简七》将是一场苏格拉底式的哲学交谈：从意见上达真知，或者从错误的意见上达正确的意见。柏拉图前面说过，如果你们的意见和渴望和狄翁一样，我便同意合作，如果不一样，我就要多加斟酌(2)。我们已经知道了狄翁的意见是什么，但还不知道狄翁的渴望是什么；假如我们已经有了狄翁的意见，柏拉图就要引导我们抛弃欲望，获得狄翁的理智思想和哲学欲求，假如我们的意见和欲望与狄翁不同，我们便不可能获得狄翁的理智思想和哲学欲求，柏拉图只能引导我们获得正确的意见，为了兼顾两种情形，柏拉图只得首先讲述狄翁的意见是如何形成的，所以说，他的讲述既适合年轻人听，也适合不年轻的人听。

柏拉图告诉我们，"叙拉古人应该享有自由，受那些最好的法治理"便是狄翁平生奉持的意见。我们不能以为历史上的狄翁确实有这个意见，毋宁说，柏拉图要教诲我们这个意见。这个意见涉及两个关键词：自由和法。我们先来看看自由和法在当下意味着什么。

叙拉古是个僭政的城邦，而僭政与自由、法水火不容。依照苏格拉底的定义，僭政与王政相对，王政征得民众的同意且用法律统治城邦，僭政依据统治者的个人意志来统治城邦，它不但违背民众的意志，而且不蹈循法律（参见色诺芬，《回忆苏格拉底》4.6.12；另见柏拉图，《书简八》354c3–7；亚里士多德，《政治学》1295a15–18）。即便对僭政加以改良，使民众自愿顺服接受统治，僭主依然不会依据法律来统治，就此而言，"僭政本质上是无法的统治，更准确地说，是一种无法的君主统治"。[①]既然僭政等于无法之治，僭主以个人意志奴役民众，叙拉古自然毫无自由可言，遑论"最好的法"。放在当初由僭主奴役的叙拉古，"自由和法"的意见必然导出一个危险的政治理想：发动民主革命，推翻僭政，实现所有人的自由———一如叙拉古刚刚发生的这场政变。而如今，叙拉古正处于权力的真空期，面对着无比紧迫的政制抉择：跌回原有的僭主制，还是旧邦维新，采取君主制或寡头制或民主制？柏拉图的解答突出了两个原则：首先，叙拉古人应当自由，这意味着重回僭政的奴役是不可取的；其次，不论叙拉古采取何种政制，都应尊奉最好的法，这意味着以法的约束达成自由，避免落入民主式的过度自由。柏拉图寻求奴役与自由之间的中道，他既不赞成过度的奴役，但也不同意过度的自由，《书简八》明确了这一点：

> 奴役和自由哪个过度哪个就是极大的恶，哪个合度哪个就是极大的善。合度的是受神奴役，不合度的是受人们奴

[①] 见施特劳斯，《论僭政》，前揭，页87–88。《希耶罗》中的西蒙尼德在僭主面前避免使用"法律"和"自由"两词，施特劳斯正是在疏解这个情节时得出了上述观点。

役；对明智的人们而言，神是法，对不明智的人们而言，神是快乐。(《书简八》354e3–355a1)

柏拉图期望，如今与狄翁当年一样年轻的希普帕西努斯(Hipparinus)会形成同样的意见。希普帕西努斯是谁？《书简八》已经交代，狄翁的儿子叫希普帕西努斯，老狄奥尼修斯有个儿子也叫希普帕西努斯，后者虽然是僭主的儿子，但他愿意抛弃僭政，让城邦自由，这两个希普帕西努斯应该和曾经的僭主狄奥尼修斯一齐成为叙拉古王(《书简八》355e3–356b2)。①在这里，柏拉图并未区分两个希普帕西努斯，他有意把两者叠合在一起，从而暗示了某种结合——《书简八》点出了这种结合，柏拉图借狄翁之口说：

> 如果有些目标碰巧存在于两个灵魂之中，而且经过推算即可发现它们是最好的目标……我说的"两个灵魂"，分别是狄奥尼修斯之子希普帕西努斯跟我儿子[按：即狄翁之子]的灵魂；因为这两人已经达成一致……(《书简八》357b6–c3)

两个希普帕西努斯要变成一个希普帕西努斯，这里的结合具体是什么意思，我们要继续聆听下去才能明白。总之，柏拉图唯一点名提到的希普帕西努斯是一位新的狄翁。狄翁曾经年轻，曾经领受柏拉图的教诲，曾经是这群收信人的首领，而希普帕西努斯如今正年轻，他有可能领受柏拉图的教诲，有可能成为这群收

---

① 一般认为，《书简八》中的柏拉图犯了历史错误(historical discrepancy)，因为在写《书简八》之时，狄翁的儿子希普帕西努斯已经夭亡，见L. A. Post, "柏拉图书简中所谓的历史错误" (A Supposed Historical Discrepancy in the Platonic Epistles)，载 *The American Journal of Philology*, Vol. 45, No. 4, 1924, 页371–376。可问题是，即便历史上的这位希普帕西努斯确实早夭，但柏拉图并不这么认为。

信人的首领，也有可能成为叙拉古未来的统治者，完成狄翁未继的事业，为叙拉古缔造新的政制。假如《书简七》是写给希普帕西努斯的，我们就能明白，柏拉图为什么会在信中说到哲人王，又为什么会插入哲学讨论。柏拉图随后再没提及希普帕西努斯，他只是忆述了自己对狄翁和狄奥尼修斯的教诲——柏拉图以此来教诲这位年轻而前途远大的希普帕西努斯。就此而言，《书简七》是对潜在君主的教育，但柏拉图还不认识希普帕西努斯，他如何才能在人群中找到这位新的狄翁呢？

假如说柏拉图对狄翁的教育部分失败了，柏拉图至少还期望对希普帕西努斯的教育会成功，但如柏拉图所说，一切都取决于"某位神"。最伟大的教育者就是神。

认识柏拉图(324b8–326b4)

柏拉图的故事从他自己年轻时讲起。他说，自己当初和大多数年轻人一样，期望着一旦成年就投身城邦政治，但城邦事务中的一些机运落到了"我"头上。柏拉图的故事一开始就与机运联系在一起。

当时，"政制"受到许多人谩骂，五十一人带头发动政变，推翻了先前的政制，五十一人里面有十一个人在城内，有十个人在佩莱坞港，另外三十人握有全权，施行专制。这就是历史上的那场三十寡头"政变"，众所周知，这场政变推翻了苟延残喘的民主制。巧合的是，新政府里面有柏拉图的几位"家人和熟识"，他们邀柏拉图共事，而年轻的柏拉图亦对新政府充满期待，希望他们会把城邦从不正义引向正义，因此便密切关注他们的举动。新政府里只有柏拉图的"家人和熟识"，而不是"家人和同伴"或"朋友和同伴"，考虑到三十寡头的恶名，我们大概可以明白，柏拉图为什么只把他们看成熟识。此外，面对新政府的邀招，柏拉图没有做出答复，他没有立即投身政治，反而冷静地观察新政府的表现，柏拉图所谓的政治热情始终伴有一种冷静。不久，三十人的所作所为便让柏拉图失望了：除了其他恶行，三十人还命令柏拉图年长的朋友苏格拉底跟别人一道去逮捕一位公民，目的是为了强拉苏格拉底入伙，亦即让苏格拉底参与他们的事务，而苏格拉底拒绝听命，不愿参与这种不虔诚的行为。看到这一切，柏拉图备感厌恶，于是远离了这些恶行。

三十人政权不久就倒台了，柏拉图再度对从政充满渴望，但已经不如当初那么热切。政变时期动荡不安，发生了许多令人愤慨的事，但对于报复仇敌的行为，柏拉图却毫不惊奇。归来的流放者表现尚算公平宽厚，可是，尽管苏格拉底并非民主制的仇敌，当权者却以"不敬神"为名控告并处死了苏格拉底，想当初，在这些人被流放期间，正是苏格拉底拒绝参与抓捕他们的朋友。苏格拉底的死是柏拉图经历的第二个"城邦事务的机运"。

柏拉图观察着这些现实和那些搞政治的人，审视着法和风尚，日渐成熟的他认识到，要正确地治理政事极其困难。他提出了三个原因：首先，"没有朋友和可靠的同伴，就无从行事"，而要找到朋友和可靠的同伴非常困难，因为"我们的城邦"不再受祖传的风尚和习惯治理；其次，"成文法和风尚受到败坏"，这意味着，成文法和新的风尚取代了祖传的风尚和习惯，祖传的风尚和习惯虽然不是成文法，但优于成文法；成文法和风尚"以令人惊异的速度日益沦落"，到目前为止，这是唯一令柏拉图感到惊讶的现象（比较324b3, 324d3, 325b3）；最后，柏拉图认识到，"现今所有城邦的统治都很糟糕"，因为它们法的状况近乎无可救药，除非有"某种有机运相助的神奇准备"。三个原因都与"法"有关：祖传的法已经失去对城邦的约束力，成文的新法却败坏不堪，政治上的恶正是由于法受到败坏而引起的。在柏拉图所叙述的两次城邦政变中，没有对"法"的任何描绘，这说明城邦已经完全没有法，最醒目的例证是，苏格拉底受到的审判不是依据法，而是一群人的共谋："一些人起诉了他，另一些人则做出判决并把他处死"（325c2）。在点出三个有关"法"的原因之后，柏拉图紧接着谈到"哲学"，他说：藉由真正的哲学，才能看清城邦的正义和个人的正义。法、哲学、正义三者究竟是什么关系？从这里的文脉看，柏拉图似乎要回答说，正义原本是法的诉求，但如今的法不再追求城邦的正义和个人的正义，因而已成坏法；显然，能够解救城邦法的神奇药方就是哲学，因为只有通过哲学才能认识正义，所以说，只有哲人掌握了政治权力，或者统治者成了哲人，各种政治上的恶才会终结。

至此，柏拉图完成了从政治到哲学的上升，成为了哲人。但柏拉图为什么要交代自己成为哲人的过程？柏拉图在前面说过，他期望年轻的希普帕西努斯就政制获得与狄翁一样的意见，他要讲述狄翁的这一意见是如何形成的，实际是要通过讲述让希普帕西努斯形成这一意见。柏拉图期待希普帕西努斯成为新的狄翁，也就是说，他期待在这群陌生的收信人中间会出现一位狄翁，他要在人群中找到这位狄翁，与之亲切地交谈。可眼下的困难在于，柏拉图不得不与整群人交谈，他并不知道人群中哪个年轻人有着狄翁式的灵魂，他也没法走到人群中，分别与每个人进行交谈，试探每个人的灵魂，看其是不是他要找的狄翁。虽然困难重重，但并非不可变通：柏拉图不能亲自找到狄翁，但可以让狄翁听了谈话后主动来找自己。为此，柏拉图离开正题，谈起了自己。柏拉图之所以讲述自己成为哲人的过程，或许是为了让人群认识柏拉图，也是为了让人群认识哲学，柏拉图相当于把自己和哲学介绍给了人群中的那位狄翁。听了柏拉图的故事，倘若你于心有戚戚焉，那你可能就是柏拉图要找的人；即便你不为所动，你至少会觉得这还算个不赖的故事。

柏拉图其人

柏拉图展示了自己从一个政治青年转变为哲人的过程,简单归纳一下,他的政治—哲学之路历经了三个阶段:

> 热心从政,三十人上台,充满期待,但三十人的所作所为最终令他失望(公元前404年,柏拉图24岁);
>
> 三十人倒台(公元前403年),柏拉图再度燃起政治热情,但民主复辟者对苏格拉底的暴行再次令柏拉图失望(公元前399年,柏拉图30岁);
>
> 观察现实政治,思考礼法和风俗,最终认识到所有的统治都是坏的,转向哲学—哲人王(柏拉图30–40岁之间,40岁至叙拉古);①

从这个故事中,我们看到了一个有些奇怪的柏拉图:他年轻时居然和"许多(年轻)人"一样热衷政治!何以奇怪?因为,对于柏拉图年轻时的爱欲,古人绝少提及他热爱政治,往往只说他热爱哲学或爱诗。据亚里士多德的证词,柏拉图从年轻时就热爱哲学,熟悉克拉底鲁和赫拉克利特的学说,后来才接受了苏格拉底

---

① 三段式的结构显然是有意设计,很容易让人想起《斐多》96a以下苏格拉底的自述(见Paul Friedländ,《柏拉图》,前揭,页237–238)。年轻时的苏格拉底并不关注政治,他热心追求"研究自然的智慧",喜欢探究万物的原因,结果陷入怀疑论的虚无;后来,接触到阿纳克萨格拉(Anaxagoras)以"心智"(nous)为万物之原因的说法,觉得很有说服力,期望能从阿纳克萨格拉那里得到自己想要的答案,于是急切地阅读阿纳克萨格拉的书,但并不能令他满意;失望之下,苏格拉底不得不最终开始所谓的"第二次远航",躲进logos的世界,从logos中观察存在的真实(99e5–6)。经过两次追寻和波折,苏格拉底从自然哲学转向了政治哲学,从自然哲人转变成政治哲人。与苏格拉底相反,这里的柏拉图年少时并非哲人,毋宁说他和自己的兄弟、《王制》中的阿德曼托斯与格劳孔相仿,都是醉心政治的雅典青年;这里的柏拉图从政治转向了真正的哲学——显然不是前苏格拉底的自然哲学。

的教诲(《形而上学》987a29–b5);第欧根尼·拉尔修的说法大致相同,称柏拉图年轻时曾学习绘画和写诗,而且很早就开始学习哲学,先后追随过赫拉克利特、苏格拉底和克拉底鲁等人(《名哲言行录》卷三, 5–6)。我们不由得怀疑,柏拉图的这份自我描述是否真实,也许,年轻时的他和"许多"年轻人并不一样(至少"那时的政制受到许多人谩骂",却没有受到柏拉图的谩骂),他属于更爱智慧的少数年轻人之一。柏拉图把自己混同于大多数年轻人,就是在当下的人群面前掩藏自己的智慧和卓越——原来,柏拉图也精通"苏格拉底的佯谬"(Socratic Irony)!

再看柏拉图成为哲人的过程,我们会发现,柏拉图完全是自发自为地成为了哲人。他没有受到其他哲人(比如苏格拉底)的教育,也没有苦心专研算学、几何学、天文学、辩证法诸科(参《王制》528e–535a),仅仅是因为个人的现实经历和对现实的反思,他获得了对政治的普遍看法,认识到"现今所有城邦的统治都很糟糕",由此成为了哲人。听起来,柏拉图的这条哲学之路并不艰难,更不深奥,似乎人人都可通达,人人都可以成为柏拉图。柏拉图在人群面前隐藏自己的智慧,但又展示一条从政治直通哲学的路途,究竟用意何在?

我们不要忘了,柏拉图所说的一切都针对着当下的这群收信人。可以设想,这群收信人正处于柏拉图年轻时所处的情景:西西里刚刚发生了柏拉图所说的政制变动,整座城邦动荡不安,有人借着政变大肆报复仇敌,有人遭到流放,有人莫名被杀(参见《书简七》325b3–4, 对比336d8–337b3)。在这场政治动乱中,大多数收信人和年轻时的柏拉图一样,对政治抱有幻想和热情;当柏拉图向他们讲述自己作为一个热衷政治的年轻人所经历的两次政变时,他是在讲述每个收信人的切身感受,同时也是在教诲收信人:不论你对政治抱有多高的期望,你最终会失望,应该早早像柏拉图一样认识到,良好的政治是多么难以实现。同样,柏拉图对现实政治的反思也是为了教诲当下的收信人，"若没有朋友和可靠的同伴，就无从行事"，这句警言切中收信人的要害，作为"狄翁的同伴"，他们并不一定彼此都是朋友、都是可靠的同伴，他们能够从事政治么？城邦的"成文法和风尚受到败坏"，听到这里，他们不要赶忙检审自己城邦的法律和风尚么？"现今所有城邦的统治都很糟糕"，这当然是说，叙拉古的统治也很糟糕。听到这些，个别有心人会恍然醒悟，以现有的条件来从事政治太困难了，要结束叙拉古所承受的糟糕统治，只能像柏拉图一样转向哲学。柏拉图展示一条从政治直通哲学的路途，正是为了引导有心人转向哲学。

柏拉图的这段故事浓缩了他的政治经验和对政治的认识，通过忆述自己的年轻时代，这位老人秘而不宣地把这些经验和认识传授给了人群，也传授给了我们，他向我们指出了政治的局限，也向我们指出了解决政治问题的药方：哲学。当然，在嘈杂的人群中，能够领会柏拉图之言并转向哲学的毕竟是少数，他大概会是这样一位年轻人：他见证了城邦政治的纷扰，意识到政治的困难，尽管他与政治保持着某种距离，但他始终思考着怎样能使政制变好(325e3–326a2)。这位年轻人就在我们中间，认识柏拉图也就是认识我们自己。

哲学与正义

我们已经初步认识了柏拉图，但还不认识哲学。认识哲学远比认识柏拉图困难，原因在于，苏格拉底作为哲人被城邦判处了死刑。要让人群认识哲学，必须对苏格拉底的死作出辩护，消除大多数人对哲学的敌意，并说明哲学之于城邦的意义。为此，柏拉图不得不为苏格拉底、为哲学辩护。

柏拉图所经历的两次城邦政变都牵连到苏格拉底。三十人集团上台后，曾传召苏格拉底，要他跟其他四人一起去抓捕撒拉米

斯的赖翁(Leon of Salamise)，苏格拉底拒绝听命，另外四人前往
撒拉米斯之时，他却自个跑回了家(《苏格拉底的申辩》32c4–d3，
《书简七》324e2–325a5)。三十人倒台后，如日中天的民主领袖阿
努图斯(Anytus)指使诗人莫勒图斯(Meletus)起诉苏格拉底，控
告他不敬神和败坏青年，致使苏格拉底受审被判死刑(《书简七》
325b5–c5)。柏拉图的故事着重讲到苏格拉底的这两次政治遭遇，
而且只提到了苏格拉底的名字：三十人政权里有柏拉图的"家
人和熟识"，但未说是卡尔米德和克里提亚；苏格拉底受命去逮
捕一个公民，但没说是撒拉米斯的赖翁；柏拉图更没有明言害死
苏格拉底的"当权者"就是阿努图斯等人。柏拉图与苏格拉底的
关系定然非比寻常，尽管如此，柏拉图并没有如我们所期望的那
样称苏格拉底"老师"，而只称"年长的朋友"(324d8–e1)和"我
们的同伴"(325b6)。仔细想想，柏拉图如此称呼苏格拉底并不奇
怪：苏格拉底从来不是任何人的老师，他不像智术师那样到处出
卖知识、招揽学徒，他只喜欢跟自愿追随自己的年轻人做朋友
和伙伴(《苏格拉底的申辩》33a5, 23c2)，柏拉图称苏格拉底为朋
友和同伴，无形中洗脱了苏格拉底败坏青年(当然包括败坏柏拉
图)的罪名。对于苏格拉底"不敬神"的罪名，柏拉图驳之为"一
项最不适用于苏格拉底的指控"，而且反击指控者"最不虔诚"，
他还举出苏格拉底拒绝参与"不虔诚"行为的例证——照这个意
思，苏格拉底非常虔敬。[1]

---

[1] 柏拉图在此用了两个词：不虔诚(ἀνοσίος)和不敬神(ἀσεβῆ)。两词差别微妙，前者强
调违反神的规定，后者强调对神的敬畏(见吴飞译注，《苏格拉底的申辩》，北京：
华夏出版社，2007，页124注4)。苏格拉底不愿参与不虔诚的政治行为，更没有不
敬神，相较于寡头派和民主派，苏格拉底无疑成了最虔敬的人。不过，苏格拉底的
虔敬是否是礼敬城邦神大可商榷，正如柏拉图在另一封书简中说："我们所做的
事情不会有比关心这一点[暗指哲学]更虔敬的了(εὐσεβέστερον)，也不会有比忽视
这一点更不虔敬的了(ἀσεβέστερον)"(《书简二》311e2–4)。

　　柏拉图反驳了苏格拉底的两项罪名，但这还不够，他还必须为哲学做出更有力的辩护。苏格拉底的死原本意味着哲学与政治之间的冲突，柏拉图却完全回避了这一冲突，他没描写苏格拉底给予的任何哲学教诲，甚至没说苏格拉底从事哲学——苏格拉底的死是"由于某种机运"（κατά τινα τύχην, 325b5–6），而不是因为搞哲学。在柏拉图的赞词中，苏格拉底仅仅是"当时最正义的人"（324e2）。注疏家们指出，这个说法复述了《斐多》的结束语："在当时我们所认识的人中，他［苏格拉底］是最好、也是最智慧和最正义的人"（《斐多》118a）。显然，柏拉图有意略去了苏格拉底的"最好"和"最智慧"，唯独保留了"最正义"。①在柏拉图的故事中，苏格拉底的命运不再是智慧或哲学与城邦的冲突，而是正义与不正义的对立。苏格拉底是当时最正义的人，而城邦却是正义的反面，屡屡对苏格拉底犯下不义；与此类似，柏拉图成为哲人，不是因为对智慧的沉思，而是因为对正义的追寻。每一番政制变动，年轻的柏拉图都设想当权者会把城邦从不正义引向正义，但事与愿违，三十人以及民主复辟者接连对苏格拉底犯下不义，城邦总是一次次滑向不正义的深渊。柏拉图最终认识到，现今所有的城邦都承受着糟糕的（＝不正义的）统治，只有通过正确的哲学，才能认识城邦的正义和个人的正义（326a6–7）。这意味着，只有通过哲学，城邦才可能正义。

---

① 苏格拉底只是当时最正义的人，而非最正义的人，个中道理据说与著名的理式论有关：只有正义本身、正义的eidos是绝对正义的，任何城邦或个人都无法企及绝对完满的正义，即便是苏格拉底，也只能最大程度地接近正义而已（见《王制》472b–c, 479a, 501b）。施特劳斯已然注意到，《斐多》和《书简七》都称苏格拉底为当时最正义的人，"我怀疑，在柏拉图看来，究竟是否有某个人可以被称作正义的……正如没有一个人绝对智慧那样，也没有一个人绝对正义——这正是理念论的原初内涵"。（施特劳斯1935年1月8日致克莱因信，参见《回归古典政治哲学》，前揭，页226。）

柏拉图美化了哲学与城邦的关系，其中的悖论在于，尽管城邦需要正义，但苏格拉底的正义并不等于城邦的正义。"君子成人之美，不成人之恶"，苏格拉底奉行哲人的正义，拒绝参与抓捕行为，他从不伤害任何人，只给予和自己交往的人以最大的帮助（见色诺芬，《回忆苏格拉底》4.8.11）；城邦要求区分朋友和敌人，要求给朋友最大帮助、给敌人最大伤害，城邦没法像苏格拉底那样不伤害任何人，也不容许苏格拉底不伤害任何人。[1]城邦的正义与哲学达到的正义原本是两码事，而且相互冲突，但在这里，两种正义反常地合二为一：由于不了解正确的哲学，没人知道什么是城邦的正义，所以城邦才对苏格拉底犯下不义。当城邦因不了解正义而犯下不义的时候，苏格拉底依然是正义的，假如城邦向苏格拉底学习，不仅苏格拉底的悲剧不会发生，城邦也会如人所愿地转向正义。如柏拉图所说，"藉由正确的哲学，才能看清一切城邦的正义"，城邦的正义与苏格拉底的"最正义"划上了等号。政治与哲学不再是冲突的两方，因为城邦需要哲学，只有靠着哲学，城邦才能正义。

抬高正义无疑是为了抬高哲学，凸显哲学对城邦的意义。柏拉图在指出现实政治的三个困难时，或许也是在影射哲学。从事政治需要朋友和可靠的同伴，而要找到这样的人极不容易，因为，传统意义上的朋友和同伴以城邦祖传的礼法与风尚为精神纽带，但这条纽带现已败坏不堪。没关系，这些困难都可以由哲学迎刃而解。哲学可以替代城邦的礼法成为朋友和同伴之间的精神纽带，柏拉图不就与狄翁因哲学结成朋友么（见《书简七》334b5–6）？哲学甚至可以取代礼法，当祖传的不再是好的，当传统价值崩解时，城邦不更加需要哲学来寻求自然的好、自然的正义么？柏拉图总结说，我们要赞颂真正的哲学，唯有哲学能够解

---

[1] 施特劳斯，《论僭政》，前揭，页123–124。

救现今所有城邦。基于与《王制》一样的逻辑，即，正义的城邦能否实现，取决于哲学与权力能否一致，柏拉图随之重申了《王制》中的哲人王理想：

> 人这一族将无法摆脱各种恶，除非正确地和真诚地爱智慧的那族人掌握了政治权力，或者城邦中当权的那族人出于某种神意(ἔκ τινος μοίρας θείας)真正地爱智慧。(《书简七》326a7–b4，同参《王制》473c11–d6, 499b2–c2)

在《王制》中，苏格拉底称"哲人王"的说法是"一波最大的浪头"，将把自己"淹没在讥笑和藐视当中"(《王制》473c6–9)。苏格拉底对是否该说出"哲人王"颇为踌躇，因为他觉得，这个说法极其悖离意见(πολὺ παρὰ δόξαν)，人们很难明白，除了哲人王的统治，城邦何以就不可能实现私人的或公共的幸福(《王制》473e3–5)。对大多数人来说，哲人当王或王者成为哲人才能实现最佳的政治，这是荒谬可笑的奇谈怪论，既然如此，柏拉图为什么要对人群公开宣讲这个奇谈怪论呢？难道他没有意识到，自己会因此遭到讥笑和藐视么？不错，虽然柏拉图为"哲人王"的说法做了些铺垫和论证，但听到这一怪论，肯定会有许多人不屑和讥笑，他们可能会就此离开这场荒谬的交谈；但也许人群中的某个人听起来不仅不觉怪，反而觉得备有说服力，仍想聆听下去，他们会自愿留下来。柏拉图没有经过苏格拉底式的踌躇就抛出哲人王的说法，或许是为了用这个悖离意见的怪论使部分听众自动离开，同时又诱惑部分听众聆听下去。经过这场拣选，柏拉图接下来的谈话便特别针对着余下的这些听众，对哲人王的教育正式展开。在余下的听众中，有潜在的统治者，也有潜在的哲人，柏拉图要教导他们如何实现结合，柏拉图强调，这种结合依赖不可琢磨的神意,单凭人有限的力量便无法达成。[1]

认识狄翁(326b5–328b1)

我们已经懵懂地认识了柏拉图和哲学,但我们对狄翁依然一无所知。既然柏拉图要寻找乃至教育一位新的狄翁,他就必须告诉我们,狄翁是什么样的人,有什么样的志向。通过认识狄翁,我们首先认识自己,进而向狄翁学习,成为狄翁式的人物。因此,在聆听柏拉图的讲述时,我们会经历一场自我认识,自觉反思我们是什么样的人,能够成为什么样的人。

柏拉图的故事继续到:柏拉图成了哲人后,他便第一次走出城邦,到了异乡。他漫游了意大利和西西里各地,然后辗转到了叙拉古。西西里人追求享乐,只知饱食、狂饮与性爱,虽然这种享乐主义的生活方式令柏拉图极为不满,但意外的是,他在当地有幸遇到了年轻的狄翁。狄翁领受了柏拉图的教诲,决定余生过一种不同于大多数意大利人和西西里人的生活,追求美德而不是享乐。狄翁的生活方式与多数人的生活方式不可避免地发生了冲突。过了二十年,在老狄奥尼修斯死后,狄翁请求柏拉图前来叙拉古教育年轻的狄奥尼修斯,以便实现哲人王的理想。这节内容交代了三个东西:一是西西里人的生活方式,二是狄翁的天性和生活方式,三是狄翁邀请柏拉图前来叙拉古的原因,间接说明了狄翁的志向。借这些内容,柏拉图勾勒出了狄翁的形象。

西西里的灵魂

柏拉图以一个异乡人的眼光打量着西西里的习俗和生活

---

[1] 最佳政制的实现依赖哲学与权力的结合,而这种结合取决于机运,参见施特劳斯,《论僭政》,前揭,页227;"现代性的三次浪潮",丁耘译,载刘小枫编,《苏格拉底问题与现代性》,北京:华夏出版社,2008,页35。

方式。古时，西西里与南意大利并称作"大希腊地区"(Magna Graecia)，因为从公元前八世纪起，希腊人就在当地建城殖民。从公元前五世纪起，来自科林斯的多里斯人所建的叙拉古逐渐强盛，雄霸整个西西里。西西里地物阜民丰，风俗奢靡，在当时的希腊世界，叙拉古筵席和西西里菜肴就是奢靡的代名词(参见《王制》404d1)。柏拉图看到，沉醉于宴饮享乐，整天泡在狄奥尼索斯和阿佛洛狄忒之中，就是当地所谓的幸福生活。尽管柏拉图已经认识到现今所有的城邦都是一样糟糕，但西西里所见还是令他深为震动，因为他觉得，如果一个人从年轻时就习惯过这种生活，那就绝不会变得睿智(φρόνιμος)和节制(σώφρων)，也绝不会拥有其他美德；不仅如此，如果一邦之民只追求各种享乐，不论城邦遵循什么样的法，都将永远处于动荡之中，在僭主制、寡头制和民主制之间变来变去。

柏拉图的这番描述并不仅仅针对西西里，他从西西里人的生活方式说起，继而扩展到这种生活方式与美德的关系、与城邦政制的关系；尽管柏拉图揭示了个人的生活方式与城邦政制的关系，但他只说到西西里人的生活方式，未提西西里的政制形式。这很可能是柏拉图的有意忽略。如果我们先来看看西西里的政制，或许就能理解柏拉图这番描述的用意。

柏拉图初到西西里时，当地正历经了从僭主制到民主制再到僭主制的反复。公元前505-前466年，西西里出现了最早的僭主统治，格隆(Gelon，公元前491-前476年当政)原为革拉(Gela)城僭主，征服叙拉古后，他把势力转移到叙拉古，叙拉古由此强盛；格隆死后，其弟希耶罗(Hieron，公元前476-前467年当政)继任僭主。公元前466-前405年为民主制的间隔期，西西里各地推翻僭政，建立了民主制。叙拉古最初由贵族掌握权力，伯罗奔战争时，贵族领袖赫莫克拉底(Hermokrates)领导叙拉古人成功击退了雅典的入侵(即公元前415-前413年雅典人的西西里远征)，但之后，民主派驱逐了赫莫克拉底，其追随者也受到流放，其中就包括老狄奥尼修斯。公元前406年，迦太基人大举入侵西西里，老狄奥尼修斯看准时机，利用公民大会的决议夺取大权（见《书简八》353a3–b8）——时隔六十年之后，西西里的僭政又回来了。老狄奥尼修斯的统治持续了三十八年（公元前405–前367年），被古代史家称为"史上最强大、最长久的僭政"（Diodorus, 13.96.4）。柏拉图来访之时，老狄奥尼修斯的统治正如日中天，控制着南意大利和西西里的多数希腊城邦。

老狄奥尼修斯在后世一度是僭主的代名词，他生性好战，对民众苛征暴敛，甚至设置密探监视民众的一举一动（亚里士多德，《政治学》1313b25–30, b12）。奇怪的是，柏拉图来到一个僭政之邦，却没有提到僭主对西西里人的奴役，他甚至说，尽管受僭主统治，西西里人仍然自认为过着幸福生活，至少对僭政没有任何不满。《书简八》却告诉我们，僭政对西西里人是场灾难和不幸，绝无幸福可言：

> 在狄奥尼修斯和希普帕西努斯掌权之前，当时西西里的希腊人自认为活得幸福：他们奢靡放荡，同时又统治着他们的统治者。他们投石击死狄奥尼修斯之前的十位将军，完全没有依法判决，以便可以不听命于任何秉持正义或法律的主人（δεσπότης），达到彻彻底底的自由。由此，一连串僭政就落到了他们头上。（《书简八》354d5–e3）

可见，柏拉图描述的绝不是他"当初"见到的西西里，毋宁说，他是在描述大多数人的生活方式。在柏拉图的听众中，肯定有不少人像柏拉图所说的那样，终日大吃大喝，沉醉于男女之乐。按照《王制》中的灵魂三分说，吃、喝、性三种快乐对应着灵魂中最低劣的部分——欲望（《王制》580d–e），一旦欲望僭越灵魂应有的秩序，主宰了原本更高的理性和血气，灵魂就成了永远匮乏却无法得到满足的"僭政的灵魂"（《王制》577e–578a）。柏拉图所描述的西西里人的生活方式，正映照着大多数人的灵魂样态（比较《书简七》335b3–5）。在哲人看来，大多数人所谓的幸福生活实际是受欲望奴役的生活，他们追求欲望的满足和快乐，而不是追求美德。柏拉图强调，从这种纵欲的生活方式中产生不了任何美德，尤其是睿智（φϱόνιμος）和节制（σώφϱων）。"睿智"和"节制"都以名词φϱήν[智慧、理智]为词根，两种美德对应着灵魂中最高的部分——理性，[①]从而暗示了这样一种灵魂秩序：理性主宰着血气和欲望，也就是通过哲学达到的灵魂秩序。

说到哲学与美德，我们也可从另一个侧面来证明柏拉图描述的不是他"当初"见到的西西里。纵然西西里人纵欲无度，但西西里并不缺乏哲学：南意大利地区是毕达哥拉斯派的统治地盘，克劳同有菲罗劳斯（Pilolaus of Croton），塔兰特有阿尔基塔斯（Archytas of Tarentum）；帕默尼德和芝诺都属于著名的埃利亚（Elea）学派；大名鼎鼎的恩培多克勒来自西西里的Acragas，高尔吉亚则来自西西里的Leontinoi。西西里人不仅不乏智慧，甚至也并非毫无美德——正是他们挫败了雅典人在二十多年前发动的远征。西西里人得胜的原因，据说是因为他们的性情与雅典人最相似，行动迅捷、进取冒险，因此在与雅典人作战时最为成功（见修昔底德，《伯罗奔战争史》卷八，96）。甚至柏拉图在别处也对西西里的智慧和美德予以了肯定：在阐述最高天学的《蒂迈欧》中，来自意大利罗克里（Locri）的蒂迈欧"不仅拥有城邦授予的高官尊位，甚至有高深的哲学造诣"，叙拉古的赫莫克拉底则"有着良好的天性和教养"（《蒂迈欧》20a）。这与此处对西西里的描述相差何其远也！

---

① 在后文中，与"睿智"同根的"神清智明"（ἔμφϱων=φϱήν）作为一个重要美德与"节制"并列出现（见《书简七》332e2, 351d2）。

古代希腊全图

（摘自http://www.nd.edu/~afreddos/courses/301/gk_wrld.gif）

假如我们的猜测成立，即柏拉图对西西里的描述是在影射大多数人的灵魂样态，那就可以明白，柏拉图为何会将个人的生活方式类比于城邦政制。这一类比隐含着灵魂与政制的类比：一个人追求享乐主义的生活方式，相当于让欲望主宰理性和血气，成为永远匮乏却无法得到满足的"僭政的灵魂"，灵魂的秩序决定政制的秩序，假如一个城邦也追求欲望的过度满足，不论它拥有什么样的法律，都无法实现优良的政制，必然只能在三种劣等的政制之间来回变换，有如灵魂中欲望的起伏不定。[①]要超脱柏拉图所说的政制变动的"必然"（ἀναγκαῖον, 326d3），必须从改变人的灵魂秩序入手，用理性节制欲望，否则，不论订立什么样的法律，城邦只会陷入会无休无止的内乱。

狄翁的天性

就在这享乐至上、缺乏美德、动荡不安的西西里，柏拉图结识了一位名作狄翁的年轻人。狄翁的年纪"和现在的希普帕西努斯一样"（324a7），经过一番交谈，柏拉图发现，这个年轻人在各方面都极为善学，尤其是对柏拉图所讲的内容，他敏锐而热切地聆听着，其专注的程度是柏拉图碰到过的所有年轻人都不及的。聆听了柏拉图的教诲，狄翁决意过一种不同于大多数意大利人和西西里人的生活。

狄翁曾经聆听柏拉图的教诲，而我们当下正在聆听柏拉图的教诲，在我们中间，是否有某个年轻人也同样善学、同样敏锐而热切地听着呢？柏拉图说，他用言辞向狄翁揭示了他认为"对人们最好的东西"，假如这"对人们最好的东西"就是哲人王的统治（对比326a–b与328a–b），那柏拉图同样将这"对人们最好的东

[①] 身体是纯粹私人性的，欲望是城邦内乱和分裂的根源，所以最好的城邦要取消私人性的身体，达到彻底统一（见《法义》739c–e）。

西"揭示给了我们，因为他刚刚对我们说到哲人王。柏拉图给予狄翁的教诲也就是给予我们的教诲，听到这一教诲，大多数人会嗤之以鼻，只有狄翁专注地聆听。听到柏拉图对狄翁的夸赞，我们无疑看到了一个榜样。

打个比方，一群学生强拉一位老师去讲课，这位老师无法回绝，不得不讲，但他又不确定这群学生能否领会他要讲的东西，于是，他没有选择直接讲解内容，而是讲起一个故事：二十年前，同样是在一个嘈杂的课堂上，他讲了一套内容，大多数学生对之充耳不闻，只有一个学生极专注地听他讲的每个字，是他迄今碰到的最优秀的学生。听到这个故事，当下的这群学生也会产生类似的反应：他们大多不仅对这位老师当初讲的内容不以为然，也不明白这个故事什么道理；如果够幸运，他们中间幸好有一位学生专注地聆听着这个故事，并且服膺这位老师当初讲的内容，那他岂不就是那位最优秀的学生？这位老师以一个故事成功吸引了一位优秀的学生，并将自己的隐秘教诲传授给了他。这正是柏拉图当下所做的。当初的狄翁好比"现在的希普帕西努斯"，柏拉图讲当初的狄翁如何，不就是为了向现在的希普帕西努斯展示应当如何吗？当柏拉图描述狄翁的专注和热切时，他是在检验听到相同教诲的希普帕西努斯是否足够专注和热切。

当柏拉图在叙拉古碰到狄翁的时候，他也穿过层层人群，在我们中间找到了一位新的狄翁。看到大多数人与狄翁在生活方式和灵魂上的强烈对比，在柏拉图的引导下，我们自觉反思自己属于哪类人，进而远离多数人的生活，开始像狄翁一样走向美德和智慧。狄翁是我们的榜样，也是我们的镜鉴。柏拉图提醒我们，他当初到西西里为今天发生在狄翁和叙拉古人身上的灾难埋下了肇因 (326e2–3)。为什么这么说？狄翁虽然领受了柏拉图的教诲，可他不仅没有实现哲人王的谋划，反而因为这一谋划遭到流放，最后举兵发动叛乱，被人所杀。柏拉图对狄翁的教育部分失败了，导致了巨大的灾难，但当下的柏拉图依然担心："恐怕还会有更多的[事况]呃，除非你们听从我现时第二次给出的建议"（326e4–5）。"现时第二次给出的建议"就是当下给予我们的建议：柏拉图曾经建议狄翁，但狄翁没有听从，导致灾难的发生；如今他要教育一个全新的狄翁，既要以狄翁来激励我们，又要以狄翁来警诫我们，以免我们重蹈狄翁的覆辙。在此意义上，整封《书简七》就是柏拉图第二次给出的建议，是对一个新狄翁的教育。

　　如果狄翁既是榜样，也是镜鉴，柏拉图在夸赞狄翁时便不得不保持某种限度。当初那位狄翁是有缺陷的，例如：柏拉图称狄翁极为善学（εὐμαθής），善学是哲人应具有的天赋之一，但不是哲人唯一的天赋（见《王制》487a3–5）；狄翁更热爱美德而不是享乐，这似乎是在赞美狄翁，但"热爱"（ἀγαπάω，词根为ἀγάπη）并非哲人对智慧和美德的"爱欲"；[①]稍后，柏拉图又说到狄翁的灵魂天生沉肃（πέρι φύσει ἐμβριθὲς，328b5–6），在柏拉图的所有作品中，这是唯一一次用ἐμβριθὲς来形容一个人的天性。ἐμβριθὲς词根为βρῖθος[重量]，它既指沉重，也指严肃，甚至还指暴虐、野蛮：言下之意，狄翁的灵魂不够轻盈，总是沉沉地坠向低处，不能像哲人那样飞升到虚渺的高处（见《斐多》81c8，《斐德若》246d6），而且狄翁总是一脸严肃地板着面孔，他并不晓得戏谑是严肃的姊妹（《书简六》323d2）。苏格拉底说起话来常常半是正经、半是搞笑，相比于哲学，狄翁的灵魂过于严肃，过于单一了。[②]

---

① 与此相应，写给狄翁的《书简四》屡次提到狄翁的爱荣誉（φιλοτιμίαν，320a4, e4）。相比于智慧，狄翁可能更爱荣誉。

② 据普鲁塔克说，狄翁流放到雅典后与斯彪西普斯住在一块，因为柏拉图觉得，狄翁应当与那些懂得适时纵情玩乐（παιδιᾶς ἐμμελοῦς）的人多交往，这样他的性情便能得到"混合"，而斯彪西普斯恰好是个搞笑的能手（《狄翁传》17.1–2）。

狄翁的想法

在柏拉图讲述的故事中,柏拉图前后三次到过西西里,但他把自己的第二次西西里之行称作"第一次"(《书简三》317a4坚持了这一说法),把第三次称作"第二次"(330c7, 352a2–3)。[1]照这种算法,柏拉图第一次到西西里并不算数,原因可能在于:后两次去西西里是受狄翁或狄奥尼修斯的邀请,但这第一次去西西里不是受任何人的邀请和催迫,而是柏拉图完全自发自由的行动。柏拉图详细说明了自己后两次去西西里的理由,但对第一次去西西里,他没有交代任何理由,只说自己"带着这一想法"到了意大利和西西里(326b5)。

什么想法?哲人王的想法。柏拉图告诉我们,就在他认识到哲人与王者的结合才能实现最佳的政治秩序之后,他便带着这一想法到了西西里。这自然使人联想到,柏拉图此行是为了寻找或实践哲人王,但这只是柏拉图当下的说法,实际上是否如此,我们不得而知。[2]柏拉图仅仅是告诉我们,他带着哲人王的想法到了西西里。

对柏拉图的第一次西西里之行,普鲁塔克进行了铺衍(《狄翁

---

[1] 至于柏拉图倒底去过几次西西里,我们并没有什么确定的认识。据说,还在十九世纪时,就只有柏拉图的第一次西西里之行被看作实有其事,其他两次意图不明的出行则被看成是杜撰。到了二十世纪,还有人说:"(《书简七》的)作者'杜撰'了《书简七》的主要内容,也'杜撰'了柏拉图对狄翁的政治信念的影响,实际上,柏拉图从未为了教化僭主而去过狄奥尼修斯的宫廷。"参见Edelstein,《柏拉图的〈书简七〉》,前揭,页58–59及相关注释。

[2] 后人(比如阿普列乌斯、拉尔修)附会说,柏拉图第一次去西西里只是为了考察埃特纳火山(Mount Etna)的自然状况。参见博阿斯,"柏拉图传记中的事实与传说",梁建东译,见拙编《叙拉古的雅典异乡人:柏拉图〈书简七〉探幽》,前揭,页52。西塞罗《论共和国》(I.16)中的斯基比奥(Scipio)这样谈到柏拉图的这次出行:苏格拉底死后,柏拉图为了获得知识,曾经先到埃及,后来又到意大利和西西里,认真研究毕达哥拉斯的各种发现,他同塔兰特的阿尔基塔斯和罗克里的蒂迈欧交往甚密……

传》5.1–2）：经狄翁引见，柏拉图与老狄奥尼修斯会面，讨论起男子汉的美德（περὶ ἀνδρὸς ἀρετῆς），诸如勇敢等等。柏拉图含沙射影，说僭主最不勇敢，正义的生活是幸福的、不正义的生活是悲惨的。老狄奥尼修斯勃然大怒，质问柏拉图为什么要来西西里。柏拉图说，是为了寻找一个好人（ἀγαθὸν ἄνδρα）。尽管老狄奥尼修斯不可教，但幸运的是，柏拉图找到了狄翁，并使狄翁爱上了哲学。柏拉图向狄翁揭示对"所有人最好的东西"时，他亦已向我们揭示，哲人王的政制就是对所有人最好的东西。

狄翁从柏拉图的教导获得了一个想法，柏拉图的想法转换成了狄翁的想法。可这又是个什么想法呢？在与柏拉图初次相遇二十年后，老狄奥尼修斯过世，小狄奥尼修斯继位，就在这时，狄翁突然想到，这个想法不会只在自己心中产生，而且他也看到，有些人（尽管不是很多）已经有了和自己一样的想法（但并不是经柏拉图的教导）。狄翁相信，如果众神襄助，刚继位的狄奥尼修斯很可能也会拥有这一想法，这样一来，狄奥尼修斯本人和其他叙拉古人的生活就会变得至为幸福。狄翁希冀众神的帮助，使狄奥尼修斯和自己共享同一个想法——就在《书简七》的开头，柏拉图表达了类似的希冀：愿"某位神"让希普帕西努斯变得与狄翁齐心，就政制持有与狄翁一样的意见（324b3–4）！柏拉图再次营造了过去与当下的类比：当初的狄奥尼修斯好比今日的希普帕西努斯，当初狄翁没有说服狄奥尼修斯，如今柏拉图要重新说服狄奥尼修斯接受狄翁的想法，希普帕西努斯隐喻了狄翁与狄奥尼修斯的结合。

仅靠神的帮助并不够。狄翁回想起，当初与柏拉图的交谈使他渴望一种最美和最好的生活，假若狄奥尼修斯也能与柏拉图进行交谈，也渴望这最美和最好的生活，那便可以实现一些宏大的希望：

不经杀戮、死亡以及现今所发生的恶，便在[叙拉古]全地建造起一种幸福又真实的(ἀληθινὸν)生活。(327d4-6)

为此，狄翁说服了狄奥尼修斯邀请柏拉图，他本人也写信请求柏拉图尽快来叙拉古，以免其他人占得先机，使狄奥尼修斯偏离最好的生活。柏拉图略为复述(更可能是编造)了狄翁信中的内容，其中只直接引述了狄翁的一句话(也是《书简七》中第一次直接引述)，这句话是个反问："我们还等什么呢，还有比当前神意(θείᾳ τινὶ τύχη)的这些安排更有利的时机么(καιροὺς μείζους)？"(327e3-5)[①]柏拉图突出了神意和时机的问题，但他对狄翁的反问不置可否，而且没再说到神意和时机(见328b2-c2)，显然，柏拉图并不赞同狄翁，并不认为当前是神意安排的最有利时机。哲人王的实现依赖人世间最不可琢磨的神意和时机(见《王制》499b-c，《书简七》326b3)，狄翁的误判说明他无力把握这种神意和时机，而柏拉图却能洞见到神意的影踪与时机的来临，狄翁并不具有柏拉图的智慧。这句反问是狄翁对柏拉图的恳求，狄翁随后更详细地说到两点，柏拉图在此予以了间接引述：其一，意大利和西西里的邦国，以及狄翁在当地的权位；其二，年轻的狄奥尼修斯将会极为渴望哲学和教养，甚至整个僭主宗室都会接受柏拉图的哲学。与神意和时机不同，邦国、权位、渴望都是极确定的属人之物，但狄翁依然判断错误：事实证明，狄奥尼修斯根本就不渴望哲学(见330b2-7)。但狄翁详细说到的这两点很有诱惑力：意大利和西西里的邦国可供柏拉图大展手脚，狄翁的权位可作柏拉图政治上的保障，狄奥尼修斯可能是柏拉图理想的

[①] 在整部《书简》中，θεία τις τύχη只见于《书简七》，共有三见：327e4-5，336e3，337e2。这三见分别处在三个情景当中：狄翁邀请柏拉图来叙拉古实现哲人王—叙拉古的内乱—结束内乱。柏拉图强调，当下才是真正的好运和神意所在(337e2)。

哲人王人选。狄翁还写到，假如狄奥尼修斯真的接受了柏拉图的哲学，现在就将实现所有的希望——"哲人们与强大城邦的统治者们结合为一"。

在此，柏拉图回答了他开头提出的问题：狄翁的想法和渴望是什么？(见324a3–4)狄翁渴望那最美最好的生活，那哲学的生活，他希望通过柏拉图的哲学把狄奥尼修斯教导为哲人，实现哲人与城邦统治者的结合。狄翁与柏拉图共享同一个想法，即：哲人王的统治是最好的政制。柏拉图也肯定狄翁的这些想法是"正确的想法"(ταῦτα ὀρθῶς διανοηθείς, 327d7)，可狄翁对现实情景的判断却是错误的，他夸大了狄奥尼修斯对哲学的热情。

与狄翁的想法相悖，当前的叙拉古正充斥着杀戮、死亡和各种恶。柏拉图在道出狄翁的想法时，他既带我们认识了狄翁的想法，也向我们指明了结束当前这些灾难的良途，那就是哲人王。柏拉图把哲人王教导给我们，似乎在他看来，当前才是神意安排的最有利时机。在战争、瘟疫等最危急的状况下，也就是人们最容易接受一位智慧者的立法的时机(参见《法义》709a–b，《书简十一》359b4–8)。叙拉古需要奠立新的政制，而柏拉图就是那位立法者，他要教育我们中间的某个人朝向最好的生活，成为未来的哲人王。柏拉图曾经以哲人王的想法教育狄翁和狄奥尼修斯，可这一想法非但没有落实，反而造成灾难，如柏拉图所说，导致这种恶果的，是狄翁与狄奥尼修斯的相互冲撞(见350e1–2)。当下，为了成功地教育我们，柏拉图既要实现自己与狄奥尼修斯的结合，也要实现狄翁与狄奥尼修斯的结合，惟有三者的结合才能确保哲人与王者的结合。

再认识柏拉图(28b1–329b7)

狄翁催促柏拉图尽一切办法尽快赶到叙拉古(327c6–d1, d8–

e1),以免其他人先行使狄奥尼修斯偏离最好的生活(327e1–2)。收到狄翁的邀请后,柏拉图却没有随即出发,他经过许多考虑,最终才踏上西西里的旅程。柏拉图详细讲述了这次出行的原因,如果我们细心留意,应该可以听出,柏拉图接连三次提出了自己远赴西西里的理由,这三重理由相互关联,但不尽相同,最明显的差别在于:后两个理由并不涉及哲人王。从这三重理由中,我们要努力辨分柏拉图本人如何认识自己的这次出行,借此,我们将获得对哲人柏拉图更完整的认识。

实现对法和政制的构想

狄翁向柏拉图强调,当前是实现哲人王的最有利时机,而且各方面的条件都很有利,但柏拉图似乎并不这么认为。一方面,柏拉图对年轻人有所顾虑:虽然狄翁称道狄奥尼修斯年轻、渴望哲学和教养,但柏拉图从未见过这个年轻人,并不确定他有怎样的心性。年轻人的渴望总是来去匆匆、变化不定,孰知狄奥尼修斯对哲学的热情会保持多久?(比较338c1)另一方面,狄翁本人灵魂天生沉肃,而且年岁已届成熟(ἡλικίας μετρίως ἔχον)。狄奥尼修斯年轻,充满反复无常的渴望,而狄翁成熟,具有自然性情的沉稳,两者形成鲜明的对比。《书简三》中的柏拉图也说到自己的第一次西西里之行,表达了类似的看法:

> 当初我来到叙拉古,是受你[按:即狄奥尼修斯]和狄翁的召请。狄翁受过我的检验,早就成为我的异乡朋友,而且他的年岁已经成熟而沉静——[这些品质]是但凡稍有点理智的人必须具备的,若是他们想要就你当时手中那样重要的事务出谋划策。而你却极为年轻,你对那些需要有经验的东西非常没有经验,而且我完全不了解你。(《书简三》316c3–d1)

假如狄奥尼修斯不年轻，而是像狄翁一样成熟、沉稳，柏拉图便会打消顾虑么？当初，柏拉图对年轻的狄翁便没有这样的顾虑，他直接传授给狄翁"对人们最好的东西"。僭主年轻，对人事没有经验，尚没有沾染僭主的各种习性，那他不更需要有人教导自己，也更有可能接受哲学教导么？（参见《法义》709e–710a）一个人到了成熟的中年，心性已经定型，恐怕很难再对哲学产生强烈的渴望。马其顿王佩尔蒂卡同样年轻，同样缺乏对人事的经验，柏拉图却热心地向他提建议，还说：不是太多人就此给年轻人提建议（《书简五》321d3–4）。柏拉图热衷于教导年轻人，他最能劝服年轻人追求善和正义（328d7–e1），既然如此，他怎么会对狄奥尼修斯的年轻有所顾虑呢？甚至狄奥尼修斯对柏拉图的"陌生"也不足为虑：尽管柏拉图与小亚细亚地区的僭主赫尔弥亚（Hermias）素未谋面，而且不是很了解他，可柏拉图还是写信给赫尔弥亚，建议他跟两位哲人结成朋友（《书简六》322e6–323a1）。更不应忽略的是，现在的希普帕西努斯同样是个年轻人，而且柏拉图同样不熟悉希普帕西努斯，但他却把一些最重要的"想法"告诉了这个年轻人。柏拉图强调年轻人的反复无常，与其说是表达对狄奥尼修斯的顾虑，毋宁说是以此激起当下的年轻人的自我认识，让他们检验自己到底有什么样的渴望。

柏拉图对年轻人的顾虑是一种延宕，由此反观狄翁，可以看出狄翁不仅对年轻的狄奥尼修斯没有顾虑，而且认为他将会热切地渴望哲学，因此要柏拉图尽一切办法快快前来：从狄翁的说辞中，我们不难感到几丝狂热的气息。人到中年的狄翁反而缺少中年人应有的沉静，带着年轻人特有的狂热，从而与柏拉图的延宕构成反差。但柏拉图为什么要强调狄翁的成熟和沉稳呢？这或许是要教导狂热的狄翁应当变得成熟和沉稳，当下的狄翁是个年轻人，当他为听到哲人王的想法而狂热不已并进而要实现这一想法时，柏拉图却讲述自己的疑虑，某种程度上是为了抑制狄翁的狂热情绪,让他对哲人王的想法获得更整全的认识。

虽然有这些顾虑,柏拉图最终还是接受了邀请,他的理由是:

> 如果哪天谁要着手实现这些对法和政制的构想(διανοηθέντα περὶ νόμων καὶ πολιτείας),现在就必须尝试;因为,只要我完全说服一个人,我就能成就所有的好。(328b8–c3)

为什么必须现在尝试?因为当前的有利时机?狄翁也向柏拉图强调,当前是神意安排的最有利时机,"惟趁现在"才能实现哲人与统治者的结合。这说明,柏拉图一直试图实现自己对法和政制的构想,但苦于时机未到,所以迟迟没有付诸行动。我们记得,柏拉图年轻时充满政治热情,但从未涉足实际政治,因为他一直等待着行事(πράττειν αὖ)的时机(326a1–2)。以往的时机不对,现在为什么时机到了?因为现在柏拉图仅需要说服一个人,就能实现对法和政制的构想;以往的时机不对,或许是因为,柏拉图缺少说服一个人的机会,他得说服许多人才能实现对法和政制的构想,而说服许多人显然比说服一个人困难得多。我们不应忘记,柏拉图在《书简七》中面对的不是一个人,而是一群人,柏拉图能说服这群人么?尽管柏拉图面对一群人,但他的说服可能特别针对着一个人,他把希普帕西努斯从人群中拣选出来,独自与他交谈,莫不是把他看成了人群中的那位狄奥尼修斯?

狄翁向柏拉图强调了自己在西西里的权柄(328a1),他掌有大权和军队,但缺少言辞和说服的能力(328d4–e2)。狄翁没法说服狄奥尼修斯,故而需要柏拉图帮助,只有柏拉图首先说服了狄奥尼修斯,才能够"着手实现这些对法和政制的构想"。这就是柏拉图后来所称的第一好方案:柏拉图、狄翁与狄奥尼修斯三者合作,一起实现泽被所有人的共善(337d6–8)。柏拉图的第二次西西里之行是为了实践哲人王，实现自己对法和政制的构想，成就所有的好，简言之，这次出行是一次政治行动。当初那个热爱政治的年轻人柏拉图又回来了，他要像一位现代大革命的领袖那样，"在地上建立智慧、正义和美德的大厦"（罗伯斯庇尔语）。

羞耻与人情

紧接着，柏拉图重新提出了自己此行的理由：

> 就是带着这一想法和冲动，我离家起航，但并非出于一些人所猜想的[原因]，而是根本上（τὸ μέγιστον）出于对自己的羞耻，以免我有一天会觉得自己完全只是一个彻头彻尾的言辞家，永远不会自愿插手任何行动，也以免我可能会被认为首先（πρῶτον）是背叛与狄翁的主客之谊和伙伴关系。(328c3–d1)

柏拉图称自己"带着这一想法和冲动"离开了家。"冲动"（τόλμη）更准确的意思是"鲁莽、冒险"，甚至是"胆大妄为"，此词在后文又出现两次，均取"胆大妄为"之义，比如，杀害狄翁的凶手胆大妄为（336b6, d7）。柏拉图为什么会以此词形容自己，并将之与理智性的"想法"并置呢？目前为止，"想法"（διάνοια）及其动词形式"想"（διανοέομαι）已经多次出现，而且几乎都与哲学、哲人王有关（326b5, 326d7, 327b6–7, 327d7, 另及330b5, 331a5, 331c7），但这些"想法"仅仅是"想法"，并不涉及"实现"或"成就"什么，"想法"变得"胆大妄为"，是因为要实现对法和政制的构想，成就所怀想的所有好。如此看来，在柏拉图的自我理解中，实现哲人王的想法是胆大妄为之举，或者说，哲学进入政治是一次僭越。

柏拉图此行"并非出于一些人所猜想的[原因]（ἐδόξαζον）"，

这表明，有些人猜测柏拉图这次出行的理由，而柏拉图在此要反驳这些猜测，进行自我辩解。①柏拉图的自我辩护有两点，即这次出行根本上出于对自己的羞耻，而且，倘若柏拉图拒绝狄翁的邀请，那便会被认为首先是背叛狄翁（两个理由并不对称，"根本上"与"首先"的差别暗示了柏拉图的自我认识与外界对柏拉图的认识的差别）。柏拉图与狄翁结下了主客之谊和伙伴关系（ξενία τε καὶ ἑταιρία），两人彼此是异乡人和同伴，这是柏拉图对两人关系的第一次界定，稍后他又自称是狄翁的同伴和同盟（ἑταῖρος καὶ σύμμαχος，333d2），两次均未称狄翁为朋友。不过，柏拉图在其他地方自称是狄翁的朋友，比如"我们这些狄翁的朋友"（329c5），"把狄奥尼修斯看作甚过狄翁的朋友"（330a5），"他［即柏拉图］成为狄翁的朋友"（334b5）。值得注意的是，柏拉图从未明确称狄翁为"我的朋友"或"朋友和同伴"。

为了说明背叛狄翁的后果，柏拉图安排了一场虚构的对话：狄翁当时身处险境，假如他被狄奥尼修斯和其他仇敌流放，他可能就会前来质问柏拉图，说自己不缺武装，惟缺言辞和劝说的能力，而柏拉图最具有这种能力，能够驱策年轻人追求善和正义，还能使年轻人彼此结成友谊和伙伴关系，正是由于缺少柏拉图在言辞和劝说上的帮助，他才会受到流放。狄翁的这番指责同时也是赞美。《会饮》中的阿尔喀比亚德赞美苏格拉底，主要是赞美苏格拉底言辞的力量（《会饮》215c–216a），而狄翁在这里也赞美了柏拉图言辞的力量：驱策年轻人追求善和正义，在他们结成爱和情谊——柏拉图平常所做的就是苏格拉底在对话中所做的。柏拉图之前提到，狄翁的生活方式令那些按照僭主的规矩活着

---

① 究竟有哪些猜测，我们也只能妄加猜测。或许有人觉得，柏拉图趋附僭主，一见僭主发邀，这个在雅典从不抛头露面的人就拔腿离开了！（比较《书简五》322a4–b4）或者还有人觉得，柏拉图此行是为了实现他的哲人王理想——假如柏拉图要反驳这种猜测，那他就推翻了自己刚刚提出的第一重理由。

的人难以忍受（327b4-6），但除此之外，我们尚看不出狄翁当时的处境何以危险，反而只能感受到狄翁在叙拉古炽盛的权势；我们也看不出狄奥尼修斯为何要流放狄翁，因为目前我们对狄奥尼修斯所知甚少，只知道他年轻、渴望哲学（328a1-3），再说，柏拉图当时还未见过狄奥尼修斯，他如何能预知狄奥尼修斯和其他仇敌会流放狄翁？在柏拉图到叙拉古后，他才发现，狄奥尼修斯身边处处是派系之争，传言狄翁要夺取僭主权力；在柏拉图到叙拉古三个月后，狄奥尼修斯以图谋僭政为名流放了狄翁（329b7-c4），柏拉图的到来没能使狄翁免于流放。假如狄翁的流放是因为缺少言辞和劝说的能力，尽管柏拉图拥有这种能力，而且自信能够帮助狄翁解除危险，但实际发生的情形表明，柏拉图无法以言辞和劝说击败诽谤者（333d3-4），也无法劝说狄奥尼修斯转向哲学（330b2-4）。

狄翁还说，柏拉图不仅背叛了他（προδοῦναι，比较339e1-3），也背叛了哲学，因为柏拉图一直赞美哲学，其他人却瞧不起哲学，假如柏拉图采取这次行动，那就可以改变所有其他人对哲学的态度，使他们也来赞美哲学。此外，假使柏拉图以路途遥远、舟车劳顿为由拒绝狄翁的邀请，狄翁便会认为柏拉图卑怯，而且会以雅典近旁的梅伽哈（Megara）来讽刺柏拉图，因为，若是狄翁处于梅伽哈，便不存在路途遥远、舟车劳顿的问题，这时柏拉图便会前来帮助，否则柏拉图就得把自己看得最可鄙。[1]对于狄翁的这些指责，柏拉图无言以对。柏拉图借狄翁之口言说，无疑是为了使这番自我辩解显得情真意切，使自己此行的理由看起来"理性和正义"（κατὰ λόγον ἐν δίκη，329a7-b1）。但是，柏拉图真得想让所有

---

[1] 梅伽哈与雅典为邻，但在伯罗奔战争期间，它与斯巴达结盟，成了雅典的敌人。尽管叙拉古并不是雅典的敌人，但并不意味着柏拉图不会投靠雅典的敌人。我们有理由肤浅地指责说，"柏拉图也不是个好公民，他不配做雅典人……"。见刘小枫编，《色诺芬的会饮》，沈默等译，北京：华夏出版社，2005，页256。

其他人也来赞美哲学？恐非如此。其一，多数人不可能和柏拉图一样来赞美哲学，城邦本质上排斥哲学，"要是哲人受到城邦尊崇(ἐτιμῶντο)，那才是咄咄怪事！"(《王制》489a–b)。其二，哲学并不渴望得到多数人的颂赞，哲学渴望的荣誉来自于柏拉图这样的人。[①]狄翁的指责可能对柏拉图并没有说服力。此外，柏拉图真得担心自己落下卑怯的名声么？哲人不仅不追求勇敢的名声，更不会在乎外界的各种意见(比较339e3–5)。

　　拒绝背叛狄翁是柏拉图此行的首要理由，而最根本的理由是：如果拒绝邀召，柏拉图在自己眼中就成了一个纯粹空谈的哲

---

① 关于哲学的荣誉(τιμή)，柏拉图在《书简二》中对狄奥尼修斯说了这样的话：

　　　　我来到西西里的时候，我在那些从事哲学的人里面享有极高的名望，我之所以到叙拉古，是想你作为共同的见证人，以便哲学可以因我在大多数人那里得到荣耀。但结果并不如我所愿。个中原因并不是像大多数人会说的那样，而是因为：你表现得并不太信任我，而是想设法把我打发走，请其他人过来……

　　　　我正好要回答你所问的问题：我和你应当怎样对待彼此。如果你完全瞧不起哲学，那你就无需理会；如果你从其他人那里听到了、或者自己发现了比从我这里[听到的]更好的[学说]，那你就要荣耀它们。但如果我们的[学说]令你满意，你就应该最大地荣耀它。所以现在，就像从一开始那样，你若引领，我将跟随。因为，若我受到你的荣耀，我就会荣耀；若我没有受到荣耀，我也就会静默不言。此外，若你荣耀我，并率先这样做，你会被认为是荣耀了哲学；你也考察过其他人，这一事实本身会带给你好名声，让许多人认为你是哲人。但是，若你不荣耀我，而我荣耀你，我就会被认为是贪慕和追求钱财，我们知道，这样的行为在所有人那里都没有好名声。总而言之，若你荣耀我，我俩都会得到声誉(κόσμος)，而若我荣耀你，我俩都会得到耻辱。(《书简二》311e5–312d1)

　　在外人看来，柏拉图此处对僭主所言绝对是非常可怪之论(比较《王制》493e以下)，无怪乎柏拉图叮嘱狄奥尼修斯一定要把这封书简烧掉。柏拉图如此鼓吹哲学的荣誉，可能并不是因为哲人渴望得到大多数人的尊崇，而是因为哲人清楚，没有什么人比僭主更渴望得到所有人的尊崇。对僭主而言，受到哲人荣耀是最高的荣耀，因为大多数人都承认僭主的权威，只有哲人鄙弃僭主；另外，僭主已经享有权力上的荣誉，若能再得到智慧上的荣誉，成为哲人——至少被大多数人看作哲人，岂不更美？(参《书简七》329d5–6, 338d6–7, 338e6–339a3)

人，永远不会自愿采取行动，而柏拉图对此引以为耻。照这种说法，自我羞耻就成了柏拉图此行最根本、最主要的原因——不是为了实现自己对法和政制的美好构想，而只是为了摆脱对自己的羞耻，证明自己可以自愿采取行动，柏拉图踏上了第一次西西里之行。

柏拉图为何会对自己感到羞耻呢？一个人感到羞耻，是因为在他人面前认识到自己的生活远没有自己以为的那么正当。在苏格拉底面前，普罗塔戈拉感到羞耻，高尔吉亚感到羞耻，即便从来不曾在任何人面前感到羞耻的阿尔喀比亚德，见到苏格拉底也会羞耻不已——但苏格拉底本人从来不会羞耻（见《普罗塔戈拉》348b–c，《高尔吉亚》482d, 494d–e，《会饮》216b，亦参《卡尔米德》169c；比较《斐德若》237a）。从不曾羞耻的苏格拉底站到辩护席上，人们或许会问：苏格拉底，你为了搞哲学而招来杀身之祸，不觉得羞耻么（《苏格拉底的申辩》28b3–5）？不，苏格拉底只反驳说，自己的哲学生活依循真理，他还反过来质问雅典的人们：你们只追求钱财和名声，不追求智慧和真理，你们不觉得羞耻么（《苏格拉底的申辩》29d7–e3）？苏格拉底的经验告诉我们，哲学让人感到羞耻，但哲学并不会因哲学自身而感到羞耻；这里的柏拉图却为自己、为哲学感到羞耻：做一个纯粹空谈、永远不会自愿采取行动的哲人，是令人羞耻的事！柏拉图在行动面前为言辞感到羞耻，在政治面前为哲学感到羞耻，这可真是让人匪夷所思！空谈无用、不会自愿采取行动，恰是大众对哲人最流行的指责。苏格拉底曾对此辩解说，哲人在城邦中总是受到鄙视，被看成无用的废人，这是事实；但最出色的哲人对城邦无用，罪不在哲人本身，而在别人不用哲人，正如有病的人应当登门去请医生治病，需要被统治的人应当登门去请有能力统治的人来统治自己，要真正的统治者乞求被统治者受自己统治，这违反自然（《王制》487e, 489a–c）。照苏格拉底的说法，哲人自然地不会自愿采取行动,自然地专注于言辞,这又有什么好羞耻的呢?

有人借此评点说,《书简七》中的柏拉图似乎有两个灵魂,他以行动为初衷发现了哲学,却又为了哲学而渴望行动,柏拉图好像 "普罗狄科所说的处在哲人与政治人之间的那种人"(《欧蒂德谟》305c),这些哲人—政治人 "不能理解中间物的性质",他们 "既想要哲学,又想要行动,但他们两者都得不到,他们实际是第三等人,尽管他们想要被看成第一等人"(《欧蒂德谟》306a,306c)。[①]柏拉图的羞耻欺骗了许多人,让他们以为,《书简七》的作者并非第一等的哲人,而是既不通哲学、又不懂政治的末流。

虔敬与哲学

就在柏拉图说自己此行 "尽人之所能地依据了理性和正义的要求" 后,他又说到:

> 我这一去,也就从异乡人的保护神宙斯($\Delta\iota\grave{o}\varsigma\ \xi\epsilon\nu\acute{\iota}o\upsilon$)那里解脱了,并能使自己免受哲学($\tau\tilde{\eta}\varsigma\ \varphi\iota\lambda o\sigma\acute{o}\varphi o\upsilon\ \mu o\acute{\iota}\rho\alpha\varsigma$)的指责,因为,要是我由于颓唐和胆怯而招致什么不好的羞耻,哲学恐怕会受到责难。(329b3–7)

至此,柏拉图三次提出了自己远赴西西里的理由,这三重理由相互关联,但不尽相同。最初,柏拉图称自己此行是为了实现自己对法和政制的美好构想,即为了政治行动;他随后又说,此行并不像一些人所猜想的那样,而是出于对自己的羞耻,同时也是为了避免背叛狄翁;现在,他又改口说,此行是为了敬奉异乡人的保护神宙斯和保卫哲人的使命。第一重理由是纯粹政治性的,第二重理由是 "属人的",第三重理由最为肃穆,既关涉神,

---

① L. Edelstein,《柏拉图的〈书简七〉》,前揭,页19。

柏拉图至今还没有提到雅典之名。柏拉图在讲述自己年轻时的经历时，谈到雅典的两次政制变动，但他从来没有说"雅典"，只说到"城邦"和"我们的城邦"（324c1, d5, 325d4; 吊诡的是，雅典城外的港口佩莱坞却赫然在目）。"城邦"的政制变动和政治现实促使柏拉图最终认识到，"现今所有城邦"都承受着糟糕的统治，于是要赞颂哲学，只有哲学能够让城邦正义（326a2–3）。从单数的"城邦"到"现今所有城邦"，其间暗示了一种上升：柏拉图看到自己的城邦有局限，也看到现今所有的城邦有局限，由此，他看清了政治的局限，从而超越政治，投向哲学。就在柏拉图成为哲人之后，他便"带着这一想法来到了意大利和西西里"。乍听起来，柏拉图的这次出行很突兀，但仔细思量，又会觉得理所当然：成为哲人，自然要走出自己的城邦，也走出现今所有的城邦，这时的柏拉图不再是哪个城邦的公民，与始终住在雅典的公民哲人苏格拉底不同，他选择做一个四处漂游的异乡人。[1]

还应当注意到，目前为止，在柏拉图离开城邦、成了异乡人之后，他没再重返城邦——柏拉图说到自己到了意大利和西西里，又被机运带到了叙拉古，但他完全没有暗示自己何时/为何/如何离开了叙拉古（327b4–6），也就是说，在字面意思上，柏拉图并没有回到"雅典"。柏拉图的忆述直接从初遇狄翁跳到老狄奥尼修斯死后，中间跳过了二十年的光景。对于这二十年间的柏拉图，古代传统的说法是，柏拉图结束异乡的漫游，回到雅典开办学园，专心从事哲学。[2]与此相对，《书简七》对这二十年的沉默意味着，柏拉图并没有返回雅典，他始终漫游在外，因此，柏拉图只说自己"离开了家"，而不是"离开了城"。甚至柏拉图在说明

---

[1] 参考色诺芬，《回忆苏格拉底》II.1.13–15阿里斯底波与苏格拉底的对话。

[2] 相关古代文献可参看A. S. Riginos，《柏拉图志：有关柏拉图生平和著作的传说汇编》，前揭，页119–150，尤其页119注1。

自己出行的理由时，也根本没有考虑自己的城邦，他没有想到，自己奔赴一个僭政之邦很可能会遭到雅典的指责：这个在雅典从不公开活动的人，为什么要跑到叙拉古大展宏图？莫非他认为僭政的叙拉古比民主的雅典更值得努力？（参《书简五》322a4–b4）想当初，色诺芬接到参加波斯远征的邀请后，苏格拉底便觉得，色诺芬若接受邀请便有可能遭到雅典的控诉（色诺芬，《上行记》卷三，1）。对于这一疑问，只有一种合理的解释，即：柏拉图当时并不在雅典，并不在城邦内。因此，柏拉图的这次出行更可能是一次回城，而非出城：按柏拉图本人的说法，他放下了自己那些并非不体面的清闲（διατϱιβάς），屈身于看起来与他的学说和他本人皆不相合的僭政之下。所谓的"清闲"，或许就是游离于政治职责之外、专事爱智慧的"清闲"，至此，柏拉图才真正结束漫游，从哲学的闲淡中退出，下降到一个僭政的城邦。

柏拉图为什么要回城呢？是如他所说那样出于对神的职责和对哲学的使命么？《王制》说到哲人的下降时，区分了两类哲人：一类是因为自己的天性而自发长成的哲人，他们不是城邦有意培养而成的，不亏欠任何人的情，因而不需要报答城邦，有理由拒不承担辛苦的政治职责；另一类是经过"美好城邦"的培养而造就的哲人，城邦教育他们做蜂王和领袖，因此，虽然这类哲人走出了洞穴，不愿再下到漆黑的洞穴中去，但他们必须轮流承担政治统治的责任，所以要强迫他们"必须下去"（《王制》520a–d）。《王制》中的苏格拉底是因自己的精灵才成了哲人（《王制》496c，《苏格拉底的申辩》31d），他对城邦没有亏欠，但他一开始便要"回城"。《书简七》中的柏拉图之成为哲人，非由城邦育成，而完全是自发长成，他同样对城邦没有亏欠，但他依然要下到洞穴、回到城邦，虽然是回到一个异邦。

认识狄奥尼修斯(329b7–330b7)

柏拉图转而讲述第一次西西里之行的经过,但他的讲述相当简略,"因为不应该长篇大论"(*οὐ γὰρ δεῖ μηκύνειν*, 329b7)。为什么不应该长篇大论?原因可能有二:其一,在时间意义上,这次出行历时甚短,可讲的内容不多;其二,在价值意义上,在柏拉图本人看来,只需简单说说自己的第一次西西里之行,不应当长篇大论。不管怎样,在《书简七》中,相比于第二次西西里之行,第一次西西里之行的分量确实较轻。

《书简三》(316d1–317a5)也说到柏拉图的第一次西西里之行,内容同样简略,但与《书简七》大为不同。柏拉图应邀到叙拉古后,"要么是人,要么是神,要么是某种机运,和你一道流放了狄翁,留下你独自一人。"柏拉图失去了"神清智明的同志"(*ἔμφρονα κοινωνὸν*),只留下了一个受众多邪恶的人统治的"糊涂的"(*ἄφρονα*)统治者,此等状况下,柏拉图不得不远离政治事务,避开那些由妒忌产生的诽谤,同时努力劝服狄翁与狄奥尼修斯重归于好,所以柏拉图说,在狄翁流放之后,他跟狄奥尼修斯便没有任何政治上的合作关系。最终,西西里爆发战争,柏拉图与狄奥尼修斯艰难地达成协议:柏拉图乘船回乡,等战事结束后,柏拉图和狄翁要重回叙拉古,而狄奥尼修斯应当邀请两人回来。柏拉图就此结束第一次西西里之行,安然返乡。《书简三》中的柏拉图有明确的主旨,即反驳狄奥尼修斯的诽谤,申明自己从未参与狄奥尼修斯的政事(见《书简三》316b2–6),因此,柏拉图说到这段故事时有政治申辩的意味,故而显得有些愤懑不平。

与此不同,《书简七》对第一次西西里之行的记叙不是为了申辩,更像是平实的叙事。柏拉图到了叙拉古,但他并没有急着验证狄奥尼修斯是否渴望哲学(比较340b1–4),而是首先发现狄奥尼修斯身边处处是内斗,处处是在僭政面前对狄翁的中伤。柏拉图没有描写身处内斗和诽谤之中的狄翁，只说自己极力卫护狄翁，但无济于事，约在短短三个月后，狄奥尼修斯就以图谋夺取僭政之罪流放了狄翁(比较328d2-4, 333a6-b1)。^①包括柏拉图在内的狄翁的朋友们遂担心受到牵连，被当成狄翁的同谋受到报复，当时叙拉古就传言柏拉图是整起事端的幕后起因，已被狄奥尼修斯处死。狄奥尼修斯察觉后，出于恐惧，他便热情地拉拢"所有人"，尤其安抚柏拉图，恳求柏拉图留下——如柏拉图所说，狄奥尼修斯恳求柏拉图留下，不是出于对哲学的渴望，而是出于对"美"的渴望，因为让柏拉图留下来对自己光彩。除了请求，狄奥尼修斯还动用强迫，设法把柏拉图带入卫城软禁起来：一是为了防止柏拉图从自己身边逃跑，二是为了让外界以为自己与柏拉图的关系越来越亲密。果不其然，就在狄奥尼修斯把柏拉图带进卫城后，新的消息称，狄奥尼修斯非同一般地依恋柏拉图。对于这一传言，柏拉图当下做出辩驳：实际上，共处过一些时日后，通过了解柏拉图的生活方式和性情，狄奥尼修斯确实越来越依恋柏拉图，但匪夷所思的是，他一门心思地要柏拉图夸赞自己多过夸赞狄翁，还要求柏拉图把自己看作比狄翁更高的朋友。柏拉图指出，要实现这一目的，最美的方式就是学习和聆听关于哲学的言辞，从而亲近并跟随自己。但是，狄奥尼修斯不愿接受这一最美的方式，因为他惧怕诽谤者们的各种谣言，尽管如此，柏拉图依然坚持最初的想法，期望狄奥尼修斯会过哲人的

---

① 狄翁遭流放的罪名是 ἐπιβουλεύειν τῇ τυραννίδι，但ἐπιβουλεύειν既可表示"推翻"(plot against)，也可以表示"攫取"(aim at)，因而可以表达"推翻僭政"和"攫取僭政"两重相反的意思。但据333c1-5尤其334a2-3所说的ώς ἐπιβουλεύων γενέσθαι τύραννον，可确定狄翁的罪名是"图谋成为僭主"，尽管狄翁所作的努力实际可能是为了"图谋推翻僭政"。普鲁塔克说，狄翁请柏拉图来，是想把狄奥尼修斯教育成一个守法的统治者，如果狄奥尼修斯反对这一计划，拒绝合作，狄翁就决定废黜他，把权力交给叙拉古人；虽然狄翁并不赞成民主制，但他认为总比僭主制好，因为僭主制缺少一种健康和合理的贵族统治(普鲁塔克，《狄翁传》12节)。

生活。

对比《书简三》与《书简七》的相关叙述，可以见出不小的差别。比如，《书简三》没有说到狄翁被流放的时间和罪名，也没有说到狄奥尼修斯安抚柏拉图、把柏拉图带进卫城，更没说到柏拉图期望狄奥尼修斯过哲人的生活。另一方面，《书简七》没说柏拉图努力劝说狄奥尼修斯与狄翁修好，也没有说柏拉图离开叙拉古。等到向收信人提出建议、转入对第二次西西里之行的叙述，柏拉图才说到自己离开叙拉古的经过：柏拉图用尽一切办法劝狄奥尼修斯放自己走，碰巧西西里发生战争，狄奥尼修斯便允许柏拉图回雅典，并约定等战争结束便派人来请狄翁和柏拉图回叙拉古(337e6–338b1)。[①]简言之，《书简三》偏重于澄清狄奥尼修斯与柏拉图在政治上的关系，《书简七》则偏重于澄清狄奥尼修斯与柏拉图在哲学上的关系，尤其是要辨明狄奥尼修斯是否接受了柏拉图的哲学。

柏拉图先后说到两则截然相反的传言：狄翁遭流放后，传言说柏拉图是整起事端的祸因，已被狄奥尼修斯处死；柏拉图被带到卫城之后，又有传言说狄奥尼修斯非同一般地依恋柏拉图，两条传言间的转机在于，狄奥尼修斯把柏拉图从城邦带入了卫城(ἀκρόπολις)。城邦以民众为主体，一旦柏拉图陷入民众的包围，他便被看成培育新僭主的祸因，必欲除之而后快(比较350a1–5)。虽然大多数人都想当僭主，但他们缺乏夺取僭政的能力；出于对智慧的误解，大多数人以为智慧是一种能够借以得到最可欲的东西的能力，而最可欲的东西就是僭主的生活，因此，大多数人相信，

[①] 此外，柏拉图之后还陆续补充了一些有关第一次西西里之行的内容。比如，他和狄翁曾一道给予狄奥尼修斯的建议(331d6–333a5)；在离开叙拉古之前，他促成了阿尔基塔斯以及塔兰特的那些人跟狄奥尼修斯的宾主之情和友谊(ξενία καὶ φιλία, 338c5–d1)。如此看来，"不应当长篇大论"包含着有意的忽略和拖长。

最智慧者最有能力成为僭主，或能够教导其朋友成为僭主（比较色诺芬，《回忆苏格拉底》1.2.56）。[1]而卫城是城中之城，作为僭主的宫廷与城邦—民众隔绝开来，狄奥尼修斯把柏拉图带入一座封闭的私人宫殿，既为囚禁，也不啻为万全之策。正是由于卫城与城邦的隔绝，才产生了后一条传言，因为民众对卫城内的事情只有猜测（参《书简三》315e），毕竟，见到柏拉图走进了普通人无缘进入的卫城，难免会让人猜测两人的亲密程度。[2]在此，柏拉图主要辩驳了后一条传言，他承认，狄奥尼修斯确实如外界所说的那样越来越依恋自己，但狄奥尼修斯拒绝自己的哲学。希腊文中的"依恋"（ἀσπάζομαι）可指拥抱、接吻、对师长的尊爱，狄奥尼修斯对柏拉图的依恋或许有着爱欲意味。普鲁塔克就铺衍说：狄奥尼修斯对柏拉图产生了僭主的爱欲（τυραννικὸν ἔρωτα），要求柏拉图只能回爱他（ἀντερᾶσθαι），只要柏拉图把与他的友谊放在狄翁之上，他便能把僭主统治交托给柏拉图。狄奥尼修斯作为有情人爱得发狂，被爱的柏拉图却无动于衷，只觉得狄奥尼修斯的爱让他受苦（τὸ πάθος），因为这位僭主就像不幸的爱人们（δυσέρωτες）一样醋意大发，急切得要听柏拉图讲学，分享柏拉图的哲学，但又害怕哲学会败坏自己（普鲁塔克，《狄翁传》16.1–2）。柏拉图并不依恋狄奥尼修斯，也就是不爱狄奥尼修斯（如同《会饮》中苏格拉底与阿尔喀比亚德的爱欲关系），但柏拉图指出，狄奥尼修斯要与自己结成爱欲关系，最美的方式是学习和聆听关于哲学的言辞，"亲近并跟从"自己。狄奥尼修斯在这最美的方式面前畏畏缩缩，因为他害怕受

---

[1] 参见施特劳斯，《论僭政》，前揭，页47–53。

[2] 叙拉古的壁垒森严（329e2–7, 346e6–347a3）让人想起，民主的雅典如同开放的广场，柏拉图可以在其中自由出入、随意离开，但一个僭政的城邦如同封闭的堡垒，假如没有僭主的谕旨，哲人在其中寸步难行（比较《会饮》174e，《普罗塔戈拉》314d）。

到哲学的牵绊，而狄翁会趁机如谣言所说的那样夺取僭政。①狄奥尼修斯没法蹈循柏拉图指明的这条爱欲之路，也就没法跟柏拉图结成哲学上的爱欲关系。

　　既然狄奥尼修斯抗拒哲学，柏拉图为什么依然期望狄奥尼修斯成为哲人？更重要的是，狄奥尼修斯的天性是否适合过哲人生活？在对第一次西西里之行的简短叙述中，柏拉图只记述了狄奥尼修斯的行动，没有提到狄奥尼修斯的天性或对哲学的渴望，也没有像描述狄翁一样描述初次见到这个年轻人的印象(比较327a1–b4与329d)。从柏拉图的叙述中，我们只能得知，狄奥尼修斯是个心怀恐惧的僭主，至于这位僭主有怎样的天性和教养，柏拉图似乎有意留到后文来说。在复述给狄奥尼修斯的建议时，柏拉图说到，由于老狄奥尼修斯的疏忽，狄奥尼修斯从小离群索居，缺乏教养，也缺乏与人适宜的交往(332c7–d2)。普鲁塔克也承认，就天性而言，狄奥尼修斯并不属于最差等的僭主，但老狄奥尼修斯不让他跟聪明人交往，害怕儿子变得聪明后就会夺取自己的权力，为此，他把儿子关在家里，只让他做些木工活(《狄翁传》9.2–3)。狄奥尼修斯身为僭主之子，但并没有过度沾染僭主的性情，他的天性并不坏，只是缺乏教养，柏拉图后来也承认，狄奥尼修斯并非天生没有学习能力，甚至算得上(和狄翁一样)"善学"(εὐμαϑῆ，见338d6–7, 339e4)。但是，狄奥尼修斯最大的特征

---

① 散布谣言的是谁？《书简三》提到，为首的诽谤者叫斐利斯提德斯(Philistides, 315e3)，此人是叙拉古的一位史家，与僭主家族关系密切，奈波斯说"他热爱僭主制，一如他热爱僭主"(amicum non magis tyranno quam tyrannis)。(见奈波斯，《狄翁传》3.2；普鲁塔克，《狄翁传》11–12)假如造谣的是斐利斯提德这类拥护僭主制的人，似乎说明，他们要与柏拉图和狄翁等人争夺狄奥尼修斯的灵魂，把狄奥尼修斯塑造成一位真正的僭主；柏拉图和狄翁则想把刚成为僭主的狄奥尼修斯塑造成一位真正的王者。我们可以说，柏拉图、狄翁与诽谤者们的冲突是两种政制、两种教育的冲突。

在于极为热爱荣誉(《书简七》338d–e接连三次强调狄奥尼修斯的"爱荣誉",另见344e2–3;狄翁也有类似特征,参《书简四》320a4, e3)。由此我们能够明白,狄奥尼修斯为什么渴望得到柏拉图的夸赞,也渴望成为柏拉图的朋友——这和他强留柏拉图的原因一样,都是出于渴望美的荣誉。爱荣誉是灵魂中血气部分的特征,因为"血气的部分永远是整个地冲向征服、胜利和好名声",所以又被称作"爱胜利、爱荣誉的部分"(φιλόνικον καὶ φιλότιμον,《王制》581a–b)。狄奥尼修斯受血气主宰,柏拉图一步步地向我们揭示狄奥尼修斯的天性或灵魂特征,而且只在适当的场合向我们揭示狄奥尼修斯的部分特征。狄奥尼修斯爱荣誉,而不是爱智慧,为了荣誉,他挽留柏拉图,把柏拉图带入卫城,因为与智慧者为伴能够给他带来美誉,让人们以为自己有智慧。

柏拉图走进了狄奥尼修斯的宫廷,他期望狄奥尼修斯成为哲人,但狄奥尼修斯拒绝哲学。柏拉图没有说自己离开了叙拉古,在给收信人提出建议之后、转入对第二次西西里之行的叙述之前,柏拉图才说到自己如何离开(338a3–b2)。关于第一次西西里之行,柏拉图止笔于此,从而给我们留下一个悬念:哲人与统治者能否最终结合?从柏拉图产生哲人王的"想法"(326b1–4),到狄翁的哲人王"想法"(328a6–b1),最后到柏拉图走进僭主的宫廷,哲人与王者实现了表面上的结合——柏拉图与狄奥尼修斯住到了一起。但是,这一表面上的结合蕴藏着分裂:狄奥尼修斯拒绝柏拉图的哲学。为了劝说狄奥尼修斯接受哲学,柏拉图提出了自己的建议。

三、柏拉图的建议(330b8–337e2)

倘若统观十三封书简，便不难发现，"建议"(συμβουλή, συμβουλεύω)是极为重要的主题。《书简五》从头至尾谈论"建议"，"建议"一词的希腊文变体在这封短函中反复出现有9次之多；《书简六》分别建议两位年轻哲人与一位僭主形成友爱的结合(323a5–b1)；《书简八》则是柏拉图给所有叙拉古人的有益的建议(352b4–c3, 354a5–b1, 355a2–3)；《书简十一》是柏拉图给一位政治领袖的建议(358e8以下)；《书简十三》则包含着柏拉图对狄奥尼修斯在财政问题上的建议(362c4–e1)。总体来看，柏拉图在书简中的形象，与其说是位超然的哲人，不如说是位给城邦统治者出主意的谋士(σύμβουλος)。这似乎说明，在柏拉图看来，哲人应当关心城邦的福祉、关心政治，但哲人不必亲自直接介入政治，只需在适当时刻给予城邦或政治人以建议，以言辞给出建议是哲人参与政治的最佳形式。

柏拉图为什么要向外邦统治者提建议？

"常言道，建议是个神圣的东西"(λέγεται συμβουλὴ ἱερὸν χρῆμα εἶναι，见《泰阿格斯》122b2–3；色诺芬，《远征记》5.6.4)，给人提建议是个神圣的事，若要给出最好的建议，更要靠神助。此外，异乡人之间的关系更神圣，有宙斯庇佑。因此，柏拉图向外邦人提建议是在履行神圣的职责——在《书简五》中，柏拉图要向马其顿王佩尔蒂卡提出建议，他说：我理应给予你异乡人之间所谓的 "神圣的建议"（δίϰαιος δ'εἰμὶ ϰαὶ σοὶ ξενιϰὴν ϰαὶ ἱεϱὰν συμβουλὴν λεγομένην συμβουλεύειν，《书简五》321c4–5）。

柏拉图为什么能够向外邦统治者提建议？

我能够就你的某件事向你提出建议，说明我比你更了解你的事或更了解你。《治邦者》中的埃利亚异乡人曾说，假如一个人只是平民，但能够向某地（并不局限于这个人所属之地）的王者提供建议，那便可以说，这个人拥有统治者应该具备的那种知识，也就是王者之知（βασιλιϰή ἐπιστήμη），而拥有王者之知的人，不论他是否掌握统治，都可以称他为王者之人（βασιλιϰὸς）（《治邦者》259a6–b5, 292e9–293a1）。哲人能够向统治者提出建议，岂不说明哲人更有资格统治？

"建议" 同样也是贯穿整封《书简七》的主题。在讲到初遇狄翁的情状时，柏拉图便预告，他要第二次给收信人提出建议，只有听从这些建议，收信人才能避免更大的灾难发生（326e4–5）；结束对第二次西西里之行的讲述之后，柏拉图终于转入 "建议" 部分，他先说到自己给人提建议的原则，再说到当初给狄奥尼修斯的建议，最后才是对收信人的建议（330b8–337e2）；在信的结尾，柏拉图又总结说，"说完现在这些，接下来我要给出的建议大致已经说过"（352a1–2）——倘若这句结语值得严肃对待，我们就得认为，整封《书简七》就是柏拉图对收信人或对我们的建议。

《书简七》中有关 "建议" 的内容夹在对两次西西里之行的叙述之间，表面看来，这一安排打乱了既有的叙事线索，显得有所脱节。柏拉图解释了这一安排的理由——在给出这些建议时，他先来了段开场白：

　　我到西西里并在那里度过的最初那段时日就是如此。此后，我离乡远行，应狄奥尼修斯热诚之至的召请再次到了那里。我的理由以及我的所作所为是多么合理和正当，在建议你们于当前事况下应当怎么做之后，我再来一一道明，以便[答复]那些一再询问我为何愿意第二次去的人，免得我把附带的事儿（πάρεργα）当成了要说的正事儿（ἔργα）。(330b8–c8)

柏拉图的理由是："建议你们在当前事况下应当怎么做"才是正事，若是一味讲述两次西西里之行，那就把附带的事当成了正事。可实际上，按柏拉图的自我理解，他的整封信都是在给出建议（参326e4–5, 352a1–2），都是在说正事。如果说《书简七》是份"大建议"，这有关"建议"的内容就是"小建议"，是建议中的建议。"大建议"采取了自我忆述的形式，柏拉图通过讲述自己的生命经验来教诲我们，而这里的"小建议"却采取了直接说理的形式，有浓厚的劝说意味，听起来更像真正的建议。柏拉图在劝说谁，他为什么在这里引入一番说理性的建议？这要从前后的语境来考虑。

实际上，就在我们听到这段开场白时，柏拉图的第一次西西里之行并未结束，至少柏拉图并没有说到自己离开叙拉古。就在给出这些建议之后，柏拉图才回过头来，讲到第一次西西里之行后续的故事：后来，柏拉图尽一切办法劝狄奥尼修斯放自己走，由于当时西西里发生战争，他与狄奥尼修斯达成了协议，狄奥尼修斯承诺，一俟战争结束，他便会再次派人来请狄翁和柏拉图，而且他还让狄翁不要觉得现在是在流放；有了这些保证，柏拉图也承诺会再次前来（338a3–b2）。这是个极为友好的协定，预示着柏拉图、狄翁、狄奥尼修斯三者关系的恢复，也预示着哲人王理想的重新开始。这一恢复恰恰发生在给出建议之后。可就在给出这些建议之前，我们看到的却是三者关系的破裂：狄翁被流放，柏拉图虽然和僭主住到了一起，但僭主抗拒柏拉图的哲学，对狄翁心存余悸(330b1–6)——就在这时，柏拉图插入了他的"建议"。如此来看，这段"建议"不仅不脱节，而且非常必要和关键：没有它，柏拉图、狄翁、狄奥尼修斯三者的关系就只能破裂下去，无法得到恢复。因此，这段"建议"就是对狄翁、狄奥尼修斯等人的劝说，是重建政治与哲学的关系的努力，它既要消除僭主对哲学的抗拒，也要消除狄翁与狄奥尼修斯之间的仇隙。

柏拉图的建议分成四个部分：(1)柏拉图给人提建议的原则，(2)柏拉图和狄翁曾给狄奥尼修斯的建议，(3)狄翁的远征和被杀，(4)柏拉图给收信人的建议。单就收信人来说，他们只需要柏拉图建议在当前的事态下应当怎么做，并不关心柏拉图怎么提建议、给过狄奥尼修斯什么建议，何况，对现实状况而言，前两个部分没有实际助益。实际上，柏拉图之所以讲述自己的原则，并不是针对收信人，而是针对"有理智的人"(νοῦν ἔχοντος, 330e1)、"神清智明的人"(τὸν ἔμφρονα, 331c7)，柏拉图以己为例来教育这些人应当怎样处世、怎样面对城邦，他是在建议潜在的哲人，也可以说是在建议狄翁。柏拉图讲述曾给狄奥尼修斯的建议，这并不意味着他确实曾给狄奥尼修斯这样的建议——或许，柏拉图编造出这些建议，在当下讲给人群中的某位狄奥尼修斯听，以便建议这位潜在的王者；给收信人的建议以灵魂不死、死后审判起头，因而最有可能是针对作为城邦主体的民众。在此，柏拉图的三重建议再次呼应了城邦中的三类人和三类言说对象：哲人—王者—民众。

由此，我们就能明白柏拉图这句话的含义了：

> 这些就是我试图劝说的内容，当初第一次是劝狄翁，第二次是劝狄奥尼修斯，现在轮到第三次来劝你们。(334d5–6)

哲人与城邦(330b8–331d5)

"关于建议"一节包含四方面的内容：医生应当如何给病人提建议(330c9–d5)；有理智的人应当如何给城邦提建议(330d5–331a5)；柏拉图如何给人提建议(331a5–c6)；柏拉图建议"神清智明的人"应当如何对待自己的城邦(331c6–d5)。

柏拉图以病人与城邦的类比起兴。在《王制》中，苏格拉底亦有同样的类比(《王制》425e–426c)。因纵欲无度而身染痼疾的人，渴望健康，可又不舍得放弃种种不良生活习惯，只寄望于有人能"建议"某种灵丹妙药，一下子让他恢复健康。假如有人实言相告——只要他还大吃大喝、沉迷女色和游手好闲，吃任何药、动任何手术都没有疗效——这个说实话的人便成了这位病人眼中最大的敌人。和这位病人一样，政制败坏的城邦警告邦民不要扰乱城邦的政制，不然就予以处死，谁最能奉承城邦、最能满足城邦的各种欲望，谁就被城邦看作又优秀又智慧的人，并得到城邦给予的荣誉。这一类比的合理性在于：所谓"政制"就是城邦的生活方式，城邦政制的败坏好比个人生活方式的败坏，政制败坏的城邦好比因生活方式不良而身染痼疾的病人。这位病人要恢复健康，应当首先改变自己的生活方式；城邦要恢复良序，应当首先改良自己的政制，但实际上，病人和城邦都拒斥这样的药方，原因不在于别的，仅仅是因为：大多数人的行事不是依靠理性，而城邦根本上拒绝理性。

柏拉图在这里引出这一类比，是告诉我们怎样做一个称职的医生。[①]柏拉图说：对于一个生活方式不良的病人，一类医生

[①] 《书简八》贯彻了这一譬喻，信中的柏拉图宛如医生，把自己的建议比作"药方"($\varphi\acute{\alpha}\varrho\mu\alpha\kappa o\nu$)，并称每个希腊人都应该全力以赴地去救治这些病疾(353e5–6)。另外，在《书简四》中，柏拉图还要求狄翁表现得像个医生($\iota\alpha\tau\varrho\epsilon\acute{\upsilon}\omega\nu$, 320e5)。

会首先建议他改变自己的生活方式，如果他听从，就再给出其他建议，如不听从，就远远逃离（φεύγοντα）他；另一类医生不管病人是否听从，仍然坚持贸然（ύπομένοντα）给出建议。不难想象，以病人的视角来看，那位逃离的医生是无能之辈，大胆给出建议的医生才是良医。但在柏拉图看来，恰恰相反，前一类医生是男子汉（άνήρ）和良医（ἰατρικός），后一类医生是懦夫（άνανδρος）和外行（ἄτεχος），两类医生的差别在于两点：勇敢与懦弱、技艺与没有技艺。在政治的界域内，战场的脱逃者（φεύγω）是懦夫，坚守者（ύπομένω）才是勇士，柏拉图却颠转了"勇敢"作为政治美德的含义：脱逃者反而勇敢，坚守者反而懦弱。柏拉图所理解的医术也不是单纯医治身体的技艺，而是辨分病人的灵魂是否可救的技艺。在柏拉图看来，一个称职的医生应当具有一种哲人式的勇敢和技艺。

假如城邦生病了，又该如何医治呢？与两类医生相仿，城邦中也有两类"有理智的人"，他们负责给城邦提建议，有如给城邦看病的医生。假如城邦的政制走的是条正道，而且需要得到建议，给出建议就是他们的职分；假如城邦的政制完全偏离正道，是否该向其提出建议就得三思了：一方面，就如生活方式不良的病人不舍得改变自己的生活方式，政制败坏的城邦也不舍得抛弃既有的政制，它们禁止那些爱提建议的人插手政制，禁止他们变革城邦满足欲望的手段；另一方面，这样的城邦又命令他们为自己的意愿和欲望效劳，要他们建议如何能最容易、最快、最大程度地满足意愿和欲望，这时，上前（ύπομένοντα）给予建议的人是懦夫，却步（ούχ ύπομένοντα）的人才是男子汉。称其懦夫，因为这类人虽然有理智，但却屈从于城邦的淫威，甘愿做城邦的谄媚者；称其男子汉，因为他们敢于违抗城邦，做叮在城邦巨大身躯上的一只牛虻。无疑，苏格拉底就是这样一位男子汉，他拒绝满足不义的城邦的欲望，选择远远逃离（《书简七》324d8–325a3）。

　　接下来，柏拉图讲述了自己给人提建议的原则，依次说到三类人：自由人、奴隶、父母。对于自由人，柏拉图的态度会因人而异。如果谁主动求问柏拉图的建议，而且有良好的生活习惯，愿意听从，柏拉图便会热心地给以建议，把这当作是神圣的使命；可如果一个人从不求问柏拉图的建议，或者绝对不会听从，柏拉图便不会主动给他提建议，更不会强逼他服从；柏拉图略过了第三种情况：如果谁主动求问建议，但生活方式很糟糕，或者不会听从，柏拉图会怎样应对呢？远远逃离，还是贸然上前？总之，柏拉图深知，不是每个人都会求问自己的建议，也不是每个人都会服从自己的建议，所以，尽管他知道对每个人最好的东西，但他不会主动干预他人既有的生活，即使这种生活不正确。对于一个奴隶，柏拉图的态度完全颠倒过来：主动给他建议，若他不愿服从，便强逼他服从。柏拉图对奴隶拥有绝对权力，这意味着，假使所有人都奉柏拉图为主人，柏拉图便会放下平常的矜持，用建议和强逼把我们变得更好。但柏拉图旋即说到，不能对父母予以强逼，因为这样做不虔敬；也不能叱责父母的生活习惯，因为父母不再可能改变过了大半生的生活方式，叱责不仅无用，反而会招致他们的怨恨；也不能对父母阿谀逢迎，想方设法满足他们的欲望，因为柏拉图本人极为厌弃这些欲望。因此，虽然柏拉图不赞同父母的生活习惯，但他不会有任何表示，既不会给予父母建议，也不会逼迫父母。

　　柏拉图说到的这三类人只局限于私人领域，他没有顺着病人与城邦的类比说到自己对待城邦的态度；即便有人就个人生活中最重要的问题求问柏拉图，所求问的内容也只涉及私人性的钱财、身体和灵魂，并不涉及城邦政治。柏拉图有意回避了自己与城邦的关系，换言之，他毫不羞愧地坦然面对苏格拉底曾经受到的指责：

私下里给人提建议（συμβουλεύω），奔走忙碌，但在公共场合，却不肯走到人群中，为城邦提建议（συμβουλεύειν）。（《苏格拉底的申辩》31c4–7）

与此相应，当柏拉图从自己对父母的态度过渡到对"自己的城邦"的态度时，他说的不是自己对待雅典的态度，而是在建议"一个神清智明的人"。这个神清智明的人应当像柏拉图对待父母一样来对待自己的城邦：假如他觉得城邦的政制不理想，他可以直言，但这很可能是枉费口舌，会让他因此丧命；他最多只能诉诸言辞，绝不可介入任何革命或颠覆性的行动，不得以暴力强逼城邦改变政制，正如柏拉图绝不强逼父母改变旧有的生活方式。①柏拉图最终的建议是，"假如不经流放和杀戮就无法实现最好的[政制]，那他就静默下来，为自己的和城邦的福祉祈祷吧"。柏拉图在此唤起了狄翁最初的希望：不经杀戮、死亡而建立最好的秩序、实现最好的生活（327d3–6）。狄奥尼修斯刚刚继位时，狄翁觉得这个梦想可以成真了，当时距他与柏拉图的相遇已有二十多年——对于这二十年间的狄翁，柏拉图未着一词。柏拉图的沉默代表着狄翁的沉默，看到这一希望无法实现，狄翁便沉默下来，如柏拉图所说的那般为城邦祈祷。如今，流放中的狄翁听到柏拉图的这一建议，会不会忆起当初的这一理想，放弃对父母之邦使用暴力呢？多年后，他发兵征讨狄奥尼修斯，引发了叙拉古的内乱。柏拉图称狄翁的征讨是"以行动（ἔργῳ）斥责狄奥尼修斯"（333b3），从而暗示狄翁最终并非一个"神清智明的人"。

既然这里的柏拉图再次说到自己，我们不妨借此来更清楚地

---

① 参考色诺芬《回忆苏格拉底》I.2.10–11："凡有运用理智的修养的人绝不会使用暴力，因为他们有说服的能力，他们绝不会流血；只有那些仅具蛮力而缺乏理智修养的人才会采取这样的行径。"同参柏拉图，《泰阿泰德》176a5–b1；亚里士多德，《政治学》1301a39–b2。

认识这位哲人。无疑，雅典城内的柏拉图也是个沉默者，和苏格拉底一样，他只私下里给人提建议，从不给城邦提建议。柏拉图之前告诉我们(324b8–326b4)，年轻时的他一度热心城邦政治，但对现实的种种失望促使他最终转向了哲学，阻挠他涉足政治的，是各种现实因素，比如：缺少朋友和可靠的同伴、雅典法律和习俗的败坏(325d–e)。但在这里，柏拉图托出了他远离雅典政治的真实原因：柏拉图敬爱雅典犹如敬爱自己的父母，他既不愿以无用的建议激起城邦的怨恨，也不愿做城邦的谄媚者，更不愿以暴力强行改变政制。柏拉图关心城邦的福祉，他的沉默既是明哲保身，亦是对城邦的保护。

苏格拉底不参与雅典政治，据说是因为某个精灵的反对，如果他很早就参与政事，恐怕他早就死了(《苏格拉底的申辩》31c4–d8)。如此看来，柏拉图心中似乎也有个精灵，提醒他远离雅典政治，否则，恐怕他也早就死了。可苏格拉底不只远离雅典政治，他远离政治本身，而书简中的柏拉图却单单钟情于外邦政治。十三封书简全是写往外邦，柏拉图热心地给外邦统治者出主意，却从不给雅典城邦出主意——如果雅典对柏拉图发出这样的指责，柏拉图将如何辩驳？

　　如果有人听到这些后说，"看起来，柏拉图声称知道什么对民主制有利，但是呢，尽管他可以在民众中间发言，把最好的东西建议给民众，可他从来都没有站起来说过话"——对此要说的是，"柏拉图在他的祖国中生得太迟了，他发现民众已经老了($πρεσβύτερον$)，受前人的影响，民众已经习惯于做许多与他的建议不相类的事情；因为，就如向父亲提建议一样，向民众提建议会是所有事情中最令他快乐的，如果他不认为这是在白白冒险，而且没有任何果效的话。"(《书简五》322a4–b4)

　　向雅典的民众提建议，正如向父亲提建议一样，柏拉图很乐意，但他清楚，这么做不仅无用，而且会因此丧命，因为他的建议与民众"上了年纪"的生活方式相冲突！雅典民众"上了年纪"是什么意思？其一，雅典民众曾经年轻，但到了柏拉图的时代，他们已是老人。这很可能是在喻指雅典的民主传统。雅典原本奉行王政—贵族政制，后经梭伦改革，民主政制逐渐形成，并在伯里克勒斯治下达至顶峰。柏拉图生处雅典民主末期，当时雅典民主已有两百多年的历史，并在伯罗奔半岛战争的惨败中变得衰弱不堪，犹如颓敝的老人。[①]其二，人由年轻变得年老是无法抗拒的自然过程，返老还童几乎是不可能的事情，这意味着，雅典民众几乎不可能再变年轻。这种年轻或许就是指黄金时代的王政—贵族政制。老人天然地与既有的习俗和意见结合在一起，早已习惯民主制的"上了年纪"的民众，只会接受先辈传下来的意见——民主城邦的意见，尽管柏拉图的建议能使每个城邦和人变得更好，但民众非但不会接受这位哲人"最好的建议"，反而还会以之为对雅典民主的威胁！由此不难理解柏拉图的说法：给雅典民众提建议是在白白冒险！所以，柏拉图在雅典城邦中沉默下来，尽管他有机会在公民大会上发言，但他从未如此。与年老的雅典民众相比，柏拉图致信的外邦统治者们大多是年轻的僭主或王者。[②]绝非巧合的是，《法义》中无名的雅典异乡人也以立法者的名义，要求到一个由年轻僭主统治的城邦来立法："给我一个僭政统治的城邦，这位僭主要年轻，记东西记得牢，学东西学得快，勇敢而且天性出众"（《法义》卷四708d10–710b2）。

---

① Leo Strauss，《苏格拉底与阿里斯托芬》（*Socrates and Aristophanes*），Chicago: The University of Chicago Press, 1966，页103–104。

② 《书简三》316c7–8称狄奥尼修斯：σοῦ δὲ ὄντος μὲν σφόδρα νέου［而你却极为年轻］，《书简五》321d3–4称马其顿王佩尔蒂卡：διά τὴν ἡλικίαν...τοῖς νέοις［因为你的年纪……针对年轻人们］。

君主的美德(331d6–333a5)

狄翁邀请柏拉图来叙拉古，是为了把狄奥尼修斯教育成一位配得上权柄的君王($\beta\alpha\sigma\iota\lambda\epsilon\dot{\nu}\varsigma$ $\tau\tilde{\eta}\varsigma$ $\dot{\alpha}\varrho\chi\tilde{\eta}\varsigma$ $\ddot{\alpha}\xi\iota\varsigma$)，而诽谤者却宣称，狄翁这么做是为了以教养迷惑狄奥尼修斯的心智，最终是要自己夺取僭政(333b6–c5，另参329b7–c1)。狄奥尼修斯听信这些谣言，流放了狄翁。如何修复狄奥尼修斯与狄翁的关系，消除僭主对智慧的恐惧，是当下极为紧迫的问题。

柏拉图对狄奥尼修斯的建议是和狄翁一道发出的，这似乎说明，经过劝说，当下的狄翁已经认同柏拉图刚刚说到的原则。他们给狄奥尼修斯的建议集中于两点：日常生活的自制($\dot{\epsilon}\gamma\varkappa\varrho\alpha\tau\dot{\eta}\varsigma$)，寻找忠诚可靠的朋友和同伴。为了说明忠诚可靠的朋友和同伴是多么重要，柏拉图引入了僭主与王者的对比。老狄奥尼修斯夺取了许多城邦，雄霸整个西西里，尽管他往这些城邦殖民，但却不能在当地建立有力的统治，因为他缺乏忠实可靠的同伴，找不到可信赖的政治权力上的同盟。究其原因，只怪老狄奥尼修斯太过"智慧"($\sigma o\varphi\acute{\iota}\alpha$, 332c3)，不能信任任何人：不论是外族人，[1]还是他自个的亲弟兄——劝说、教导、恩惠和血亲关系，都不能使他们成为可信赖的朋友和同伴，成为权力的同盟。老狄奥尼修斯是僭主的化身，大流士则是"好立法者和好君王"的"榜样"，因为大流士有忠实可靠的同伴作政治上的同盟，他把波斯国土分成七份给同盟者，每份都比整个西西里还大；两相比较，老狄奥尼修斯可比大流士差了七倍。柏拉图还顺带表扬了雅典人，称赞雅典人对外邦的统治维系了七十年，因为他们在这些城邦都能找到朋

---

① 老狄奥尼修斯更信任外邦人，更不信任自己的臣民。僭主宁愿以外邦人为伴，也不愿交接本邦公民，因为僭主觉得，外邦人对自己没有敌意，不会危及自己的统治，而本邦公民时刻都想推翻自己当僭主。参色诺芬，《希耶罗》5.3；亚里士多德，《政治学》1314a10–13。

友。①老狄奥尼修斯的统治看上去很辉煌，实际非常无能，既不如大流士，也不如雅典人，其症结正源于缺少可信赖的朋友，柏拉图进而提出，是否拥有朋友是美德和恶德最有力的标志。

柏拉图如此抬高朋友的政治意义和美德意义，可谓切中了僭主与王者的根本区别。像老狄奥尼修斯一样，性好猜疑的僭主不能信任任何人，而且最不信任朋友，因为僭主清楚，虽然全邦的人都想推翻自己，但只有他的那些朋友才有能力推翻自己（亚里士多德，《政治学》1313b30–33）。僭主不仅不信任任何人，甚至还不允许其他人彼此信任，因为僭主恐惧，一旦他们彼此信任，必定会联手推翻僭政，为此，僭主时常会挑拨离间，使民众之间相互猜忌；对于那些相互信任、也值得他人信任的有美德的好人，僭主视之为对僭政最大的威胁，必欲除之而后快（亚里士多德，《政治学》1314a17–23；色诺芬，《希耶罗》5.1–2）。僭主从根本上排斥友谊，所以亚里士多德在讨论友谊时说，僭政之邦缺乏友谊或是不存在友谊，友谊最多只局限在非常小的范围内（《尼各马

---

① 仍有一些细处值得玩味。首先，狄奥尼修斯的反面是大流士，而非更显赫的居鲁士大王（δυνάστης，《书简二》311a6–7；另参《书简四》320d7），亦非更卓著的立法者吕库尔戈斯（参《书简四》320d6，《书简八》354b2），原因在于，柏拉图意欲强调僭主与王者的的核心差别在于友谊，大流士的事迹恰好可以说明这一点；

其次，柏拉图不仅比较了狄奥尼修斯与大流士，也比较了波斯与雅典：(1)柏拉图说的是"雅典人"，而不是雅典的哪位立法者或统治者（比如梭伦、伯里克勒斯）；(2)雅典人对外邦的统治只维系了七十年，而大流士订立的法律使波斯帝国"安然保存至今"，细算一下，公元前522–486年在位的大流士相距柏拉图写《书简七》之时已一百多年；(3)大流士胜于狄奥尼修斯七倍，"七"象征着完满、绝对，雅典人能够超过这个七倍么？

最后，希罗多德称篡夺波斯王位的是著名的祭司玛格僧（《历史》3.61–67），柏拉图却在这里说是阉人，并在《法义》卷三讨论波斯政制时坚持了这一说法（《法义》695b7）。莫非柏拉图有意用阉人取代了祭司？尽管历史真相已不可考，但可以考虑希罗多德与柏拉图的不同笔法：按希罗多德的安排，篡位的玛格僧被杀之后，几位波斯贵族展开了对政制的讨论，这预示着，在作为宗法权威的玛格僧死后，对正义的追寻才能开始；柏拉图以阉人取代玛格僧，似乎忽略了宗法的因素，却凸显了"东方专制主义"的因素。

可伦理学》1160a30-b10)。因此,与其说老狄奥尼修斯找不到可信赖的朋友和权力同盟,不如说他天性不愿信赖任何人,更不愿与任何人分享权力。老狄奥尼修斯比大流士差七倍,实际意味着僭政比王政差了七倍,这种差别不仅是政治意义上的,也是美德意义上的:僭主缺乏朋友也就缺乏美德,王者拥有朋友也就拥有美德。

柏拉图的这番对比道理很明显,狄奥尼修斯要以父为鉴,做一个拥有朋友的君主,也就是做一个有美德的君主。为此,柏拉图和狄翁劝告狄奥尼修斯:

> ……要在亲人以及同龄人中为自己赢得其他齐心追求美德的朋友,但最重要的是,他要成为自己[齐心追求美德的朋友],因为他在这方面惊人地欠缺。(332d3-6)

柏拉图提到,由于老狄奥尼修斯的过错,狄奥尼修斯自幼便离群索居,远离教养,也远离适宜的交际。老狄奥尼修斯的孤独阴鸷,是因为僭主般的诡诈心机;狄奥尼修斯的孤僻、缺乏朋友,只是由教养上的疏忽造成的,并不是因为他有僭主的天性。换句话说,狄奥尼修斯确实有可能经由适宜的教养成为一位王者。柏拉图建议狄奥尼修斯:要寻求因对美德的共同追求结成的朋友,而最重要的是,他本人也要追求美德。

或许有人会问,君主为什么要寻求美德意义上的朋友呢?柏拉图已经回答说:要缔造大流士那样伟大的统治,必须要有可信赖的朋友,而拥有可信赖的朋友是美德的标志,因此,要追求美德,拥有美德才可能拥有朋友,拥有朋友才可能成就伟大的统治。柏拉图从朋友的政治意义过渡到了朋友的美德意义,最后又绕回政治:在柏拉图看来,老狄奥尼修斯虽然称霸整个西西里,却因缺乏朋友而无法施展有力地统治,以致不得不向蛮族人朝贡；如果狄奥尼修斯听从自己的建议，寻求美德意义上的朋友，把自己变得神清智明和节制（两项美德都与智慧直接相关），他就能够成为大流士似的立法者和王者，用法和政制（νόμοις καὶ πολιτείαις）把西西里各个城邦连为一体，由此，他将大大扩展其父的统治疆域，并能彻底奴役迦太基人。[①]

要教育僭主成为王者，最保险的方式就是，先让僭主认识到僭政的局限，再利用僭主对荣誉和功业的渴求，诱使其走向王政的道路。柏拉图就展示了这样一种方式。如果王政意味着更广阔的统治疆域、更多的属民、更大的光荣，它便对任何一位统治者构成了莫大的诱惑。不难想象，当狄奥尼修斯听到柏拉图所描绘的以法和政制连接起来的西西里帝国，听到不但可以超越自己的父亲，甚至可以超越叙拉古史上的第一代僭主格隆，他肯定会激动万分。为此，他会听从柏拉图的建议，追求美德，把自己变得神清智明和节制，他也会努力去寻找朋友——只有当狄奥尼修斯心中挂念朋友和美德时，他才能与狄翁达成和解，才可能接受柏拉图的哲学。

可是，怎样才算美德意义上的朋友？

诽谤与朋友(333a5–334c2)

"复述"完给狄奥尼修斯的建议，柏拉图突然又折回原有的

---

① 《书简八》告诉我们，对于西西里的政治，柏拉图并不倾向于任何一个派系的利益，他真正担忧的是希腊的被野蛮化，因为他不仅是雅典人，也是希腊人，他不忍见西西里陷于蛮族人之手，更不忍见西西里的希腊语和希腊文明就此湮灭（《书简八》353e2–354a1）。因此，柏拉图在这里对狄奥尼修斯强调殖民西西里和征服蛮族人，可以说有极强的现实针对性。至柏拉图作《书简七》之时，西西里潜在的危机不仅没有缓解，反而趋于恶化——叙拉古的内斗已持续数年，极大地消耗了双方的实力，再不设法结束乱局，蛮族人就极有可能趁机夺取整个西西里。

叙事线索，重新说到狄翁的流放（比较329b7–d1与333a7–b1）。这一衔接暗示，出于某种原因，柏拉图回到了自己的第一次西西里之行。按之前的说法，柏拉图一到叙拉古便发现，狄奥尼修斯身边到处是对狄翁的诽谤，柏拉图极力卫护，但无济于事，三个月后，狄奥尼修斯以阴谋夺取僭政为名流放了狄翁，而我们这些狄翁的朋友害怕受到指控，被当成狄翁的同谋受到报复（329b7–d1）；按现在的说法，我们（柏拉图和狄翁）给狄奥尼修斯建议，但各方传言我们要密谋造反，这些传言最终操控了狄奥尼修斯，致使狄翁受到流放，我们则陷入了恐惧。有意味的是，柏拉图在前后两种说法中始终避免称"我"，从而掩饰"我"的恐惧；而且在后一种说法中，"我们"与"狄翁"奇怪地分离了。

刚刚回到原有的叙事线索，柏拉图突然又把场景拉到十多年后，从狄翁的流放直接跳到狄翁的归来。之所以这么安排，为的是"说完那些短时间内所发生的并不算少的变故"（ἵνα ἐκπεράνωμεν οὐκ ὀλίγα πράγματα τὰ ἐν ὀλίγῳ χρόνῳ, 333b1–2）。柏拉图接下来说到一连串故事：狄翁归来后，狄翁两度解放城邦、又两度把城邦交还给叙拉古人，但叙拉古人相信传言，认为狄翁图谋成为僭主，最终杀害了狄翁。柏拉图在几秒中内将四个重要事件（狄翁被流放—狄翁从伯罗奔半岛和雅典返回—狄翁两次解放城邦——狄翁被杀）串联起来，却丝毫没有交代其中的任何细节：比如狄翁被流放后去了哪里，狄翁为什么以及如何从伯罗奔半岛和雅典返回，狄翁怎样两次解放城邦又两次把城邦交给叙拉古人，狄翁被杀的原委……柏拉图忽略这些细节，非常急切地想要"说完"这些事情，或许他认为收信人全都熟悉这些细节，无需再述。这反过来暗示：收信人追随狄翁多年，亲历过这些事件，而今正承受着狄翁被杀带来的悲痛和无助。但我们并非亲历者，要了解这些细节，我们需要稍稍离题，参详普鲁塔克以及史家们的记述，看看这些"并不算少的变故"究竟怎样发生的。[①]

狄翁公元前366年被流放到意大利，其后来到雅典，出入于柏拉图学园，他先是住在一位叫卡利普斯(Callippus)的熟人家中，后来自己置办了房产；期间，狄翁也到希腊诸邦游历，跟那些最高贵、最具政治才干的人交往，展示了非凡的美德和哲学修养，得到所有人的称赞和许多城邦给予的荣誉，拉栖岱蒙人甚至颁予他斯巴达公民的身份……公元前360年，柏拉图第二次从西西里返回，懊恼的狄奥尼修斯强行把狄翁的妻子嫁给别人，得知这一消息，狄翁便开始谋划对狄奥尼修斯用兵，柏拉图没有参与狄翁的行动，但斯彪西普斯和其他同伴却积极响应，恳请狄翁去解放西西里（《狄翁传》17–24节）；[②]

狄翁用了三年的时间秘密招募雇佣军，直至公元前357年夏，他才率一支800人的军队从伯罗奔半岛西岸的Zacynthus岛出征。军队人数并不多，可见狄翁的行动并没得到许多人支持，所以在被狄奥尼修斯放逐的一千多人中，只有25人参与行动。军队从西西里西南部的迦太基小镇登陆，向叙拉古进军。此时碰巧狄奥尼修斯率舰队去了意大利，叙拉古仿若无主之城，狄翁几乎不费一兵一卒就占领了叙拉古。叙拉古人欢庆"自由和民主"时隔48年后的重生（自公元前406年老狄奥尼修斯建立僭政以来），任命狄翁及其兄弟为"全权统帅"($α\dot{v}τοκράτορες$ $στρατηγοί$)。除了由僭主卫队把守的卫城Ortygia城堡外，叙拉古全城得到了解放，这或许就是狄翁第一次解放叙拉古（《狄翁传》22–29节）；

几天后，狄奥尼修斯从海路抵达，进入卫城。他表面上寻求

---

① 下面的叙述主要参考了普鲁塔克的《狄翁传》，另及《剑桥古代史》(*The Cambridge Ancient History*), Vol.6, 2nd Edition, Cambridge, 2006, 页693–706。

② 从《书简七》后文可知，柏拉图结束第二次西西里之行后，归途中在奥林匹亚遇到狄翁，狄翁得知了柏拉图的经历，尤其得知自己的财产被没收之后，才准备报复狄奥尼修斯(350b6–c3)。

媾和，背地里却发起反攻，并借机离间叙拉古人与狄翁。他以狄翁儿子的名义给狄翁写信，信中说到狄翁过去曾竭诚为僭政效力，并要求狄翁不要废除僭政，而要自己成为僭主，不要把自由给予仇视他的人民……狄翁在集会上宣读此信，反致叙拉古人对他起了猜疑和畏惧之心。此时，曾被狄奥尼修斯流放的赫拉克雷德斯(Heracleides)率部来到叙拉古，此人巧言善变、哗众取宠，素与狄翁有隙。与民众亲缘的赫拉克雷德斯成为叙拉古人的新宠，被任命为水师提督($\nu\alpha\acute{\nu}\alpha\varrho\chi o\varsigma$)。赫拉克雷德斯的地位不断上升，利用公民大会通过三项决意：重新分配土地和房产，停发雇佣兵的薪饷，推选由25人组成的新军事委员会。这次选举终结了狄翁的绝对权力，而且狄翁不在新推选的指挥官之列，不得不在雇佣兵的保护下退走李昂提尼(Leontini)，时在公元前356年夏(《狄翁传》30–40节)；

已逃出卫城的狄奥尼修斯派意大利雇佣军人努普西乌斯(Nypsius)率舰队前去补给卫城的守军。叙拉古人与之交战，并赢得胜利，但之后他们忘乎所以地欢宴，放松了对卫城的戒备。努普西乌斯抓住时机，夜间发起进攻，血洗了叙拉古城。叙拉古人寄望于狄翁能解救他们，于是派人疾驰李昂提尼召回狄翁。狄翁率雇佣军驰援叙拉古，击败努普西乌斯的人马，使得敌军退入卫城。狄翁重新成为叙拉古的英雄，掌控叙拉古的大局。之后，叙拉古人围困卫城，最终使守城的狄奥尼修斯的长子投降，叙拉古得到彻底解放。时在公元前355年秋，这或许是狄翁第二次解放叙拉古(《狄翁传》41–51节)；

狄翁重新成为"全权统帅"，撤销了当初重新分配土地和房产的议案，而且还请科林斯人来谋划叙拉古的政治重建。狄翁显然无心在叙拉古建立民主制，遂令民众极其不满，赫拉克雷德斯借此攻击狄翁，狄翁最终放任自己的支持者杀死了赫拉克雷德斯。这场谋杀促使人们认为狄翁已成僭主，不仅民众，甚至贵族和雇佣兵也开始对狄翁不满。雅典人卡利普斯原是狄翁的心腹，他私下拉帮结派，密谋杀害狄翁；公元前354年夏，几个Zacynthus人在狄翁家中暗杀了狄翁，凶手便是追随狄翁远征的雇佣军（《狄翁传》52–57节）；

在普鲁塔克笔下，狄翁虽然解放了叙拉古，但没有妥善解决叙拉古的政制问题，最终被"自由和民主"的怒潮吞没。狄翁的悲剧在于，性情过于高贵、单纯，不能掌控民众，他已是"全权统帅"，却不愿效仿老狄奥尼修斯借此升格为"僭主"，结果反被民众污为"僭主"。据普鲁塔克说，狄翁试图约束不受限制的民主制，因为他认为民主制就是柏拉图所说的"各种政制的杂货市场"（παντοπώλιον πολιτειῶν，《王制》557d），他试图仿照斯巴达和克里特的模式，建立民主制与王制的混合，并由贵族来主持最重要的事务，他延请科林斯人作为政治顾问，正因为科林斯人的政制偏向寡头制，只有很少的公共事务交给公民大会处理(53.2)。但这一构想从未实现，最终是新"僭主"出来掌控了叙拉古。

让我们回到柏拉图。普鲁塔克的传记强调了民主与僭主的关联，但柏拉图在这里强调的却是谣言。狄翁的被流放以及被杀归咎于谣言的两次胜利。柏拉图细说了当初诽谤狄翁的谣言：那些诽谤和造谣的人说，狄翁图谋夺取僭政（ἐπιβουλεύων τῇ τυραννίδι，比较329c3, 334a2–3)，所以才会请柏拉图来西西里，想要以教养迷惑狄奥尼修斯，让他无心为政，最终将权位交给自己。这些谣言操控了狄奥尼修斯，致使狄翁被流放。狄翁回到叙拉古后，两度解放城邦并把城邦两度交还给叙拉古人，叙拉古人对狄翁的态度却经历了像狄奥尼修斯一样的转变，也开始怀疑狄翁是要夺取权力当僭主(参见普鲁塔克，《狄翁传》34.3)。这些传言第二次在叙拉古人中间得逞了，似乎在柏拉图看来，杀害狄翁的就是叙拉古人。

这些传言来自哪里？谁是那些造谣诽谤者？柏拉图未加说

明。有趣的是，这些谣言在狄奥尼修斯与叙拉古人身上先后得逞，民众与僭主居然有着相似的禀性。狄翁两度解放城邦并把城邦两度交还给叙拉古人，为什么叙拉古人反而怀疑他要当僭主？狄奥尼修斯对狄翁的猜疑可以理解，叙拉古人对狄翁的态度却让人不解。狄翁或许没有料到，把一座自由的城邦交给民众，将会有什么样的后果。普鲁塔克的传记再清楚不过地揭示了这一点：狄翁第一次解放叙拉古后，"人民像是长期经受僭政之患的病人，还未痊愈就想要立刻站起来，过早地独立活动，结果颠颠倒地。狄翁如同一位良医，想要让城邦遵守严格和节制的生活方式，因而引起众人的痛恨"（37节）。①习惯了僭政奴役的叙拉古人一旦得到自由，必然要将自由推向极端，而且必然害怕再度失去自由。他们必然惧怕最有能力剥夺自由的人——既然狄翁有能力给予城邦自由，他就有能力夺去城邦的自由，因此狄翁成了叙拉古人眼中潜在的"僭主"。如果狄翁解放城邦并随即成为城邦的统治者（新僭主），恐怕叙拉古人便只会顺服地接受统治。

这些谣言如何在叙拉古人中得逞的？柏拉图说，那些促请他为当前事况出面的人应当听听。这些人并不等于收信人，否则柏拉图可以直接称"你们"。这些人的模糊身份透露了柏拉图所处的现实情景：狄翁被杀之后，可能有许多人要求柏拉图为狄翁发动的内乱负责（326e2–3），或许还有人认为，柏拉图要对狄翁的死

---

① 同时比较卢梭的提醒：

　　自由和食物一样，对人的效用将因人而异；鲜美的固体食物，体质强壮并常吃这类食物的人食之，当然大有补益，可增强身体，然而体质柔弱的人食之，则徒增肠胃的负担，有损健康，陷于沉醉。人民一旦过惯了在首领统治下的生活，就不可能从这种状态中走出来。如果他们试图摆脱枷锁，他们将更加远离自由；他们将把与自由背道而驰的恣意行事和胡作非为当成自由；他们的革命最终将使他们落入蛊惑家的手中，使他们身上的锁链更加沉重。（《论人与人不平等的起因和基础》，李平沤译，北京：商务印书馆，2008，页21）

负责,因为柏拉图在第二次西西里之行时被狄奥尼修斯用荣誉和钱财收买,背叛了狄翁(333d4–7)。由于信中反复出现有关"三"的提示,我们可以猜测,柏拉图面对着第三波谣言:第一波谣言控制了狄奥尼修斯,第二波谣言控制了叙拉古人,第三波谣言很可能控制了希腊人,全希腊都在风传柏拉图背叛狄翁的谣言。柏拉图必须要为自己以及雅典做出辩护。于是,柏拉图第一次自称"雅典人",并作为狄翁的"同伴"和"盟友"发言。他说,自己之所以要到狄奥尼修斯那里,是为了用友谊代替争斗,但在与诽谤者们的对抗中,他失败了。狄奥尼修斯以荣誉和钱财诱使柏拉图做自己的证人和朋友,表明自己放逐狄翁有理有据,但柏拉图始终拒绝背叛狄翁。柏拉图没有说明这是他"第一次"还是"第二次"到僭主那里,但从情节上看,应该是指他的"第二次"。但是,柏拉图在后面讲述第二次西西里之行时,没有谈到诽谤者,也没有谈到狄奥尼修斯用荣誉和钱财拉拢自己,这恰好可以说明柏拉图这里的申辩意图。

雅典人柏拉图对狄翁始终忠诚,可杀害狄翁的凶手也是两位雅典人,柏拉图的自我辩护就通过与这两位凶手的对比展开。狄翁流放雅典时结识了两个兄弟,大概因为这两个兄弟在雅典曾招待狄翁这位客人,共同参与秘仪,并帮助他回到西西里,他们便成了狄翁的朋友和同伴。因此,这两个雅典人和狄翁并非哲学意义上的朋友,而是庸常意义上的朋友。这两兄弟随狄翁到了西西里,他们看到,西西里人指控狄翁阴谋当僭主,于是他们就背叛了狄翁这位同伴和异乡人,亲手杀害了他。两个雅典人谋害同伴和异乡人,而谋害同伴可耻,谋害异乡人则不虔诚;[1]对于两

---

[1] 据普鲁塔克说,卡利普斯不仅在神面前做假誓,而且是在庆祝珀尔塞福涅(Persephone)女神的节日那天杀害了狄翁,而且当初又是他把狄翁引入密仪的,因而可以说是不虔敬之极。诸神很快就施与惩罚:卡利普斯不久被用来杀害狄翁的短剑所杀(《狄翁传》56节,58节)。

个雅典人的行为，柏拉图既不会原谅，也不会说什么，因为此事已经成了整个希腊世界的谈资，无需再说；①但假如有人说这两个雅典人为雅典城邦增添了羞耻，那么，柏拉图就要起而辩驳：雅典并不会因此而蒙羞，因为正是"他"这位雅典人置财富、荣誉于不顾，坚拒背叛狄翁——言外之意，"他"才是真正的雅典人。柏拉图对雅典的辩护有些出人意料，我们应该记得，柏拉图在讲述自己年轻时的经历时，自始自终没有提到雅典之名，只提到"城邦"和"我们的城邦"，而这座城邦充满了动荡、不义和礼法的败坏(324c2–325d6)。是什么迫使柏拉图为雅典辩护呢？柏拉图特别强调，两个雅典兄弟与狄翁结成朋友，不是基于哲学，而"他"与狄翁结成朋友，不是基于庸俗的交情，而是基于自由教养的纽带，这条纽带也就是共同的哲学追求。如果因为这两个雅典兄弟的所作所为而羞辱雅典，相当于羞辱柏拉图和哲学，因为柏拉图也是雅典人，而雅典是最能代表哲学的城邦。柏拉图对雅典的辩护也就是柏拉图的自我辩护和对哲学的辩护——稍后，柏拉图明确称颂雅典，"那里的人在美德上胜过所有人，而且他们憎恶那些杀害异乡人(即杀害狄翁)之徒的胆大妄为"(336d6–7)。尽管柏拉图暗讽雅典政治和礼法的败坏，但在他看来，雅典依然是最有美德的城邦，某些雅典人是最有美德的人。柏拉图对雅典的辩护和称颂说明，雅典非但没有因哲学而败坏，反而藉由哲学拥有了美德，正如苏格拉底所说，惟有通过哲学，才能达致真正

---

① 既然狄翁已是希腊全地注目的焦点人物(《书简四》320d4–5)，他的被杀当然会成为轰动希腊的公共事件，引发各种各样的议论。柏拉图同时代人的议论已不可考，但亚里士多德的《修辞学》在列举受害者的种类时，说到有些受害者是"我们已经控告过，而且早就和我们有分歧的人，比如卡利普斯对狄翁所行的"，并补充说，"这样的情形近乎于显得并非是害人"(《修辞学》1373a19)，而亚里士多德对"害人"(τὸ ἀδικεῖν)的定义是"有意违法伤害人"(τὸ βλάπτειν ἑκόντα παρὰ τὸν νόμον，《修辞学》1368b6)。由此来看，或许当时有人认为卡利普斯谋害狄翁并非有意的违法行为。

的美德(参《王制》619c7–d1)。在此意义上，普鲁塔克赞成地说，雅典既养育最有美德的好人，也养育最恶劣无耻的小人，正如雅典的土地既出产最甜的蜂蜜，也出产最致命的毒芹汁(《狄翁传》58节)。

借着与两位雅典人的对比，柏拉图向我们展示了两种朋友：一种是以普通的伙伴关系、庸俗的交情结成的朋友，正如大多数人的友谊；另一种是通过哲学、自由教养的纽带结成的朋友，正如柏拉图与狄翁的友谊。狄翁的被杀表明，前一种朋友非常不可靠，不能够作为权力的同盟，后一种朋友忠实可靠，绝不会因钱财和荣誉或者谣言而背叛朋友。柏拉图曾建议狄奥尼修斯寻求齐心追求美德的朋友(332d4)，这里表明，柏拉图和狄翁就是因对美德的共同追求结成的朋友，因此，狄奥尼修斯应当寻求柏拉图式的朋友，而且只应信任柏拉图式的朋友，因为一个有理智的人只应信任通过哲学结成的朋友。但是，鉴于狄翁与两位雅典兄弟也是朋友，我们不妨问：狄翁是否是有理智的人呢？

给收信人的建议(334c3–337e2)

狄翁两次解放城邦，又两次把城邦交给叙拉古人。但城邦并没有感激狄翁，反而和狄奥尼修斯一样猜忌狄翁，认为狄翁想要当僭主。在说服狄翁与狄奥尼修斯结成朋友之后，柏拉图仍然面对着多数人的质疑：叙拉古人仍然认为，狄翁所做的一切都是为了取代狄奥尼修斯成为新僭主。为了破除这个谣言，柏拉图必须要在多数人面前为狄翁做出最有力的辩护。因此，柏拉图给收信人的建议，既包含着对收信人的劝说，也包含着对狄翁的辩护。我们注意到，柏拉图在此向收信人提出建议时，最多地说到"人"(ἄνθρωπος)、"所有人"和"大多数人"(334e5, 335c5–6,

d2–3, e4, 336b2, b3–4, 336d6, 337d7),从而可以暗示"收信人"
所代表的灵魂类型。

人治与法治

柏拉图说,他刚才说的这一切都是为了建议"狄翁的各位朋
友和亲人"(φίλων καὶ συγγενῶν, 334c4)。柏拉图把"家人和同伴"
置换成"朋友和亲人",而且把"朋友"提前,并随后仅保留了
"朋友"(336c2)。"朋友和亲人"的关系显然比"家人和同伴"的
关系更亲密。鉴于柏拉图刚刚谈到什么是真正的朋友,因此,这
一称谓的变化似乎说明,柏拉图要以"建议"训导狄翁的"家人
和同伴"成为狄翁的"朋友",继承并实现狄翁的未竟之志。重新
界定了收信人的身份之后,柏拉图说他还要第三次重复那同一
条建议和同一条主张——他之前说过两次,如今对"你们"说是
第三次——这条主张就是:任何城邦(包括西西里)都不应受人主
(ἀνθρώπος δεσπότης)奴役,而应听命于法。

"人主"之治包含了一切属人的统治类型:大流士的王者统
治,老狄奥尼修斯的僭主统治,雅典的民主统治,甚至还有哲人
王的统治……与人主之治相对的是法治,但究竟是何种意义上的
法治?柏拉图在《书简八》中告诉我们,斯巴达是施行法治的城
邦典范。立法者吕库尔戈斯看到,阿尔戈和美塞尼的同室亲人抛
弃王政、改行僭政,结果毁灭了各自的城邦,于是他用长老制和
督察官制来约束王者的权力,斯巴达历经数代还安然无恙并享有
盛名,这全是因为:

> 法成了人们至高的王,而不是人们成了诸法的僭主
> (νόμος κύριος ἐγένετο βασιλεὺς τῶν ἀνθρώπων, ἀλλ᾿ οὐκ ἄνθρωποι
> τύραννοι νόμων)。(《书简八》354b8–c2;比较《书简七》
> 332b5–6)

"城邦不应受任何人主奴役",并不是说城邦不需要统治者,而是说统治者也要受法统治——王者与僭主的关键区别便在于是否臣服于法(《书简八》355e1–3)。似乎悖谬的是,法高于所有人,因此也高于哲人王的统治;法当成王,而不是哲人成王。在此,柏拉图回到了《书简七》开头提到的那个意见:自由与法。柏拉图说,狄翁从年轻时便认为"叙拉古人应该享有自由,受那些最好的法治理"(324b1–2),但柏拉图随后没再提到自由和法,甚至在描述年轻的狄翁时(327a–b),也丝毫没有提到这一意见,柏拉图反而告诉我们,哲人王的统治是狄翁当初秉持的想法(328a–b)。相比于作为"想法"的哲人王统治,自由与法只能落入"意见"的领域。在柏拉图看来,由哲人依据智慧来统治城邦是最好的统治,当这种统治不能实现时,法的统治便是最好的了。这暗示,在狄奥尼修斯被逐、狄翁被杀之后,西西里不再可能实现智慧的统治,只能退而求其次,追求自由和法的统治,以免重受僭政奴役。

如《书简八》所说,奴役城邦的人实际是"众法之僭主",而在大多数人眼中,"僭主"是最快乐的人。不应奴役城邦对应着僭主的生活为什么不可取的问题。柏拉图解释说,对奴役者和被奴役者而言,对他们自己及其后世子孙而言,如此奴役并不更好。显然,关键问题在于,向那些想要奴役城邦的人说明奴役城邦会带来什么样的坏处。柏拉图进一步解释说,试图奴役城邦等于自取灭亡,只有禀性渺小和卑屈的灵魂才会抢着奴役城邦,视之为一种"好处",这是因为这些灵魂不知道两种善和正义:来世的属神的善和正义,今世的属人的善和正义。简言之,正是由于灵魂对善和正义的无知,人们才会去追求奴役城邦(比较336b5–c1)。按照某种说法,要认识善和正义,必须要认识善的理式和正义的理式,而《书简七》后半部分的哲学离题话也的确讨论到如何认识善和正义(见342d4–5)。不过,柏拉图在这里并没有转向哲学，而是回到了"那些古老而神圣的说法"。

灵魂不死

柏拉图现在才告诉我们，他所谓的"第三次"是什么意思：他同样的话已经说过三次，第一次是劝狄翁，第二次是劝狄奥尼修斯，如今是第三次来劝"你们"；他还期望"你们"念在"第三位救主宙斯"(Ζεύς τρίτος σωτήρ)的份上接受劝告，宙斯由"异乡人的保护神"(329b4)变为第三轮祭酒的对象"救主"(另见340a3–4)。在数字序列上，"第三"对应着"第三位救主宙斯"，由此成为神性的序数，意味着更稳固、更完满、更幸运。宙斯是这第三拨听众的庇护者，他们或许会接受柏拉图的劝告，反言之，柏拉图正因为极不确定他们会接受劝告，所以才要请宙斯出面。为了说服收信人听从这一建议，柏拉图对比了狄翁与狄奥尼修斯的命运，并把狄奥尼修斯置于狄翁之前：

> 前一位不听劝，因而现今活得并不高贵；后一位听劝，
> 因而死得高贵。(334d8–e1)

假如收信人接受柏拉图的劝告，便面对着生与死、高贵与卑贱的抉择。高贵的死与卑贱的生，孰更美好？狄翁接受了柏拉图的劝告，寻求以最好的法统治叙拉古，却因此身死命殒，这岂不会令大多数人逃避柏拉图的劝告？为此，柏拉图必须要证明生并不比死更好。首先，就肉身来说，凡人终有一死，这一自然的规定使得大多数人虚妄地认为，肉身不死便是真正的幸福——贪生怕死是大多数人的本性。柏拉图辩驳说，幸福基于对好和坏的体验，但好和坏属于灵魂而不属于肉身，没有灵魂的生命也就谈不上什么坏和好，因而也就没有幸福而言。其次，"必须永远真正地相信那些古老而神圣的说法"：灵魂是不死的，灵魂在肉身死后

脱离出来，并遭受审判；一个人今世行不义，必然会在死后受到最严重的惩罚，因此，"与犯下极大的罪行和不义相比，承受这些罪行和不义的坏处更小"。简言之，人宁可死得高贵，也不可活得卑贱，否则来世必将遭受惩罚。狄翁的死之所以高贵，是因为他并不试图奴役城邦，而是寻求对自己和对城邦最美好的东西，两次解放城邦又两次把城邦交还给民众。正如柏拉图后来所说，狄翁从未沉迷于权力，"而是追求无须最少的死亡和流血就能实现政制，制定最公正和最好的法律"（351c1-5）。

不听劝的狄奥尼修斯无疑代表着"那贪财但灵魂贫乏的人"。柏拉图以极其形象化的语言描述说，这样的人并不相信灵魂不死和死后审判，他们毫不羞耻地抢掠一切能满足自己欲望（吃、喝、性）的东西，好比一头野兽。财富是满足欲望的主要手段，所以，灵魂中欲望的部分又被称作"爱财的部分"，这些贪财而贫乏的灵魂就是苏格拉底所说的由欲望主宰的"僭政的灵魂"（《王制》577e-578a）。可以想象，这样的人为了最大程度地满足自己的欲望，当然会试图奴役城邦，驱使整座城邦服务于自己的欲望，"僭政的灵魂"必然导致"僭主"。柏拉图讽刺说，这样的人看不到自己所行的不义伴有多么大的坏处，因为他必将背负着洗刷不掉的不虔敬，他死后的旅程将毫无颜面又凄惨透顶。这无疑是对那些试图奴役城邦者的警诫。

柏拉图并未对灵魂不死进行理性论证（如《斐多》），或者讲述灵魂审判的神话（如《王制》《高尔吉亚》的结尾），而只是说：相信既有的那些古老的说法，相信那些古传的伦理。柏拉图假定，收信人了解或熟知这些说法，并要求他们在当前的危难情势下持守这些说法。在《书简七》乃至整部书简中，只有这里说到了灵魂不死。在《书简七》结尾对狄翁的悲悼中，柏拉图没再提及狄翁死后灵魂的旅程，只是说狄翁"长眠于墓中，给西西里蒙上无尽的哀恸"（351e1-2），甚至在《书简八》中，柏拉图假托狄翁之名给予全体叙拉古人建议，这相当于让狄翁死后复活的一幕并不涉及灵魂——柏拉图说："倘若他[狄翁]还活着，而且能够开言的话，我将代他解说"（《书简八》355a4–5）。柏拉图在这里说到灵魂不死有着特殊的含义，那便是劝说"狄翁的各位朋友和亲人"效法狄翁，实现西西里的自由和法治。

狄翁的遗愿

柏拉图进一步比较了狄奥尼修斯与狄翁原本可能实现的政治图景。狄奥尼修斯握有最大的权力，却不愿践行正义，柏拉图设想：

> 要是哲学与权力在他的王国真正结合的话，万丈光芒将会照耀所有希腊人和蛮族人，并在所有人心中充分确立那一真实的意见，即：没有哪个城邦或人能变得幸福，除非他凭借睿智在正义的指引下度过一生，不论他自身拥有[睿智和正义]，还是因虔敬者们的统治而在性情方面得到了恰当的培育和教养。(335d1–e1)

正因为世上没有哪个城邦实现了哲学与权力的结合，所以，如果狄奥尼修斯能够成就这一结合，他便是世上唯一的"哲人王"，并将成为引领希腊世界和蛮族世界的光芒。①柏拉图似乎期望西西里不仅成为哲学之邦，还应当成为世界性的哲学帝国，以哲学弭平希腊人与蛮族人的界限，并使所有人秉持同一个真实的意见（用今天的话说，提供给全世界一个普世价值）：城邦或个人

---

① "正是在这一城邦中（按：指西西里）和在它的支持下，柏拉图认为他能够为全体希腊人做某些事情，这些事情也就是几个世纪后穆罕默德为他的阿拉伯民族所做的：确立无论巨细的习俗，特别是规定每个人的日常生活方式。"见尼采，《朝霞》条496。

要变得幸福，必须要凭借睿智，并接受正义的指引。睿智与正义的紧密关系呼应了《书简七》开头所言：藉由真正的哲学，才能看清城邦的正义和个人的正义。不过，柏拉图还是区分了两种可能：要么自身拥有睿智和正义，要么受到虔敬的统治者的教育，前者对应于哲学式生活，后者对应于宗法式生活。

狄奥尼修斯并没接受柏拉图的劝导，这些辉煌的政治图景于是流为幻影。这带给柏拉图莫大的伤害。不过，从流放中归来的狄翁或许可以实现另一种辉煌：

> 倘若狄翁执掌王国，他无论如何都不会转向其他统治形式，而是会像下面这样：首先转向叙拉古，他自己的祖国，解除她所受的奴役，洁净并赋予她自由的装扮，然后他会尽一切手段，以适宜的和最好的法来管束城邦民；接下来，他热切想要做的就是殖民整个西西里，把西西里从蛮族人手中解放出来，驱逐一部分蛮族人，再比希耶罗更轻松地驯服余下的蛮族人。(335e5–336a8)

狄翁的统治将贯彻自由与法：赋予叙拉古人自由，并以最好的法来统治叙拉古人。殖民西西里则是为了使西西里人免受蛮族人奴役，[1]这显示出两种政治图景的根本差异：狄奥尼修斯可能建立的哲学帝国要抹除希腊人与蛮族人的界限，狄翁的统治却绝不是哲学性的，而是有极强的现实针对性，他坚持希腊人与蛮族人的界限，并试图超克蛮族人（比较332e3–333a5），由此提醒我

---

[1] Edelstein认为，当时的西西里尚不需要大张旗鼓地殖民，自狄翁死后至狄奥尼修斯复辟、最终被放逐的十年间（公元前354–前344年），西西里各派混战，遂使一些城邦人烟绝灭，因而才有殖民的迫切需要。换言之，柏拉图不可能在十年前预见到西西里亟需殖民，所以《书简七》不可能出自其手。见《柏拉图的〈书简七〉》，前揭，页32–39。

们，狄奥尼修斯的哲学帝国是何其不现实。因此，两种政治图景已经反映出智慧的统治与法的统治之间的差异，亦即柏拉图接下来说到的"第一好"与"第二好"。

柏拉图把狄翁可能施行的统治归诸一个正义、勇敢、节制、爱智慧的男子汉。柏拉图列出的四种品质恰是苏格拉底在《王制》（427e）中提出的"四枢德"，而且"爱智慧"（φιλόσοφος）比"智慧"（σοφός）更明确地指向哲学。这样一位至善之人的统治或许算得上"哲人王"了吧，但柏拉图说，这一至善之人只能使"大多数人"获得有关美德的同一个意见，而狄奥尼修斯能使"所有人"获得这一意见，至善之人可能取得的政治成就仍然输于狄奥尼修斯。我们不禁要问，狄奥尼修斯具有这四种美德的任何一种吗？倘若不，狄奥尼修斯如何能使所有人形成对美德的意见呢？这岂不正表明"哲学与权力"在狄奥尼修斯身上的结合并不可能吗？

狄翁的遇害使得这些可能实现的政治图景焕然崩解，那些杀人凶手给柏拉图造成了同样的伤害。当然，柏拉图在此描述狄翁的政治谋划，是为了敦促收信人继承狄翁未竟的遗愿；描述狄奥尼修斯的哲学帝国，则或许是为了训诲收信人中潜在的"君主"谋取更大的成就。假如有新的狄翁或新的狄奥尼修斯出世，以上图景便成为叙拉古未来"应然"的目标。然而，如今的叙拉古深陷内乱，惟有靠极其现实主义的对策才能化解困局。对于狄翁被杀后的局势，柏拉图解释说，也许是因为某位精灵或复仇女神的降临，叙拉古处处是不守法、不信神，还有由无知引发的胆大妄为（τόλμαι ἀμαθίας）。这呼应了苏格拉底的著名论题：没有人自愿犯错，人犯错是由于无知（见《普罗塔戈拉》358c–d，《美诺》78a，《高尔吉亚》468c，《法义》689a–b；色诺芬，《回忆苏格拉底》卷三，9.4）。在当前语境下，这一"无知"便是柏拉图刚刚说到的"不知道来世和今世那些属神和属人的善和正义"（334d3–5），亦即不知道灵魂不死以及死后审判等，"那些杀害异乡人之徒"因此才会胆大妄为(336d7)，覆灭了狄翁可能实现的政治图景。

内乱中的立法

面对当前的危难处境，柏拉图终于正式向收信人给出建议，他说："眼下，为了有个好兆头，我们这第三次要说些吉利话"。倘若柏拉图要给出的建议只是口头的"吉利话"——类似于言辞的祈祷(《书简八》352e5–6)——那就表明，柏拉图并不期待这一建议会得到采纳并付诸实施，在"不守法、不信神"和"胆大妄为"的当下，"这第三次"很可能又如泡影一般，所以整封书简迟至这时才给出收信人所要求的建议。既然政治的成功取决于友谊(325d1–2)，柏拉图便首先建议狄翁的"朋友们"效仿狄翁对祖国的热爱和节制的生活方式，并依照更吉利的预兆努力完成狄翁的遗愿。柏拉图已经说过狄翁的遗愿：让叙拉古自由，以适宜的和最好的法律来治理城邦(335e5–336b2，另参351a1–5)。显然，要继承狄翁的遗愿，必须先认同狄翁的生活方式，通过效仿狄翁对祖国的热爱和节制的生活方式，收信人才能成为狄翁真正的朋友；那些不能恪守多里斯人祖传的生活方式、反而效仿杀害狄翁的凶手们与西西里人的生活的人，就是伪朋友和不可靠的同伴——柏拉图早已辨明，杀害狄翁的凶手就是这类伪朋友的代表(333e1–6)。柏拉图奉劝狄翁的朋友们，要远离这类伪朋友，不要以他们作为政治上的同盟，同时，他们还要从西西里和伯罗奔半岛各地邀请人为西西里的殖民和公平出谋划策，柏拉图强调，一定要邀请雅典人，因为那里的人在美德上最卓越。无疑，柏拉图就是这样一位雅典人。

当初，狄翁选择过一种节制的生活，是因为他更热爱美德而不是享乐(327b3–4)，他的这一转变是缘于柏拉图的教导；如今，柏拉图只劝导狄翁的朋友们恪守多里斯人祖传的生活方式，并未指引他们追寻最好的生活方式，也就是说，柏拉图并未指引他们追求哲学和美德。多里斯人最优秀的代表是斯巴达人与克里特人，西西里虽然是多里斯人的殖民地，但早已抛弃祖传的生活方式，日益沦落、纵欲和骄奢，因此，恪守多里斯祖传的生活方式便是回到未被败坏的礼法。《法义》中的雅典异乡人与两位多里斯人的对话表明，多里斯祖传的礼法和生活方式并不如多里斯人所以为的那样完美（尤参《法义》卷一），其中最根本的原因是，多里斯人缺少哲学。所以，在当前的政治态势下，仅仅从西西里和伯罗奔半岛各地请人出谋划策并不足以完成立法，他们还需要雅典人的智慧和美德。

不过，西西里的殖民和公平并非当前最紧要的问题，而且尚不具备实现的条件，因为"内乱中每天涌现的众多的各种争执正催迫着你们"。柏拉图由此向我们揭开了《书简七》当下的政治处境——内乱与分裂。柏拉图笔下的苏格拉底曾说：对一个城邦而言，搞分裂、化一为多是最大的恶，把城邦连接起来、化多为一则是最大的善（《王制》462a9–b1)，当城邦表现得最像一个人的时候，那就是治理得最好的城邦，因为每个公民都感受到相同的快乐和痛苦（《王制》462c–d)。《法义》中的雅典异乡人也说，内乱是最坏或最严酷的战争，比对外的战争还糟糕（《法义》628bc, 629c, 630b)，内乱始终是一个城邦的"痼疾"（《法义》744d4–5)，制造内乱的人是"整座城邦最大的敌人"（《法义》856b6 7)。柏拉图年轻时亲身经历过城邦的内乱，初到西西里时他便预言，受欲望主宰的城邦必然不断发生内乱，等他再次到叙拉古时，果真发现这个城邦处处是内讧，处于分崩离析之中（329b8–c1)。如《书简八》所述，如今西西里的这场内乱牵涉到两方势力：一方是以狄奥尼修斯为首的僭主派，他们在丧失僭主权力后，想要再次夺取权力；另一方是以"狄翁的家人和同伴"为骨干的民主派，他们想要彻底脱离僭政，实现自由（《书简八》352c5–8)。两方相互僵持，"一些人试图寻衅,另一些人则试图报复那些寻衅者"(《书简八》352d6–e1)。

面对西西里的这场内乱,柏拉图给出了非常具体的建议,但他的建议与其说是专门针对西西里,不如说是针对所有内乱。柏拉图劝告说,凡上天赐予了一丁点儿正确意见的男子汉都应当认识到,内乱各方所遭受的不幸不会止息,除非胜出的一方(οἱ κρατήσαντες)停止以流放和杀戮滋生仇恨,也停止报复仇敌。如果不然,两方必然陷入伤害与报复的循环,最终毁灭彼此(见《书简八》352d6–e5, 353d6–e2)。为此,如果哪一方碰巧征服了另一方,胜利者便必须学会自制,订立不偏不私的法律,并以两种强制手段强迫战败者遵守法律:敬畏和恐惧。显然,仅靠法律并不足以免除内乱,还必须用某种强制手段来强迫被征服者遵守法律:若是胜利者更强盛、更有实力,便能震慑战败者,让他们深感恐惧;若是胜利者更愿意也更能顺服于法,且超出自己的快乐,则能受到战败者的敬畏:"敬畏是一位女主人,靠着它,我们自愿受当时的那些法律奴役"(《法义》698b6,另参《法义》647a8–b1)。

如何才能订立不偏不私的法律呢?当然是首先遴选立法者。柏拉图紧接着说,胜利者要从全希腊选出他们所知的最优秀的希腊人,这些人要上了年纪,家中有妻儿,祖上德高望重,而且还有殷实的家产;把这些人请到西西里后,要命令他们立法,并起誓不偏向征服者、也不偏向被征服者,对整个城邦予以平等和共享(ἴσον καὶ κοινόν)。这些立法者不是最智慧的人,却是最保守的有产者;他们订立的法律未必是"适宜的和最好的法律",但能保证城邦内部各派政治势力的均等,可解内乱之忧。立法之后的关键问题在于法律如何维持自身的权威,故柏拉图要求胜利者要做到比失败者还服从法律,只有这样,城邦才可能得到拯救和幸福,否则必然在无休无止的内乱中沉沦下去。柏拉图主张通过立法达到胜利者与失败者的制衡,他并不主张让胜利者彻底消灭失败者，这或许因为，胜利者自身不是最优秀的希腊人，所以才要邀请他们听说是最优秀的希腊人来立法。《法义》中的雅典异乡人曾以家庭内的冲突来比拟城邦的内乱：同一父母所生的兄弟中多数是不义的，少数是正义的，假如他们起了冲突，该如何调解呢？雅典异乡人提出了三种方案：第一，扶植一方消灭另一方，即消灭差的一方，让好的一方统治自己；第二，保留差的一方，让他们自愿服从好的一方的统治；第三，奠立法律，使两方兄弟和谐共处（《法义》627e3–628a3）。①三种方案都可以消除冲突，但孰者最优？消灭差的一方显然不如保留差的一方，因为，"既然能够利用说服的办法使人活活地顺从，谁还会想要把人置于死地呢？"（色诺芬，《回忆苏格拉底》卷一，2.11）。让好的一方统治坏的一方，类似于贵族制的统治，不啻为最佳方案，通过法律使两方友好相处则只能算次好方案。至于柏拉图本人调解内乱的方式，我们可以说，他采取了雅典异乡人所说第三种方案，而没有采取最佳方案。

智慧与法

柏拉图称，以上所说是狄翁和自己为了叙拉古人试图联手施行的计划的姐妹（ἀδελφά），只不过是"第二个"（δεύτερα），"第一个"（πρῶτα）则是：柏拉图、狄翁和狄奥尼修斯三者合作，一起实现泽被所有人的共善（πᾶσιν κοινὰ ἀγαθά），②但某种比人更强大的机运破坏了这一方案。柏拉图称这两个计划是一对姐妹，既然是姐妹，则彼此最为近似，而且共有某种血缘纽带。第一个计划要求智慧与权力的结合，进而实现智慧的统治，第二个计划只

---

① 见Leo Strauss，《柏拉图〈法义〉的论证和情节》(*The Argument and the Action of Plato's Laws*)，Chicago: The University of Chicago Press, 1975, 页5。

② 关于πᾶσιν κοινὰ ἀγαθά，见L. De Blois，"《书简七》笔记若干"(Some Notes on Plato's Seventh Epistle)，*Mnemosyne* 32: 1979, 页269–270。

要求通过法律来实现拯救和幸福，在柏拉图政治哲学的问题域中，"第一"与"第二"实际对应着价值意义上的"最好"与"次好"。①

除了《书简七》，柏拉图只有另外两部对话谈到"最好"与"次好"的区别。在《治邦者》中，异乡人称，"最好的不是法治，而是人治——有智慧的王者的统治"（《治邦者》294a6–8），法律不能准确理解什么对所有人同时最好也最正义，也不能施予所有人最好的东西，因此，唯一正确的政制是智慧者的统治；其他政制都依赖于成文的法律，这尽管不是最正确的，但值得赞许，因为，如若祛除了第一等（τὸ πρῶτον）最正确、最美的政制，第二等（δεύτερον）就是这依赖法律的政制（《治邦者》297d3–e6）。

在《法义》卷五，雅典异乡人在探讨完法律的序曲之后，假托立法者之名向一个新殖民地的聚居者发言，他说，要建立一个"次好的城邦"（πόλις πρὸς τὸ βέλτιστον, 739a4–5），必须先弄明白，在美德方面，什么政制分别位居第一、第二和第三。第一等的政制和最好的法要求取消任何私人性的物品，实现绝对公有，比如，要公有女人、孩子和财产，还要公有身体和情感，让每个人的眼睛、耳朵、手共同观看、共同聆听、共同行动，让每个人同悲同乐，如此才能使城邦最大程度地接近同一，但是，这样一座最好的城邦并不存在于人间，只有神们或神们的儿子们才能住在其中，我们不应在别处寻找这一政制的典范，而应该寻找最可能接近这个政制的政制，这就是第二等的政制（ἡ μία δευτέρως）（《法义》739b8–e4）。②

雅典异乡人所说的"第一等的政制"类似于《王制》中所谋

① J. Harward，《柏拉图书简》，前揭，页14；G. Morrow，《柏拉图书简》，前揭，页160以下。
② Leo Strauss，《柏拉图〈法义〉的论证和情节》，前揭，页74–75。

划的绝对公有制(《王制》卷五)，由此带来一种颇为流行的看法，即认为：《王制》关注第一等的、最好的政制，亦即哲人王的统治，而《法义》关注第二等的、最好的实际可行的政制，亦即法的统治。《书简七》最不寻常之处在于，柏拉图同时宣扬了哲人王的统治与法的统治，第一等政制与第二等政制结成了姐妹。①柏拉图、狄翁和狄奥尼修斯三者合作是"第一好的计划"，这预示着，只有最高的智慧与最高的权力汇集在一起，一位拥有僭主般权力的立法者才能建立最佳政制(《法义》711e8–712a3, 739a)。但是，智慧和权力注定不太可能携手并行，两者的结合依赖人力不可企及的机运。智慧总是难以达成统治，这就是我们必须选择第二等的政制的原因。柏拉图的"第一好的计划"落空了，但"第二好的计划"成功了吗？他希望狄翁的朋友们借着某种好运和神意更幸运地实现这一计划，但事实表明，狄翁的朋友们并没有采纳柏拉图的建议。

考诸史书，狄翁死后的十年间(公元前354–344年)，叙拉古数易其主，各派交相混战。卡利普斯的统治只维持了一年，其后，老狄奥尼修斯之子亦即狄翁之侄希普帕西努斯、努萨乌斯(Nysaeus)又先后统治八年，至公元前346年，流亡在外的狄奥尼修斯率兵再度入主叙拉古。其时，迦太基人伺机侵袭西西里，西西里的希腊人遣使到希腊，向科林斯人乞援，科林斯人派遣老贵族提摩勒昂(Timoleon)入叙拉古。提摩勒昂有赖诸多好运和神意，历八年之功(公元前344–336年)，解除了迦太基人的军事威胁，又彻底绝灭了西西里的僭政：他逼使狄奥尼修斯于公元前344年交出卫城、自愿流亡科林斯，之后还摧毁了阿波罗尼亚

---

① V. Bradley Lewis, "《书简七》与柏拉图政治哲学的统一性" (The Seventh Letter and the unity of Plato's Political Philosophy), *The Southern Journal of Philosophy* (38) 2000, 页231。

（Apollonia）、李昂提尼、卡塔纳（Catana）等地的僭政。提摩勒昂赋予整个西西里以自由，还请流亡在外的叙拉古人和希腊人前来充实西西里的人口……这些事迹与柏拉图对收信人的建议颇多吻合，似乎反过来证实了柏拉图的远见卓识。在机运和神意支配的历史中，柏拉图的期许最终在提摩勒昂身上得到了实现，不过，柏拉图早在公元前347年便去世了。

四、柏拉图的哲学审查(337e3–345c3)

至此，柏拉图结束了他的建议和吩咐($\sigma\upsilon\mu\beta o\upsilon\lambda\grave{\eta}$ $\kappa\alpha\grave{\iota}$ $\grave{\epsilon}\pi\iota\sigma\tau o\lambda\acute{\eta}$)，[①]
也结束了他初访狄奥尼修斯的故事。按照之前的允诺，柏拉图开
始讲述他的第二次西西里之行。向收信人给出建议之前，柏拉图
便允诺要讲述此事：

> ……此后，我离乡远行，应狄奥尼修斯热诚之至的召请
> 再次到了那里。我的理由以及我的所作所为是多么合理和正
> 当($\epsilon\grave{\iota}\kappa\acute{o}\tau\alpha$ $\tau\epsilon$ $\kappa\alpha\acute{\iota}$ $\delta\acute{\iota}\kappa\alpha\iota\alpha$)，在建议你们于当前事况下应当怎么
> 做之后，我再来一一道明，以便[答复]那些一再询问我为何
> 愿意第二次去的人，免得我把附带的事当成了要说的正事。
> (330c1–8)

柏拉图之所以讲述第二次西西里之行，是为了"答复那些
一再询问我为何愿意第二次去的人"，柏拉图由此提醒我们，他

[①] 作为"吩咐"的$\grave{\epsilon}\pi\iota\sigma\tau o\lambda\acute{\eta}$亦表示"书简"，因此，我们也可以把柏拉图的话语理解为
"我的建议和书简在此结束了"。$\grave{\epsilon}\pi\iota\sigma\tau o\lambda\acute{\eta}$表示"吩咐、消息、命令"，可见《蒂迈
欧》71d5，《克里提亚》119c5。

的第二次西西里之行备受质疑。个中原因在于，这次出行是应僭主狄奥尼修斯个人的热诚邀请，而不是像上一次是应狄翁的邀请（327d7–328b2）。第二次西西里之行体现出哲人与僭主紧密而复杂的关系，从而使得很多人（包括我们）想知道：既然狄奥尼修斯之前并未接受柏拉图的劝导，为什么他现在又要邀请柏拉图到西西里？既然柏拉图之前已经见证了狄奥尼修斯的僭主品性，为什么他现在又要接受狄奥尼修斯的邀请？何况狄翁已被狄奥尼修斯流放，柏拉图这么做不是投靠僭主、背叛狄翁吗？难道柏拉图真的是"僭主的谄媚者"？在作为收信人的"狄翁的家人和同伴"看来，柏拉图的这一行为是可疑的；在作为读者的我们看来，柏拉图的这次出行则使哲人蒙上了谄媚僭主的恶名。因此，柏拉图讲述第二次西西里之行无疑有着明确的申辩意图：辨明自己与僭主在哲学与政治上的关系，同时表明自己从未背叛狄翁。相对于给予收信人所要求的建议而言，这一申辩的确是"附带的事"。

《书简七》后半部分揭示了柏拉图第二次西西里之行的"理由"和"所作所为"，并先后辨明了他与狄奥尼修斯哲学上的关系（340b1–345c3）、与狄奥尼修斯政治上的关系（345c4–350b5）。在正式开始讲述这次旅程之前，柏拉图重申了他的意图：

> 至于后面那次旅程和航行发生地多么合理（εἰκότως），同时又多么适宜（ἐμμελῶς），想要听一听的人接下来可以如愿了。（337e4–6）

我们注意到，柏拉图把"合理和正当"（330c4）置换成了"合理和适宜"。"适宜"与音乐密切相关：ἐμμελῶς的词根为μέλος[乐调]（即melody的词源），其最字面的含义为"合调、和谐、动听、优雅"（见《王制》581b3–4，《斐德若》278d5等处），由此也引申为"适宜、谨慎"。①此词暗示出，柏拉图的第二次西西里之行将如一首乐曲一样动听（因而掺入了"诗"的成分？），而且柏拉图没有任何不恰当的、过分的行为，他清楚地意识到自己在做什么。在此意义上，"适宜的"就是"正当的"，但柏拉图以"适宜的"代替"正当的"，或许因为第二次西西里之行的"正当"非同寻常。②同时，柏拉图之所以拖到现在才来讲述第二次西西里之行，大概是期望多数人在聆听了"建议"之后忘记他之前的允诺，不再追问他"为何愿意第二次去"——这些人会起身离开，最后只留下那位"想要听一听的人"。柏拉图当前的申辩针对着这个执着的听众，所以自337e3以下，柏拉图只说到一次"狄翁的家人和同伴"（338a2），而且没再说到"你们"。

迟至《书简七》的结尾，柏拉图又说到讲述第二次西西里之行的原因：

> 至于我为什么要接着讲第二次西西里之行，是因为所发生的那些事荒诞不经、有乖情理（ἀτοπία καὶ ἀλογία），我觉得必须得（ἀναγκαῖον）说一说。所以，如果谁觉得现在说的更富情理了（εὐλογώτερα），如果谁认为所发生的那些事有了足够的因由，对我们而言，现在说的这些就算说得合适和足够了。（352a2–7）

---

① Peter Kalkavage的《蒂迈欧》译本将此词译为musically，并释为"一个人与谦虚、明断、礼节的要求'合调'或'合节奏'"，反义词πλημ–μελλῶς[走调、犯错]便是"不谦虚，缺乏判断，不知道自己应处的位置"，因而名词形式πλημ–μέλεια可指任何不恰当的举动或僭越（如《苏格拉底的申辩》22d8）。见*Plato's Timaeus*, Peter Kalkavage译, Focus Publishing, 2001, 页141。
② 与此相应，《书简七》后半部分提到"正义"的次数明显少于第一部分，仅有三见（342d5, 344a5, 347d4），而前半部分至少提到了十多次。ἐμμελῶς亦见于341e5，彼处强调给每个人相宜的东西。

柏拉图最后强调,第二次西西里之行原本荒诞不经、有乖情理、缺乏因由,但柏拉图没有说明,这是他本人的看法,还是说某些人觉得如此。柏拉图同时表明了他的讲述的目的:帮助我们(兴许也包括"柏拉图"?)理解荒诞不经的第二次西西里之行,发现其中的因由。柏拉图的最后之言与他前面两次声称有何关联?恐怕要等到倾听完他的讲述,我们才能有所体会。

狄奥尼修斯的哲学爱欲(337e3–340a7)

柏拉图对第二次西西里之行的讲述,并没有直接从第二次西西里之行开始,他回到上文的叙事线索,重新说到"我在西西里度过的最初那段时日"(ὁ μὲν γὰρ δὴ πρῶτος χρόνος τῆς ἐν Σικελίᾳ διατριβῆς)。这一说法与330b8–c1文辞上的相似表明,柏拉图回到了330b7所中断的对第一次西西里之行的叙述。据前文,狄奥尼修斯把柏拉图带进内城软禁起来,严禁柏拉图离开叙拉古,外界认为狄奥尼修斯已经尊奉柏拉图为师,但实际上他一直在顽拒柏拉图的哲学(329e1–330b7),这就是柏拉图"在西西里度过的最初那段时日"。之后,柏拉图竭力劝说狄奥尼修斯放自己离开——《书简七》前半部分只说到柏拉图如何来到叙拉古,从未说到柏拉图如何离开叙拉古(比较326b5–6与329b7)——碰巧西西里爆发战争,狄奥尼修斯忙于战事,自然无暇再顾及柏拉图。两人达成协定,狄奥尼修斯答应战争结束之后会派人请狄翁和柏拉图回来,他还请狄翁要想着只是迁居而不是被流放。有了这些承诺,柏拉图便答应会再来西西里。

借由这一和和气气的约定,柏拉图平安归家。西西里的战事告结后,狄奥尼修斯派人来请,叫柏拉图无论如何都要前来,但要求狄翁再等一年。这时,又是狄翁热烈地鼓动柏拉图应邀前往(比较327d8–328b1),因为从西西里传来许多消息,说狄奥尼修斯现在重又令人惊异地有了对哲学的渴望。狄翁显然对这些消息深信不疑——当初为了劝诱柏拉图来西西里，他就向柏拉图鼓吹过狄奥尼修斯对"哲学和教养"的渴望(328a2)。而柏拉图觉得，年轻人对哲学常有这样的变化，狄奥尼修斯有可能真的由拒绝哲学变得渴望哲学(关于年轻人的渴望，见328b4–5)；但柏拉图并没有为此激动不已、立即启程前往教育渴望哲学的狄奥尼修斯，因为他觉得"这时候不要理会狄翁和狄奥尼修斯更为稳妥"。于是，他以年老和不合约定为由，回绝了狄奥尼修斯的第二次召请，也回绝了狄翁的请求，结果却遭来了狄翁和狄奥尼修斯两人的怨恨。狄奥尼修斯对柏拉图的怨恨容易理解(见338e6–339a3)，但狄翁为何也会怨恨柏拉图？柏拉图在此将狄翁与狄奥尼修斯相提并论，从而给我们留下一系列悬念：为什么柏拉图现在不愿理会狄翁？难道回到雅典的柏拉图与正在流放的狄翁交恶？在《书简七》后半部分，柏拉图对狄翁多所诟病，甚至说他"以某种方式逼迫"(350c5)自己跟狄奥尼修斯交往。①这些不合情理之处令我们猜测，柏拉图在《书简七》后半部分展示了一个更实际或许也更真实的狄翁：被流放的狄翁希望通过柏拉图恢复自己的权势，所以他积极催促柏拉图前行，而柏拉图的推脱使他的计划落空，因而他会怨恨柏拉图；狄翁之后发动的远征，并非为了自由和正义，而单纯是为了报复狄奥尼修斯侵吞了他所有的财产(350d7–e2)。狄翁身位的这一下降，使《书简七》前后两部分显得极不连贯，由此也使柏拉图的第二次西西里之行显得"荒诞不经"和"有乖情理"。

从338c5的"此后"(τὸ μετὰ τοῦτο)开始，柏拉图的叙述风格骤

---

① 《书简七》前后对狄翁的描绘有着奇怪的反差。前半部分有限度地赞美了狄翁的哲学天分和哲学信念，后半部分则明确包含对狄翁的指责(如338c3, 350c5)。参见拙编《叙拉古的雅典异乡人》，前揭，页70。

变，他开始详细地解说狄奥尼修斯与哲学的关系，先说到狄奥尼修斯周围的哲学氛围，然后说到狄奥尼修斯的哲学天分和哲学渴望。柏拉图说，在拒绝狄奥尼修斯的第二次召请后，好像阿尔基塔斯到了狄奥尼修斯那里。①阿尔基塔斯是史上赫赫有名的毕达哥拉斯派哲学家、数学家、乐理家、机械制造师，也是南意大利塔兰特城的大帅(στρατηγός)，跟柏拉图交往密切：柏拉图有两封书简(《书简九》、《书简十二》)写给阿尔基塔斯，勉励阿尔基塔斯专注为城邦服务，而且还与他交换各自所写的著作。从《书简七》来看，柏拉图跟阿尔基塔斯以及塔兰特人的关系着实不一般。柏拉图称他们为"同伴"和"朋友"(339e2–3, 350a6)，而且在离开西西里前撮合他们与狄奥尼修斯结成了宾主之情和友谊，日后也是塔兰特的这帮朋友救助柏拉图离开了叙拉古(350a6–b3)。阿尔基塔斯到了狄奥尼修斯那里，意味着一个作为柏拉图朋友的大哲人到了僭主身旁。柏拉图紧接着不具名地提到叙拉古的许多"哲学爱好者"：狄翁亲炙过柏拉图，未经柏拉图许可，他便将自己听到的学说讲给一些人，这些人又讲给另一些人，如此口耳相传，这些叙拉古人脑中便充塞着许多对于哲学的误解(παρακούσματα κατὰ φιλοσοφία)。所谓的"哲学"在叙拉古流传开来，叙拉古似乎成了一个哲学化的城邦，尽管没有人(除了狄翁)亲受过柏拉图的教导，他们却自认为学到了柏拉图的哲学——柏拉图生造的动词παρ-ακούω[偏—听]既可以表示信息的源头不是

---

① 阿尔基塔斯生平事迹见拉尔修《名哲言行录》卷八第四章，其中辑录了阿尔基塔斯与柏拉图的两封书简。有多部著作归诸阿尔基塔斯名下，比如περὶ ἀρχᾶν[论开端]，περὶ τοῦ ὄντος[论存在物]，περὶ τοῦ παντὸς περὶ τῶν καθόλου λόγων[论关于理性的一切]，从标题可以看出，这些著作处理的是玄之又玄的形而上学。关于阿尔基塔斯在塔兰特的统治，可见Edwin L. Minar, Jr.《早期毕达哥拉斯派的政治》(*Early Pythagorean Politics*)，Arno Press, 1979, 页86–94; Kurt von Fritz,《南意大利的毕达哥拉斯派政治》(*Pythagorean Politics in Southern Italy*), Columbia University Press, 1940, 页94–102。

"正源"，也表示所听的信息偏离真实。外界认为狄奥尼修斯受过柏拉图的教导，完全听到过柏拉图的种种思想，于是就试图跟狄奥尼修斯谈论这方面的内容(διαλέγεσθαι τῶν περὶ τὰ τοιαῦτα)，也就是说，与狄奥尼修斯谈论柏拉图的哲学！

柏拉图之前已经澄清，狄奥尼修斯在卫城与柏拉图共处期间始终抗拒哲学，并未领受过柏拉图的哲学教导。但外界以为他是柏拉图哲学的"权威"，纷纷来和他切磋，这反倒激起了他的哲学渴望。柏拉图解释说，狄奥尼修斯具有一定的学习能力(339e4赞其εὐμαθῆ[善学])，能够领会并且"兴许"喜欢这些讨论，由此他开始渴望能听得更清楚明白。柏拉图还强调：狄奥尼修斯极其爱荣誉，他显然不愿承认自己并没有听过柏拉图的任何教诲，他还担心，柏拉图回绝他的邀请会让人认为柏拉图瞧不起他的天资、习性而且反感他的生活方式。在"爱智"和爱荣誉的共同作用下，狄奥尼修斯无论如何都要邀请柏拉图前来了。柏拉图后来证实，狄奥尼修斯"爱智"是假，爱荣誉是真，而且他不只爱政治上的荣誉，更爱哲学上的荣誉。狄奥尼修斯不只是政治意义上的僭主，还是哲学意义上的僭主——僭取哲人之名。①

狄奥尼修斯精心策划了他的第三次召请。他派了一艘三层桨的战船，还派来阿尔基塔斯的弟子阿尔基德莫斯(Archedemus)和西西里的其他名人游说柏拉图。②之所以遣阿尔基德莫斯前来，

---

① 普鲁塔克同样强调了这一点。因为柏拉图的原因，狄奥尼修斯在哲人们中间的名声很坏，为了消除这一坏名声，他在宫中集结了许多被认为学识渊博的人。爱荣誉的狄奥尼修斯试图在辩论中压倒这些人，因此不得不援引他道听途说而来的柏拉图学说。这令他再次思念柏拉图，自责没有趁柏拉图在时多多讨教，于是他说服阿尔基塔斯履行担保，前去邀请柏拉图(《狄翁传》18节)。关于爱荣誉的"伪哲人"，参见《王制》495c8–e8。

② 《书简二》被认为写于公元前364年或360年，亦即两次西西里之行的间隔期或第二次西西里之行之后，这封书简答复了阿尔基德莫斯代狄奥尼修斯提出的问题，并且拟交阿尔基德莫斯将此书简连同口信带给狄奥尼修斯。因此，阿尔基德莫斯相当于两人之间的信使，柏拉图还特别建议狄奥尼修斯要多派 （转下页）

是因为狄奥尼修斯认为，阿尔基德莫斯是柏拉图最推重的西西里人，阿尔基德莫斯的证词会比其他人更可信。狄奥尼修斯还给柏拉图送来一封长信，如柏拉图所说，这封信利用了柏拉图与狄翁的关系，提出以柏拉图来西西里作为解决狄翁问题的条件。柏拉图仅引述了信中有关狄翁的内容，并没有全文引述，因为"其他内容有些冗长，现在说并不合适"。柏拉图之前也引述过狄翁的书信，但只引了其中的一句话(327e3-5)。这里的引述显然是为了确凿地证明狄奥尼修斯的僭主本性(以狄翁的利益要挟柏拉图)，同时也为了强调狄奥尼修斯的召请并不是为了聆听哲学，因为狄奥尼修斯并未以自己的哲学渴望为由劝说柏拉图。[1]不过，柏拉图在此忽略的"其他内容"是否可能有关哲学呢？既然外界都传扬狄奥尼修斯在哲学上有了惊人的进步，狄奥尼修斯是否应当在信中向柏拉图炫示自己在哲学上的惊人进步，以便证实外界的传闻，令柏拉图信服？假如狄奥尼修斯在信中谈到哲学，向柏拉图提出了哲学问题(与《书简二》312d2-e4类似)，那么柏拉图为什么在此略去这些内容呢？[2]如果以上假设都不成立，狄奥尼修斯在信中只是以各种条件要挟柏拉图，柏拉图是否也应该由此明了外界的传闻不实，并彻底放弃第二次西西里之行？

阿尔基塔斯和塔兰特的人们也纷纷给柏拉图写信，称赞狄奥

(接上页注②)阿尔基德莫斯来他这里，如此狄奥尼修斯才能领会哲学(《书简二》310b4, 312d2-7, 313d4-344a1)。《书简三》则提到，柏拉图第二次到西西里时，在他准备启程离开叙拉古的二十天前，他与狄奥尼修斯在花园中有场交谈，当时阿尔基德莫斯恰好在场：能在僭主的花园出入，可见阿尔基德莫斯与狄奥尼修斯的关系非同一般(《书简三》319a2-4)。

[1] 这次引述特别展示了狄奥尼修斯给柏拉图写信的格式。柏拉图特别提到这封信的开头("狄奥尼修斯致柏拉图")以及惯常的问候，但这些细节似乎与当前的叙述无关。或者有其用意？是为了让我们注意柏拉图本人写信的格式？

[2] 在《书简二》中，柏拉图不仅与狄奥尼修斯谈论了哲学问题，还称赞狄奥尼修斯在辩证法上的"禀赋和言说的方法"($τὸ\ διαλεχθῆναι\ καὶ\ φύσει\ καὶ\ τῇ\ μεθόδῳ\ τῶν\ λόγων$)远远胜过其他人(314d3-4)。

尼修斯的哲学,还说如果柏拉图不去西西里,他们与狄奥尼修斯的友谊就会由此瓦解(可见他们的友谊并非出于哲学,而是出于政治利益的考虑)。柏拉图形容当时的情形说,从西西里和意大利来的人要把他拉过去,而雅典这边的人要把他推出去,说他不应背叛狄翁,也不应背叛塔兰特的这些异乡人和同伴(比较328c7–d2)。在外界的大肆鼓噪之下,柏拉图并没有盲从,而是有着自己的考虑。他觉得,一位年轻人误听到有关卓绝之事的言谈,而且本人又善学,由此产生对最好生活的爱欲,这根本不奇怪。在柏拉图看来,狄奥尼修斯产生对哲学生活的爱欲并非不可能,毕竟狄奥尼修斯是个善学的年轻人,正如当初的狄翁一样(327a6)。假如狄奥尼修斯真的爱上哲学,岂不就如柏拉图所希求的那样,"城邦中的当权者出于某种神意真正地爱智慧"(326b3–4),哲学与政治的结合不就实现了么?然而,极具反讽意味的是,《书简七》中哲学爱欲的唯一一次出现,不是用在柏拉图、狄翁身上,而是用在一个僭主身上。如果善学就能保证一个年轻人走向哲学,那么善学而不义之人也可以成为哲人了……但我们知道,聪明者未必爱智慧,聪明仅是爱智慧的必要条件之一,如柏拉图所说,爱智慧者必须与正义和美的事物有着天然的纽带并且亲缘(344a5–6),或如苏格拉底所说,善学只是哲人的诸多天性之一,此外还有大度、文雅,并且友待和亲近真理、正义、勇敢和节制,而如此多样的天性生在一个人身上极其罕见(《王制》487a2–5,490c9–11, 503b8–10)。

狄奥尼修斯的哲学爱欲尽管可疑,柏拉图还是抱有一线希望:万一传闻属实,放过这一机会必定会受后人讥笑,遭来千古骂名。柏拉图称自己"蒙上了这一考虑",或许是自嘲受这样的"精心算计"(λογισμός)所"蒙蔽",以致于做出错误的决定,忐忑不安地踏上了第二次航程。如今,柏拉仍心有余悸地称自己此行是"第三次致救主"——这第二次西西里之行极其凶险,柏拉图几近丧命，幸赖救主宙斯的拯救，他最终才能平安返回。至于"第三"，则暗合狄奥尼修斯的三次召请(338e5, 339a6, 柏拉图显然把第一次西西里之行时收到的召请也算在内，见327d7–8)，同时借指柏拉图的第三次穿越斯库拉海峡(345e1)。但柏拉图把自己的得救不仅归之于"神"，还归之于狄奥尼修斯。为什么要感激狄奥尼修斯？柏拉图解释说，许多人曾想杀他，是狄奥尼修斯加以阻拦，并在涉及他的事情上给予了应有的敬畏。我们从后文得知，柏拉图被逐出卫城后，确实有人威胁要杀他，但狄奥尼修斯并没有阻拦，最后是阿尔基塔斯和塔兰特的其他朋友出面向狄奥尼修斯求情，柏拉图才得以安全离开叙拉古(350a1–b4)。至于狄奥尼修斯的"敬畏"，则更是无从谈起，因为柏拉图详述第二次西西里之行的经历，是为了揭发狄奥尼修斯如何肆意侮辱了自己(345c1–3)。综上，我们有理由认为，柏拉图对狄奥尼修斯所谓的"感激"，不过是带有恨意的讽刺和挖苦，意在讥嘲狄奥尼修斯的不阻拦和不敬畏。但我们也要想到，尽管狄奥尼修斯多次欺弄柏拉图，却并没有想过杀死柏拉图(见350c7–d1)，毕竟爱荣誉的僭主极其怜惜自己的名声。

柏拉图的第二次启航不是为了实现对法和政制的构想，不是一次政治行动，而是一次哲学审查，更准确地说，是为了检验狄奥尼修斯是否产生了对哲学生活的爱欲，检验传到雅典的消息是否属实(340b1–4)。这些消息称，狄奥尼修斯在哲学上有惊人的进步，甚至许多哲人(阿尔基塔斯、阿尔基德莫斯)也称颂狄奥尼修斯的哲学，在外界看来，僭主成了仅次于柏拉图的哲人。柏拉图把自己的这次审查称作ἔλεγχος(亦见344b5)，此词首先令人想到著名的"苏格拉底的诘问"(Socratic Elenchus)。苏格拉底与人就某个主题展开对话，往往会通过一系列问答，反复盘诘对方既有的信念，最终使对方认识到自己既有的信念并不牢靠，对所讨论的主题并没有确切的认识。苏格拉底的诘问也是一种哲学审查，旨在引领对话者从自以为有知走向知道自己无知，苏格拉底之所以能够诘问对话者，因为他首先认识到自己的无知，也认识到承认自己的无知是获得知识的第一步（这一诘问的模式体现在《苏格拉底的申辩》21b9–23c1）。与此类似，柏拉图对狄奥尼修斯的审查和诘问，是为了验明僭主是否真地爱智慧，最终揭穿僭主的无知（341b1–7），但是，同为审查者，苏格拉底承认自己的无知，而柏拉图却以最智慧者和哲学权威自居，他说：

> 听过所发生的事情后，要是谁瞧不起我的哲学，反而认为僭主有理智（νοῦν），我也毫无怨言。（339a3–4）

柏拉图接下来的哲学审查旨在揭穿僭主的伪理智或伪哲学，这相当于从哲学上审查政治与哲学的结合如何可能。在《书简七》前半部分，柏拉图努力说服狄奥尼修斯走向哲学，促成政治与哲学的结合，如今他的讲述放弃这一努力，转而拉开政治与哲学的距离。此外，为肃清各种有关哲学的不实传闻，柏拉图的哲学审查顺便会告诉我们，什么是真正的哲学，柏拉图的哲学究竟是怎样的。

"这事整个是怎样的"(340b1–341b3)

柏拉图说，要检验僭主们、尤其那些脑中充满各式误解的僭主们是否真地爱哲学，有一种高贵而非常恰切的方法，那就是向他们表明：这事整个是怎样的（ἔστι πᾶν τὸ πρᾶγμα οἷον），要历经多少困难、吃多少苦头。

柏拉图说的是什么事？τὸ πρᾶγμα原本是"要做的事"，柏拉图笔下的苏格拉底时常会用以指代哲学（《斐多》61c9，《泰阿泰德》168a8）。以"事"而非"学说"来指称哲学，恰恰表明了哲学的原初含义，即爱智慧的生活。哲学不固守任何体系化的理论，而是一种动态的、进行中的活动，哲人永远生活在对真理和存在的无尽探求之中，他所做的事就是爱智慧（philosophizing）。但是，哲人的"这事"得不到多数人的理解，总是遭来质疑和猜忌，因为在大多数人看来，哲人看上去要么无所事事，要么就是在秘密地从事什么。苏格拉底的事就极为隐秘，几乎无人知晓，阿尔喀比亚德费尽心机地要找机会和苏格拉底独处，就是为了查明"这事是什么"(τί ἐστι τὸ πρᾶγμα,《会饮》217c6)，但他终究没能得逞。等苏格拉底站到了审判席上，雅典民众对他的质问仍然是"你的事是什么？"(τὸ σὸν τί ἐστι πρᾶγμα,《苏格拉底的申辩》20c5)——正由于苏格拉底所做的事不同于大多数人，所以才会受到审判。倘若柏拉图所说的τὸ πρᾶγμα也指哲学，那他在审查他人时便避免表明"哲学是什么"(τί)，只说"哲学是怎样的"(οἶον)；至于这事究竟是怎样，究竟要历经多少困难、吃多少苦头，柏拉图当下并没有向我们讲明，他依然保守着这事的秘密(比较341a8)。

柏拉图描述这事，实际上指示了一条艰难而神奇的道路。听了柏拉图的描述，不同的人会有不同的反应：真正爱智慧的人会当即踏上这条道路，并不真正爱智慧的人则会自动远离这条道路。柏拉图用同一个试验来分辨两类人，用单数的"他"指代真正爱智慧的人，用"他们"指代并不真正爱智慧的人，可见两类人的对比实际是少数人与多数人的对比。真正爱智慧的人禀有神性，亲近并配得上这事，他会倾尽自己和那位向导的力量追随这条道路，直到抵达路程的终点，到时他将无需指示就能自己引领自己。在跋涉途中，这位行者需要有人引导和指示，但他最后要摆脱他人的引导和指示，自己前行，达到哲人的独立自足。这个人只愿全力追求这条道路，并认为其他生活就不值得过了，但柏拉图又说，不论这个人做什么事，或说从事哪行哪业(πράττων ἐν αἶτισιν ἄν ᾖ πράξεσιν)，他始终依靠着哲学，也始终遵循着一种良好的生活习惯，这种生活习惯能够最大程度地呵护他的哲学天赋，让他保持善学和强记，使他有能力清醒自制地推理演算。按照柏拉图的教诲，在这条神奇道路的起始处，真正爱智慧的人会选择最好的哲学生活，并决然排斥其他生活，但实际上，最好的哲学生活并不要求一个人脱离"实践"、专务沉思，而是与"实践的生活"密不可分，甚至隐藏在"实践的生活"之中。①

至于那些并不真正爱智慧的人，柏拉图譬喻说：太阳炙烤身体，在表层皮肤上留下洗脱不掉的深色；那些受各种意见熏染的人，也就好似（在灵魂的）表层染了一层颜色，不容易褪去。柏拉图以太阳比喻根深蒂固的意见，另以火比喻哲学（340b3, 341c7, 344b7)，或许是因为，太阳照不到身体内部，由于得不到阳光，灵魂陷于一片黑黢黢的幽暗，而哲学之火可以自内引燃灵魂并引启哲学之光，哲学之光一旦在灵魂中生成，便会自己维继下去，就像是灵魂中永存而自我维继的太阳（341c6–d2)。那些并不真正爱智慧的人生活在意见的世界里，他们不适合也配不上这事。听了柏拉图对这事的描述，由于惧怕艰难辛苦，也不愿改变自己的生活习惯，他们就认定这事太难，自己根本做不来，只得放弃。对于那些只知道寻欢作乐、不能吃苦的人，柏拉图的这一试验有着立竿见影的效果，而且不会触怒他们：柏拉图清楚，这些人既无心也无力从事这事，但要是冒险向他们指出这一真相，相当于当场贬低他们，惹来对方的不满和指责。所以，最稳妥的做法是，表明这事的艰难和辛苦以及所要求的生活习惯，由此让他们自动放弃，这样一来，他们便不会怪罪柏拉图，只会怪自己无力践行这事的各种要求。

不过，尽管有些人并不真正爱智慧，但他们不愿承认自己的

① 但比较Edelstein，《柏拉图的〈书简七〉》，前揭，页72–73。

无能，反而自欺欺人地说服自己相信，他们听这些已经听得够充分、够明白，无需再怎么努力。通过声称自己已经获得最终的知识，已经有了智慧，他们就无需再踏上寻求智慧的漫长道路。柏拉图的检验结果表明，狄奥尼修斯就是这样一类僭称有智慧的人。柏拉图第一次到西西里时，狄奥尼修斯并没有听到柏拉图的任何哲学教诲，他接触哲学是通过听其他人讲，但这些人本身也没有听柏拉图讲过，对哲学完全是道听途说(338d1–e1)。因此，狄奥尼修斯迄今所受的哲学教育不过是接受了各种对于哲学的误解。了解哲学的唯一正确途径是直接听柏拉图讲，尽管狄奥尼修斯并未听柏拉图讲过，他却佯装自己知道并完全掌握了许多最重要的东西($τὰ$ $μέγιστα$)，因此无需再学、无需再听。狄奥尼修斯虽然没有真正的知识，却自称是有知的哲人。经过柏拉图的试验，真正爱智慧的人会去寻求智慧，不真正爱智慧的人不会去寻求智慧，只有僭主例外：僭主并不真正爱智慧，但又不愿承认自己没有智慧，于是就佯称拥有智慧。僭主为什么要佯装有智慧？或者说，僭主享有最高的权力，为什么还想同时享有智慧？智慧和权力一样代表着至高的荣誉，僭主佯称有智慧，能够更大地满足自己的荣誉感，当初狄奥尼修斯要把柏拉图留在叙拉古，正是因为与智慧者共处能够给自己带来美名(329d5–6)；另外，僭主受到多数人尊崇，唯独受智慧者鄙视，出于爱荣誉的灵魂特征，僭主不想在智慧者面前显得没有智慧，不想被智慧者看低，于是就佯装自己有智慧(338e6–339a3)。柏拉图称这一试验特别适合那些脑中充满各式误解的僭主们，正因为他把握住了僭主的灵魂特征，同时也看清了人们对哲学最大的误解。

哲学与写作(341b3–342a6)

柏拉图当时($τότε$, 341a7)就这样把这些话讲给了狄奥尼修斯，但他现在听说，狄奥尼修斯"就自己当时所听的内容"(περὶ ὧν τότε ἤκουσε)写下了什么。柏拉图的叙述从"当时"过渡到现在，随后大量使用现在时的动词和分词(尤其注意ἀκούω[我听]、οἶδα[我知道]均为现在时态)，时态的转换表明，以下内容不是在忆述第二次西西里之行的经历，而是在表述当下的某种情状。柏拉图第二次到西西里时，用有关"这事"的谈话检验狄奥尼修斯，结果发现，狄奥尼修斯对哲学充满误解，却佯装自己已经拥有智慧；但柏拉图现在——亦即写作《书简七》之时——听说，狄奥尼修斯就自己当时听到的内容写成了篇章：如今的狄奥尼修斯不仅声称拥有智慧，而且还窃取柏拉图的谈话内容，撰成哲学著作。正是为了批驳狄奥尼修斯的哲学与写作，柏拉图离开叙事线索，转而讨论哲学与写作的关系，引出了342a7–345c3处著名的哲学离题话，在结束抽象的哲学讨论后，柏拉图才最终恢复过去时态，回到第二次西西里之行(345c4)。也就是说，所谓的"离题"从341b3就开始了。假如我们跳过341b3以下的内容，直接阅读345c4以下的内容，文意依然连贯，对第二次西西里之行的叙述依然完整：345c4的"此后没隔多久"当指柏拉图的这场检验之后不久，柏拉图看清了狄奥尼修斯的哲学渴望，遂开始谋划离开叙拉古，并遭到狄奥尼修斯的各种拦阻。[①]既然如此，为什么柏拉图认为必须要插入这段离题？

"离题"实为具有哲学品格的漫游式谈话。苏格拉底曾云，研习哲学者就像是闲暇充沛的自由人，可以从容自在地谈话，不受时间限制、不计言语长短，随兴之所至，唯求能够达到"存在"(《泰阿泰德》172c8–d9)。就此而言，《书简七》篇幅如此之

---

① C. Ritter在其《对柏拉图新的检验》(*Neue Untersuchungen über Platon*)中由此认为341b–345c是后人篡入，H. Richards则认为342a–344d为篡入。驳见A. E. Taylor，"《书简七》对知识的分析"，前揭，页347–353。

长、内容如此驳杂，恰恰说明它具有自由的哲学品格，此处的
"哲学离题话"无非是将《书简七》的哲学品格彻底展露出来而
已。"哲学离题话"的核心实际不是一套知识论，而是真正的哲学
为什么反对写作，为什么不能把真正严肃的哲学教诲写给大多数
人看。在此意义上，"哲学离题话"包含着施特劳斯所说的"哲学
社会学"。①柏拉图表面上借"哲学离题话"公开驳斥了狄奥尼
修斯的"伪哲学"与"伪写作"，同时也向我们展示了何谓真正的
哲学：真正的哲学是获得了自我认识的哲学，它认识到自身可能
对社会造成的危害，从而在言说和写作时高度审慎。柏拉图或许
试图以此肃清哲学的意外散播所造成的影响，消除多数人误听到
的对哲学的各种误解(παρακοή)，或许也试图以此引导那些爱慕智
慧者走向真正的哲学。这一点正呼应《书简七》开头说到的"正
确的哲学"(ἡ ὀρθή φιλοσοφία, 326a6)、"正确地和真正的爱智慧"。

341b3–342a1相当于哲学离题话的引子，主要探讨能否"就
当时听到的那些内容"进行写作；在哲学离题话的结尾，柏拉图
又回到了狄奥尼修斯的写作问题(344d3–345a4)，因而可以与之
对观。依照文意的递进关系，可将341b3–342a1分成三节：

1. 狄奥尼修斯的写作：柏拉图听说，狄奥尼修斯就"当时听
到的那些内容"写下了什么。狄奥尼修斯当时听到了哪些内容？
柏拉图稍后强调，自己与狄奥尼修斯仅有一次谈话(συνουσία)，
仅向狄奥尼修斯做过一次详细的说明(διεξῆλθον)，以后再没有过
(345a1–4)。从文脉看，这场谈话和解说应该就是柏拉图刚刚说
到的对狄奥尼修斯的这番检验。为了检验狄奥尼修斯是否真得
爱上了哲学，柏拉图向他表明这事整个是怎样的，但柏拉图并
未详细地说明一切(πάντα οὔτε διεξῆλθον, 341a8)。这是柏拉图对狄
奥尼修斯的唯一一次哲学教诲，也是一次有保留的哲学教诲，

---

① 施特劳斯，《迫害与写作艺术》，刘锋译，北京：华夏出版社，2012，页1。

因为柏拉图并未向狄奥尼修斯解说整全，至多向他启示了部分真理。显然，狄奥尼修斯"当时听到的那些内容"就来自于这场谈话和解说，他写下的应当就是从柏拉图那里听来的哲学。

柏拉图还听说，狄奥尼修斯的写作编得（συντίθημι）如同是他自己的技艺（τέχνη），毫不关乎他从柏拉图那里听到的内容。①这似乎说明，狄奥尼修斯从柏拉图那里听来了一些内容，他写下这些内容，却称之为自己的发明，代表自己的哲学，与柏拉图毫无关系。如此而言，狄奥尼修斯就剽窃了柏拉图的哲学，并妄称自己有一套原创的哲学，一位僭主就此成了哲人。狄奥尼修斯写的是什么内容？在哲学离题话的末尾，柏拉图告诉我们，狄奥尼修斯"就自然的至高和元初写了什么"（ἔγραψέν τι τῶν περὶ φύσεως ἄκρων καὶ πρώτων, 344d4–5），也就是说，狄奥尼修斯写的是"论自然"，他所谓的哲学是自然哲学，柏拉图将会说到，为什么关于"自然"的教诲不能写下来。至于狄奥尼修斯为什么要写作，柏拉图也在哲学离题话的末尾做出了回答：出于可耻的爱荣誉之心，他把"自然"写下来，好像是他自个儿的创见，或者表明他分有自己实际不配的教养，因为他只热衷于由具有教养得到的名气而已（344e2–345a1）。

虽然柏拉图听说了狄奥尼修斯的写作，但他称自己对这些一无所知。听说不等于知道（比较《书简四》321a7–b2："你们要写信……因为我们虽然听到了很多，但什么都不知道"）。柏拉图并不知道自己听说的消息，这是否在说，柏拉图并未读到狄奥尼修斯的写作，因此对狄奥尼修斯所写的内容一无所知？

2. 其他人的写作：对于狄奥尼修斯的写作，柏拉图仅是听

---

① 通常把这里的τέχνη理解成"手册"（handbook），但这是依据伊索克拉底的一处用法，并不是依据柏拉图本人的用法，何况，把这里的τέχνη理解成技艺，意思依然讲得通。柏拉图用τέχνη来表示狄奥尼修斯的写作，似乎暗讽狄奥尼修斯把哲学理解成一种技艺。另外要注意，这里是τέχνη在《书简七》中唯一一次出现。

说，并不知道；但柏拉图*知*道，某些其他人也就这类内容写成了篇章。这里的"其他人"究竟是谁，我们并不清楚，但复数形式的人称表明，有许多人就这类内容写过什么（现代学者们纷纷猜测，柏拉图是在这里不点名地批评那些把他的"口传学说"写下来的学生）。这些人写的内容和狄奥尼修斯一样，都有关"自然的至高和元初"（344d4—5），属于自然哲学著作。柏拉图说，无论这些人是谁，他们并不知道自己。这或许在暗示德尔菲神谕Γνῶϑι σεαυτόν[认识你自己]：正是因为这些人不认识自己，所以他们才会就"自然"写作，认识自己首先意味着认识到自身的有限性，也即是认识到自己的无知，认识到自己无知的人不会写作，比如苏格拉底。

已经有许多人就这类内容写作，恐怕还将有许多人要写。所有那些写过和将会写的人（柏拉图是否忽略了正在写的人？），他们全都声称自己*知*道柏拉图所严肃从事的那些东西，但依柏拉图的意见，这些人根本不可能领会这事。柏拉图所说的写，不是普通的写作，而是"关于这类内容"的哲学写作。那些写过的人（γεγραφότων）包括了狄奥尼修斯和其他人，将要写的人（γραψόντων）则涵盖今后所有的写作者，这些人之所以能够写作，是因为他们全都声称知道柏拉图严肃从事的那些东西，也就是说：他们自以为自己知道，并没有认识到自己的无知。柏拉图在严肃从事着某些东西，但他并不声称自己知道这些东西；反过来说，柏拉图承认自己无知，因而才严肃地从事这些东西。那些写作者之所以能够声称认识柏拉图严肃从事的东西，无外乎三条途径：听柏拉图讲，听其他人讲，或自己发现。但柏拉图否认，即便是听自己讲，他们也不可能认识。既然如此，我们如何才能认识到自己的无知，从而领会这事呢？

3. 柏拉图的不写作及其原因：柏拉图称，自己从来没写过关于这些内容的著作，也永远不会写，因为这些内容不像其他学问那般可以言说。柏拉图不写关于这些内容的著作，并不意味着柏拉图从不写作，至少柏拉图写作对话。我们毋宁说，柏拉图没写下过论述"自然的至高和元初"的著作，因为关于自然的学问不像其他学问那样可以言说。既然不可言说，那就不可说，更不可写，倘若如此，如何还能获得关于自然的学问呢？不是通过听柏拉图讲或听其他人讲，或者读他人写下的著作，而是通过有关这事本身的许多交谈和朝夕共处，然后，就如一束跃动的火苗点燃了光一样，这一学问突然在灵魂中生成，此后就像光一样自己滋养自己。照柏拉图的说法，关于自然的学问存在于灵魂中，一旦产生，便永不会死灭（344e1–2）。

尽管这些内容不可言说，却不断有人说或写它们。柏拉图深知，要是把它们写下来或说出来，那最好是由自己说出来，若是谁把它们写得糟糕（γεγραμμένα κακῶς），柏拉图会为之难过不已。总而言之，柏拉图绝不会把这些内容写下来，而且把写作这些东西看作一种"恶"。为什么柏拉图绝对不会写呢？

假如这些内容应当写下来，也可以言说，柏拉图便会责无旁贷地致力于写作，因为：写下对所有人有莫大助益的东西，把自然带进光明让所有人看到，是我们此生最美的行为。这种观点假定，智慧对所有人都是好的，让所有人看到自然、掌握智慧是好的，写作就是把万物的自然从隐蔽之处带到光明之中（所谓"去蔽"），把自然展示给所有人，因此写作是人生最美的行为。这种写作不啻为对所有人的启蒙，只认识到写作的"美"，没有认识到写作的"恶"。柏拉图批驳狄奥尼修斯等人的哲学写作，正是批驳这种针对所有人的启蒙写作观。柏拉图认为，哲学写作只对一部分少数人是好的，对大多数人并不是好事，若是把这些东西写给大多数人，只会让其中一些人充满不正确的轻蔑，以为读到的都是毫无价值的东西，让另一些人充满虚骄而空洞的希望，好像他们学了什么了不得的东西。大多数人无从领受智慧，除了一部分少数人,这些人藉由蛛丝马迹就可以自己发现。由此可见,柏拉图并没有简单地否定写作,他只否定为大多数人写作,赞成为少数人写作,但是,为少数人写下的东西无法避免被其他人看到,因此,应当采取一种特殊的写作方式,为少数人留下蛛丝马迹,引导他们自己来发现,同时又对多数人保持沉默。①

真正的逻各斯(342a7-345c3)

柏拉图已经初步说明自己如何看待写作,但他还想就此说得更详细、更清楚些。柏拉图特意在这里扩充了他的论题,而不是像之前那样节略某些叙述(比较327e3, 329b7, 339c7-d1)。他提到,"有一个真正的逻各斯",这个逻各斯反对那位胆敢就这样的内容写作任何东西的人。真正的逻各斯就是真正的哲学,真正的哲学反对毫无顾忌的写作,狄奥尼修斯等人之所以胆敢从事哲学写作,是因为他们不知道真正的哲学。柏拉图之前多次说过这个真正的逻各斯,在当前的情境下,他觉得必须再说一次。柏拉图在哪里说过,对谁说过,说过几次,我们并不清楚。②我们只知道,柏拉图要向我们重复他多次说过的内容。③可柏拉图为什么要重复这一内容?这个真正的逻各斯之所以能够反复地说,似乎表明它适用于不同的情境,具有普遍性和恒定性。但是,对柏拉图而

---

① 施特劳斯专文论述过这一节,见刘小枫编,《苏格拉底问题与现代性》,前揭,页223-224。另参施特劳斯,《迫害与写作艺术》,前揭,页16-30。

② 现代学者认为,《书简七》中的这个"真正的逻各斯"体现了柏拉图的一部分"未成文学说",因为柏拉图在诸篇对话中并未说到这个真正的逻各斯,至多有些局部的关涉,比如《法义》895d4-5所提到的"名称"、"定义"及"存在"。这自然使人猜测,柏拉图有可能只把这个真正的逻各斯口传给某些听众,并未写下来。

③ 比较《王制》中的类似说法:苏格拉底要向格劳孔说明善的理式,他说格劳孔听过好多遍,但可能没听懂,或者就是跟他过不去,执意再听一次(《王制》504e7-505a3);在听完关于善的学问后,格劳孔又说,我们不是只听这一次,以后还要多次重复听(532d4-6)。

言，有没有一个普遍的、固定不变的的逻各斯？或者说，有没有一种不变的、普遍的哲学？至少柏拉图的对话并未表达一种这样的哲学。柏拉图强调自己多次说过这些内容，或许是要让我们以为自己是在倾听柏拉图私下传授的隐秘教诲，以为自己与柏拉图享有一种私密关系，由此，作为听众的我们会更渴望听下去，而且会听得更仔细。在讲述这个真正的逻各斯时，柏拉图提示我们，他不是在对"狄翁的各位家人和同伴"发言，而是在对"你"发言(342b3, 343a4–5)。柏拉图没有对"你们"发言，"真正的逻各斯"是柏拉图私下单独对一个人的教诲，柏拉图可能并不想让其他人听到，为此，他有可能为一个人留下蛛丝马迹，让这个人来自己发现，同时避免让其他人不当地领会其中的内容。

五样东西

柏拉图以极为抽象的语言说到：每一个存在物都有三样东西，要获得关于这个存在物的知识，必须要通过这三样东西。这三样东西并非全部，柏拉图转而告诉我们，还有第四样、第五样东西；此外，柏拉图并没有说出这三样东西的名称，而是先告诉我们，第四样东西是知识本身，第五样东西则是那可以认识的和真正存在的东西本身。在描述了第五样东西之后，柏拉图才说出前三样东西的名称：第一样是名称，第二样是定义，第三样是影像，第四样是知识本身，柏拉图重复了第四样东西的名称，但忽略了第五样。因此，柏拉图对五样东西的初步展示有以下次序：1–2–3–4–5–1–2–3–4。在五样东西的次序中，第五样东西夹在最中间，而且只有第五样东西没有确定的名称，仅有一句描述："可以认识的"(γνωστόν)和"真正存在的"(ἀληθῶς ἐστιν ὄν)。在柏拉图的对话中，第五样东西有着人尽皆知的名称：理式(见《王制》517b9)。《书简八》提到了"王者的样式"(βασιλέως εἶδος, 354c5)，但蹊跷的是，柏拉图在讲述"真正的逻各斯"时，有意回避理式之名，甚至回避讨论理式，处处只称"第五样东西"，而且"第五"（πέμπτον）一词在其中五次出现（342a8, 342d2, 342e2, 343a7, 343d3）。①这让人猜测，柏拉图是否在这里假定，他的听众无法理解至高的"理式"？或者，尽管哲人拥有"关于理式的高贵智慧"（τῶν εἰδῶν σοφία καλή，《书简六》322d5），但柏拉图并不想把最高的智慧泄露给大多数人？

初次听到五样东西，恐怕大多数人都会不明所以，因为柏拉图仅告诉我们五样东西的名称，至于五样东西各自的定义、相互有什么关系、其次序以什么为依据，我们暂时一无所知。柏拉图留给我们许多疑惑，但在他看来，并非所有人都想解除疑惑，只有个别人想要明白刚才所说的内容。为了帮助这位想要弄明白的听众理解刚才这番抽象的言辞，柏拉图帮他选了一个例证：圆。柏拉图采用一个几何例证来说明五样东西，可能是考虑到对方的理解水平和几何例证的形象性，但为什么选圆，而不是选直线或方形？是因为"圆形是最完善、最自我相像的图形"么（《蒂迈欧》33b5–6）？广天、宇宙都是圆形，甚至大地也是个十二块皮子缝成的球体（《斐多》110b5–7），圆形体现着最高的完善和自足，能够包容其他一切形状，在几何图形中，还有什么能比圆形更好地代表哲学的整全？因此，通过理解圆形，便能理解其他一切事物，理解整全。

---

① 数字五在柏拉图对话中有神话般的意蕴，并在后世的新柏拉图主义者那里得到传扬（参见马特，《柏拉图与神话之镜》，吴雅凌译，上海：华东师范大学出版社，2008，页22–34, 78–97, 113–129, 219–221等处）。普鲁塔克的《伦语》中有两篇文章：《论德尔菲的E》（*De E apud Delphos*）和《论神谕的不足》（*De Defectu Oraculorum*），专门讨论数字五的神圣性，列出了柏拉图对话中基于数字五的分类，比如《智术师》254d以下对"最大的类属"的讨论、《斐勒布》66a–c对善的分类、《斐勒布》23c以下的本体论界分、《蒂迈欧》中五种规则体（53c–55c）以及可能存在的五个世界（55d2）。由于普鲁塔克没有引述柏拉图《书简七》中对五样东西的区分，有学者据此断定，《书简七》中的这段哲学讨论是新柏拉图主义时期的伪作。见拙编，《叙拉古的雅典异乡人》，前揭，页124–148。

就圆这个东西来说，圆的名称就是"圆"，名称就是我们刚刚拼出的那个词。圆的第二样东西是圆的定义，定义由名词和动词组合而成，因此，"每一端点到中心的距离相等"（《帕默尼德》137e2对圆有相同的定义）就是以"圆球"、"圆环"、"圆"为名称的事物的定义。一个定义涵盖了三个名称，这表明，名称不同的事物可能有相同的定义。名称和定义都与言辞有关：名称是我们对事物的称呼，存在于声音中，定义是对事物的界定，存在于语词中。影像则存在于事物的具体形态中，以圆为例，圆的影像就是画下和擦去的圆、镟刀镟出和毁去的圆，这些圆都跟圆本身相关，但圆本身并不会随这些圆的改变而改变，圆本身恒定不变，也就是"真正存在的事物"。第四样东西是关于圆的知识、理智和真实的意见，柏拉图之前称第四样东西是知识本身，现在却把知识本身分成三样，又称必须把这三样东西算作密不可分的一个整体。第四样东西不像名称那样存在于声音中，也不像影像那样存在于物体的形态中，而是存在于灵魂中，因此，它既不同于圆本身的自然，也不同于前三样东西。柏拉图并没有紧接着说到第五样东西，因为他在说到圆的影像时，已经说到圆本身。由此，柏拉图以圆为例对五样东西的展示有以下次序：1-2-3-5-4。第五样东西虽然在观念上是最高的，但在序列上始终没有处在最高的位置。柏拉图说，纵观所有四样东西与第五样东西的亲疏关系和相似程度，只有理智最为接近第五样东西，其他几样都离得稍远。理智和知识、真实的意见同属于第四样东西，柏拉图教导必须要把这三者看成一个整体，但他又违反自己的教导，把理智从中分离出来。与第五样东西最为亲缘和相似的，不是第四样东西，而只是理智，这说明，理智高于知识和真实的意见，三者并不完全相同。

按照柏拉图对圆的解说，我们可以简单列出五样东西的组成和关系：

(5)圆本身

(4)关于圆的理智
(4)关于圆的知识
(4)关于圆的真实的意见

(3)圆的影像:"画下来和擦去的圆、镟刀镟出和毁去的圆"

(2)圆的定义:"每一端点到中心的距离相等"

(1)圆的名称:"圆"

柏拉图进而把五样东西的说法从圆扩展到其他事物,他接连举出五组事物:

(1)直形、环形以及颜色;

(2)善、美和正义;

(3)一切人工制造品和自然生成物,比如火、水以及所有此类事物;

(4)一切生命体和灵魂中的性情;

(5)一切行为和承受;

和圆一样,这五组事物各自都有五样东西,即名称、定义、影像、知识和真正的存在。据说,这里的五组事物是对《帕默尼德》中苏格拉底问题的解答。在《帕默尼德》中(130a3–e4),年轻的苏格拉底在帕默尼德的诱导下承认,(1)数学上的"类似"、"一"、"多"具有理式,(2)"正义、美、善"具有理式,(3)至于人、动物、火和水等自然元素是否有理式,年轻的苏格拉底感到困惑,但他确定,(4)"头发、污泥和秽物"这些毫无价值的混合物根本没有理式。帕默尼德告诉苏格拉底,他之所以忽略这些事物,是因为他还年轻,尚顾虑人们的意见。现在,柏拉图相当于接受自己笔下帕默尼德的意见,承认几乎一切事物都有第五样东西,也就是具有理式(倘若第五样东西是指理式的话)。仍然值得思索的是,这里的五组事物之间有什么关系?柏拉图完全随意举出了这五组事物,还是要有某种内在的理路?我们对此只能加以猜测。柏拉图最先说到形状和颜色,形状和颜色是一切有形事物外在的样子,我们只需观看便能认识;善、美和正义没有形状和颜色,是抽象的概念,需要通过沉思才能认识。我们从对事物外表的观看,上升到对抽象概念的沉思。沉思之后,我们才开始区分没有生命的事物与有生命的事物,并进一步把没有生命的事物区分为人工制造品与自然生成物,最后区分行为(做)与承受(被做),在这一过程中,我们不再只是观看事物的形状和颜色,而是更加关注事物自身的特性,学会划分事物。在认识了自然事物(比如火、水)之后,我们便探究人世和灵魂,最终进入行动的世界:行为与承受。经过五组事物的嬗递,我们从观看者成为了行动者,这或许暗示,只有在获得哲学洞识后,我们才能正确地行动。

逻各斯的缺陷

以五样东西涵盖了一切事物之后,柏拉图说,只有把握前面四样,也就是说,只有把握了名称、定义、影像和知识,才可能完全分有关于第五样东西的知识。前面四样东西是通达第五样东西的阶梯,但与此相矛盾的是,虽然前面四样东西试图显明每个事物的存在,但实际也同样多地试图鲜明每个事物的属性,而这是由于逻各斯的缺陷($διὰ \ τὸ \ τῶν \ λόγων \ ἀσϑενές$)。这里的逻各斯当解作"言辞",因为柏拉图接下来说,有理智的人均不会冒险把自己的理性思考付诸言辞,更加不会让它固定下来、不可更改,就像以种种记号写下的东西那样。柏拉图从五样东西过渡到有理智的人会不会写作的问题,过渡中间,柏拉图给听众安置了一些难题，比如：何谓属性($τὸ\ ποῖόν\ τι$)，何谓存在($τὸ\ ὄν$)，何谓言辞的缺陷？这些难题是对听众的第二次考验，将带那位有能力的听众从关于圆的形象认识上升到更高的层面，为此，柏拉图再次提示这位听众，要重新好好领会刚才所说的内容，这预示着柏拉图将重新解释自己刚才所说的内容。

柏拉图回到圆的例证，依次说到圆的影像、名称和定义，从而将五样东西的次序调整为3–1–2(–4–5)。另外，柏拉图的解说不再像第一次描述客观事实那样不动声色，而是更多使用主观性的词，两次以"我们认为"($φαμέν$, 343a7, a9)表达自己的观点，并在说到"定义"时表达了不确定的"如果"。圆的影像，不论是画下来的圆，还是镟刀镟出的圆，处处充满了第五样东西的反面，因为它们处处触及直线；与此相对，圆本身并不包含任何相反的自然，也就是说，圆本身与直线毫不相关。在五样东西中间，柏拉图尤其强调第三样与第五样的对立，两次详细对比圆的影像与圆本身：圆的影像可以随意改变，但圆本身恒定不变，与圆的影像截然不同(342c1–4)；圆的影像包含相反的自然，不是真正的圆，圆本身并不包含相反的自然，是真正的圆(343a5–9)。圆的名称同样不稳固，名称只是约定俗成，我们完全可以互换把"圆"称作"直"，把"直"称作"圆"，这样颠倒称呼后，并不会显得不如原来稳固。定义的情形和名称类似，如果定义果真由名词和动词组合而成，那定义也不是绝对稳固不变。以圆的定义为例，假使我们可以颠倒"端点"与"中心"的名称，那就可以把"每一端点到中心的距离相等"换成"每一中心到端点的距离相等"。柏拉图揭示了前三样东西的易变和模糊，他随后略过第四样东西，径直说到：有数不清的理由表明，四样东西每样都含糊不定，但最根本的理由在于，四样东西试图显明的是事物的属性，而不是事物的存在，而存在和属性是两种东西。灵魂寻求认识存在，但四样东西各自以言辞和行动呈现给灵魂的，却是事物的属性。认识存在，也就是像苏格拉底那样追问"X是什么？"，灵魂寻求的便是关于"X是什么？"的知识。以苏格拉底的方式来说，灵魂关心的不是各种美德有怎样的属性，而是美德本身为何物（见《美诺》86d3–6）；灵魂寻求的不是在职责中所体现的诸善（《王制》505e3），而是认识善是什么："每个灵魂所寻求并据以行事的，只是其对善的猜度，因为它们陷于困境之中，无法充分了解善究竟是什么"（《王制》505d11–e2）。同样，灵魂寻求的不是圆的名称、定义和影像，而是"圆是什么？"。

目前为止，柏拉图说到了两种知识：作为第四样东西的知识（342a7, 342b3, 342c4），关于第五样东西的知识（342e2）。作为第四样东西的知识是我们藉由事物的名称、定义和影像获得的知识（342a7–8），它存在于灵魂中，既不同于第五样东西，也不同于前三样东西（342c4–d1），但是，和前三样东西一样，它也主要显明事物的属性，而不是事物的本质（342e3–343a1, 343c1–5），因此，它并不能告诉我们"圆是什么"，并不是真正的知识。第五样东西是可以认识且真正存在的东西，关于第五样东西的知识也就是关于事物本身的知识，具体言之，关于圆本身的知识也就是关于"圆是什么"的知识，它才是灵魂所寻求的知识。不过，尽管灵魂寻求这真正的知识，却往往只能获得作为第四样东西的知识。

柏拉图之前说，一个人只有以某种方式把握前四样东西，才能完全分有关于第五样东西的知识（342e1–2），但他现在又说，前四样东西是灵魂获得知识的障碍，因为灵魂寻求认识事物的存在，前四样东西却只把事物的属性呈现给灵魂。就此而言，柏拉图对五样东西的两次解说有截然相反的结论：第一次解说肯定了我们获得知识的途径，承认能够像认识圆一样认识所有事物；第二次解说却证明我们无法获得确定的知识，无法认识事物的存在，只能认识事物的属性，由于事物的属性并非稳固不变，总是容易被感官印象驳倒，所以使几乎所有人都充满各种疑惑和不解。我们之所以会疑惑和不解，正是源于认识到四样东西的不确定性，也就是认识到自己的无知。再显然不过的是，并非所有人都能认识到自己的无知，也并非所有的灵魂都寻求认识存在。柏拉图随后就从知识的问题过渡到灵魂的类型问题。

灵魂

柏拉图说，在某些问题上，由于贫乏的教养，我们并不习惯于寻求真实，而是满足于接受各种影像。这一说法令我们想起柏拉图笔下著名的"洞喻"：苏格拉底把缺少教养的人比作地下洞穴中的居民，他们头颈全被捆缚住，只能看到火光映照在洞壁上的各种阴影，而且会把自己看到的阴影当作事物本身（《王制》514a1–515c3）。我们满足于各种影像，就好比生活在这样的洞穴中，把影像当作真实，假如从真实来看我们的生活，必然会发现我们的生活荒谬可笑，把不真实的东西当作真实的东西。但柏拉图说，尽管我们满足于影像，但我们并没有彼此嘲笑，因为我们并没有受到那些有能力推究和反驳四样东西的人的询问。我们并没有受到追问 (οἱ ἐρωτώμενοι ὑπὸ τῶν ἐρωτώντων)，因而我们的生活没有受到质疑，因而才没有成为彼此嘲笑的对象。作为提问者，那位有能力推究和反驳四样东西的人虽然未必认识第五样东西，但他能够认识到四样东西的缺陷，能够驳斥影像，他能够认识到，我们所谓的知识都来自于影像，并非真实；倘若他主动询问我们，揭穿我们的无知，进而带我们从影像走向真实，岂不善哉？但是，这位提问者并未追问我们，因为他认识到，我们并不习惯于寻求真理，并对各种影像感到满足，既然如此，为什么还要强加追问呢？何况这么做还要冒莫大的危险：正如苏格拉底说的，若是释放那些洞穴中的囚徒并把他们带到洞穴上面去，不仅得不到他们的理解，还有可能被他们杀掉（《王制》517a5–6）。

没有人主动追问我们，也就没有人主动向我们揭示第五样东西,但要是我们逼迫谁解答并阐明第五样东西,会有怎样的结果呢?在这种逼迫之下,那位有能力回答的人便不得不以言辞、写作或回答做出解释,但他面对着一个强劲的对手:无论他提出多么正确和真实的解释,这个对手都有能力推翻,而且愿意这么做。在这场较量中,这位对手会赢过他,而且会蛊惑大多数听众以为,他并不认识自己试图书写或言说的东西——由此,这位认识第五样东西的人反被大多数人认为并不认识第五样东西,那位善于颠倒是非的人却会被认为是真正的智者。柏拉图说,之所以会有这样的误解,是因为这些听众有时并不知道,应当指责的不是写作者或言说者的灵魂,而是四样东西各自低劣的自然。大多数听众并不认识四样东西的自然,他们满足于四样东西呈现给灵魂的各种影像,因此,他们的灵魂就和四样东西的自然一样低劣。

究竟如何才能获得关于第五样东西的知识呢?柏拉图说,必须要通过一种活动,这种活动贯通所有四样东西,顺着每一样上下游走,最后会艰难地在一个禀有卓越自然的灵魂中生育出有关禀有卓越自然之物的知识。柏拉图把获得知识的过程称作 διαγωγή[活动/消遣],意在彰显其作为一种生活方式的意味,这种活动虽然像是"消遣",但一点儿都不轻松,反倒要历经许多艰难,有如生育的过程。"禀有卓越自然之物"便是指拥有高贵自然的第五样东西,与拥有低劣的自然的前四样东西相对,但是,要获致关于第五样东西的知识,不能抛弃前四样东西,反而要借助于它们,在上升与下降中求索。柏拉图稍后会更详细地描绘这一过程(344b3–c1)。

获得关于第五样东西的知识要求一个禀有卓越自然的灵魂,但大多数人的灵魂天然地低劣或是已经受到败坏,在第五样东西面前,他们好比瞎子,即便神话中的千里眼林寇斯也无法让他们看见。林寇斯拥有敏锐的眼力,但他并不能让别人也拥有自己这样的好眼力，正如拥有智慧的人无法让他人拥有智慧一样(《会饮》175d3–e6)。就此而言，试图书写或言说第五样东西是试图让大多数人看到他们无法看到的内容，这必定是徒劳之举：即便把真理指给他们看，他们也不会以为这就是真理。只有"禀有卓越自然的灵魂"才能认识"禀有卓越自然之物"，柏拉图强调灵魂的自然与五样东西的自然之间的对应，从而否定了灵魂低劣的大多数人认识第五样东西的可能性。他更详细地说到，与这事不亲缘(συγγενῆ)的人，善学或强记都不能使他看见第五样东西。何谓与这事不亲缘？亲缘原本指血统上的亲近(同宗、同种、同类)，代表着自然上的亲近关系，另据前文所述，柏拉图所说的"这事"(τὸ πρᾶγμα)便是爱智慧，因此，与这事不亲缘就是在自然上与哲学不亲近。与哲学不亲近的人，无论他有多高的哲学天赋，都无法看见第五样东西，因为，关于第五样东西的知识不会产生在异质的状态中，只能产生在与第五样东西一样拥有卓越自然的灵魂中。柏拉图进一步区分了两种情形：1. 与正义之物和其他美的事物没有自然纽带又不亲缘的人，但他们对别的东西既学得快，同时又记得牢——这类人缺乏卓越的自然，但拥有良好的能力，非凡的才智可能依附于一个俗不可耐的灵魂(比如狄奥尼修斯)；2. 与正义之物和其他美的事物亲缘的人，但他们的理解力和记忆力不行——这类人拥有卓越的自然，但缺少良好的能力。这两类人都不能最大程度地学到有关美德或恶德的真理。因此，要最大程度地学到有关美德和恶德的真理，必须具备三个条件：卓越的自然(与正义之物和其他美的事物亲缘)，良好的理解力，良好的记忆力。

柏拉图教导说，必须同时学习美德和恶德，也必须同时学习整个存在的虚假和真实。美德和恶德构成整全的德性，虚假和真实构成整全的存在(参看《王制》479a5–b10)。更具意味的是，假如说美德和恶德是政治哲学的主题，存在的虚假与真实是形而上学的主题，同时学习两门学问则意味着，政治哲学与形而上学构成整全。柏拉图给我们一个整全的视野，所以说，尽管第五样东西拥有高贵的自然，前四样东西拥有低劣的自然，但要获得关于第五样东西的知识，必须借助于前四样东西，因为这五样东西合起来构成整全。具体而言，要获得关于第五样东西的知识，需要历经以下三个阶段：

(1)名称、定义、视象和感觉的相互摩擦：视象是我们肉眼看到的东西，感觉则包含了看和听等，因此，视象和感觉代表着我们看到或听到的事物的影像。名称、定义和影像每样都模糊不定，只能呈现事物的属性，让人充满各种疑惑和不解(343a5–c5)，要认识到三者的缺陷，就要将之相互磨擦，就好比三块木材相互摩擦，从中升腾起火苗。这一譬喻可在《王制》中找到发端，在那里，苏格拉底说："若把它们对照起来考虑，把它们像木块那样放在一块摩擦，我们就会让正义骤然燃烧起来(ἐξέλαμψαι)"(《王制》434e5–435a2)。

(2)在友好的辩难和不带妒意的问答中进行验证：验证名称、定义、视象和感觉，也就是验证我们关于事物的属性的知识，验证的方式是通过"辩难"和"问答"，亦即柏拉图之前所说的"有关这事本身的许多交谈"(341c6–7)。学习者彼此辩难和问答，相互质疑对方既有的知识，进而认识到自己的无知，此种辩难和问答要求彼此友好和不带妒意，这表明，必须在自由宽松的氛围中才能进行哲学讨论，由于只有朋友才可能彼此友好和免于嫉妒，所以，哲学注定不是公开的，只能是私密的朋友圈内的活动。

(3)关于每一存在物的智慧和理智极其艰难地迸射出光芒，理智达到人力的极限：柏拉图重复了火光的比喻(340b2–3，341c7–d1)，获得智慧的过程是一个启明的过程。

在进入抽象的哲学讨论前，柏拉图称自己要重述一个"真正

的逻各斯",但结束哲学讨论后,他又称自己所讲的内容是一个
"故事与漫游"(μύθος καὶ πλάνος, 344d3)。难道"真正的逻各斯"
就是"故事与漫游"吗?柏拉图虽然在讲解哲学,但他的讲述大
量运用比喻,说得非常神秘、隐晦、模糊,确实更近于"故事";
另外,这段哲学讨论虽然简短,但跳跃性极大,从五样东西谈到
事物的存在与属性,又谈到灵魂和自然,句与句乃至字与字之间
都缺乏逻各斯上的连贯性,因而更近乎一场漫游。"真正的逻各
斯"讲到"逻各斯的缺陷",或许正因于此,柏拉图才以秘索思和
言辞的漫游来弥补这一缺陷。

审判狄奥尼修斯

柏拉图从如何获得知识的问题回到写作的问题。由于获得
知识的途径不是通过阅读,而是通过友好的辩难和不带妒意的
问答,所以,每个严肃的人不会就那些真正严肃的问题写作,原
因正在于,写下来的东西流落到人群中,会激起人们的妒意和困
惑。原本不带妒意的问答会激起民众的妒意,而且会把民众抛入
疑惑,对民众既有的信念形成冲击。因此,严肃的人的写作总是
混合了严肃和戏谑,每当有人看到写下来的著作,不论是立法者
法律方面的著作,还是任何其他方面的著作,都应当认识到,这
些著作对于作者并不是最严肃的东西,若是作者本人真正严肃,
他最严肃的东西便藏于他那最美之域的某处。

狄奥尼修斯显然违反了这一写作原则。他就自然的至高和元
初写下了一部著作,相当于向人群公开那最严肃的问题,使得人
群产生对哲学的妒意,也产生对自己的困惑。为此,柏拉图要拨
正狄奥尼修斯的写作所造成的恶果。柏拉图首先截然否定狄奥尼
修斯的写作代表哲学:虽然狄奥尼修斯写作的主题是"自然的至
高和元初",但柏拉图判定,狄奥尼修斯根本没有健全地聆听或
学习他所写的内容,因为,领会这一内容的前提是敬畏。柏拉图

从没有就"自然的至高和元初"这一最严肃的主题写作，正因为他敬畏这一主题，不愿鲁莽从事，把这一主题抛入不和谐和不得体之中。显然，把这一主题写下来就意味着把它告诉大多数人，而这会造成政治生活的失序。

柏拉图不就最严肃的主题写作，还有更深层的原因。一旦在灵魂中获得了最高的智慧，那就不可能遗忘，因此不需要将之写下来作为备忘。柏拉图在《书简二》中表达了有关记忆与写作的相似说法：

> 最大的保险是不写作而是用心记（ἐκμανθάνειν）。因为，写下来的东西不可能不流传开来（ἐκπεσεῖν）。正因为此，我本人从未就这些内容写作过。没有柏拉图的著作（σύγγραμμα），也根本不会有……（《书简二》314b7–c1）

狄奥尼修斯之所以写作，不是为了帮助记忆，而只是想得到荣誉，向人群显示自己享有教养，由此获得人们的赞誉。柏拉图与狄奥尼修斯仅有一次谈话，以后再没有过。柏拉图当然不相信，狄奥尼修斯凭着仅有的一次谈话就获得了教养——他戏谑地以试拜人的方式向宙斯呼求，挖苦并嘲弄了狄奥尼修斯。柏拉图接下来引导他心中的听众深思，"我们"出于什么原因没有再向狄奥尼修斯详细地说明"这事"。如柏拉图之前所说，在唯一的那场交谈后，他发现狄奥尼修斯佯装知道许多最重要的东西，自认为无需再学什么（341b1–2）。为何狄奥尼修斯会自认为知道而且知道的很充分？柏拉图提出了三种可能：(1)尽管狄奥尼修斯只听柏拉图讲过一次，但他自己做出了发现，或者之前跟别人学过；(2)狄奥尼修斯认为柏拉图所说的东西毫无价值；(3)柏拉图所说的东西超过了狄奥尼修斯的能力，而且狄奥尼修斯不能过一种关心智慧和美德的生活。柏拉图排除了前两种可能，因为，假如自己说的毫无价值，狄奥尼修斯就会与那些认为有价值的人争论，也就是与柏拉图哲学真正的追随者们争论；假如狄奥尼修斯亲自发现或跟别人学过，而且认为柏拉图所说的对于自由灵魂的教养很有价值，他怎么还会这般肆意侮辱柏拉图呢？

柏拉图自称是狄奥尼修斯在智慧和教养上的"引导者和主人"（ἡγεμών καὶ κύριος），而且他要讲讲狄奥尼修斯是如何侮辱自己的。

五、狄奥尼修斯、狄翁与柏拉图(345c4–352a7)

柏拉图结束哲学漫游，回到原有的叙事线索，开始重新讲述自己的第二次西西里之行。柏拉图从与狄奥尼修斯的那场交谈过后讲起，依次述及自己与狄奥尼修斯的三次正面冲突：第一次冲突有关狄翁的财产，第二次冲突有关赫拉克雷德斯，第三次冲突涉及忒奥多特斯，最后讲到自己如何离开西西里。

这段讲述详尽刻画了柏拉图与狄奥尼修斯之间的关系，具有极强的叙事性，屡屡提示事件发生的时间和地点，对人物心理的刻画也相当细致。此外，柏拉图作为叙述者似乎抛开了某种限制，几次说到自己"发火"、"愤愤不平"、"不快"、"烦乱"、"滑稽可笑"，如此浓烈的情感色彩是前面的内容所缺少的。不仅如此，柏拉图之前较少直接引述他人的话（只有两次，分别见327e3–5, 339b8- c7, 另见328d4–329a5），如今却先后七次直接引述言辞和对话：狄奥尼修斯关于狄翁财产的提议(346a7–d2)，柏拉图的"独白"(346e1–347b6)，柏拉图对狄奥尼修斯的答复(347c1–6)，忒奥多特斯与狄奥尼修斯在花园中的对话(348c–e5)，柏拉图与狄奥尼修斯的对峙(348e5–349b8)，柏拉图与狄奥尼修斯信使的问答(349e3–6)，柏拉图与狄翁的谈话(350c4–d4)。从这些因素考虑，这段讲述可谓整封《书简七》中最具风格化的部分，这让人猜想，柏拉图如此浓墨重彩地刻画自己与狄奥尼修斯的冲突，究竟是为什么？

在笔者看来，《书简七》最难解的内容不是刚刚那段哲学离题话，而是柏拉图的这段讲述。柏拉图仅仅是要讲讲自己在叙拉古的经历，讲讲狄奥尼修斯如何侮辱自己吗？或者他要以更近乎寓言的形式来教诲我们？在聆听柏拉图前面的讲述时，我们似乎多少还能猜出一些意思，但对于现在的这段讲述，我们却完全无从把握柏拉图作为讲述者的意图，更无从解释柏拉图为什么要如此详尽地讲述这段经历。

狄翁的财产(345c4–348a4)

通过与狄奥尼修斯的那场谈话，柏拉图看清，狄奥尼修斯根本不渴望哲学。之后，狄奥尼修斯意欲侵吞狄翁的财产，他禁止流亡在外的狄翁获得财产的收益，还诡称这些财产属于狄翁的儿子，既然他身为监护人，则理当由他来掌管这些财产。我们记得，当初狄奥尼修斯在给柏拉图的信中许诺，只要柏拉图来西西里，有关狄翁的事都能按柏拉图的意思办(339c2–4)。狄奥尼修斯现在的行为清楚说明了他的僭主品性。面对狄奥尼修斯的出尔反尔，柏拉图完全有理由发火，但他说，不应当只是责备狄奥尼修斯，他自己以及那些强逼他第三次穿越斯库拉海峡的人同样要受责备。柏拉图在此化用了荷马《奥德赛》中奥德修斯的话。奥德修斯流落到费埃克斯人那里，在阿尔基诺奥斯王的宫中，他听了一位歌者讲述了"奥德修斯"的故事，听到这个关于自己的苦难故事，奥德修斯为了隐瞒自己的身份，便遮住自己情不自禁流下的泪水。之后，奥德修斯向费埃克斯人揭示了自己的身份，并向他们讲述了自己自特洛伊以来的经历，包括降服魔女基尔克、入冥府求问前程等，在临近讲述结束时，讲到海上航行的艰险时，奥德修斯担心自己可能再次经过险恶的卡律布狄(《奥德赛》卷八—卷十二)。斯库拉是栖居于卡律布狄的海怪。柏拉图把自己的西西里之行比作奥德修斯的海上历险,因此,柏拉图讲述自己的西西里之行就好比奥德修斯讲述自己的海上历险一样,充满了种种"谎言"和"隐瞒"。

由于不满狄奥尼修斯侵占狄翁的财产,而且恰值夏时出海季节,柏拉图决定乘船离开。狄奥尼修斯却又请求柏拉图留下,因为他觉得柏拉图这样离开对自己并不光彩(比较329d5—6)。柏拉图坚决不愿留下,他愤愤不平,觉得即便受到狄奥尼修斯阻拦也在所不惜。眼见无法说服柏拉图,狄奥尼修斯便施出卑鄙的伎俩。他对柏拉图说,为了结束两人间的争执,他决定归还狄翁的财产,但狄翁必须在伯罗奔半岛定居下来,而且这笔财产必须存放在伯罗奔半岛和雅典,由柏拉图和柏拉图的亲友们掌管,狄翁只能拿利息,不能动本钱。狄奥尼修斯担心,一旦狄翁重获财产,便会对自己行不义。以这些条件作担保,狄奥尼修斯请求柏拉图再待一年,明年夏季带着狄翁的钱财乘船离开。听了这番话,柏拉图虽然有些不快,但还是决定考虑一下,次日再做答复。

柏拉图随后以独白形式转述了自己当时的想法:假如狄奥尼修斯只是空口许诺,如果我离开了,他就会写信给狄翁诽谤我,说我不关心狄翁的利益,而且他还会阻挠我离开;如果我再等一年,我就能写信告诉狄翁我的处境和我现在的努力,而且假如狄奥尼修斯实现了某些承诺,我就将做成一件并不完全滑稽可笑的事,也算是为狄翁尽了力。为此,柏拉图决定再等一年,用行动检验狄奥尼修斯。第二天,柏拉图告诉狄奥尼修斯决定留下,但要求他一起写信给狄翁说明他们的约定,询问狄翁是否有异议。狄奥尼修斯同意了。就在两人达成协定后,航季结束,柏拉图没法再乘船离开。狄奥尼修斯的计策得逞,于是再次出尔反尔,提出要卖掉狄翁的财产,卖后所得一半交柏拉图带给狄翁,另一半会由他交给狄翁的儿子，因为他是狄翁儿子的监护人。柏拉图听后目瞪口呆，坚持说必须等狄翁回信，而且要再次写信给他告诉这一新的决定。但狄奥尼修斯置之不理，瞒着柏拉图卖掉了狄翁的所有财产，柏拉图此后再未向狄奥尼修斯谈起过狄翁，因为无论怎么做都已无济于事。

柏拉图称，直到这时，自己所做的一切都是为了搭救哲学和各位朋友。显然，柏拉图既没有成功搭救哲学，也没有成功搭救朋友。之后，柏拉图与狄奥尼修斯两人的关系急转直下：柏拉图就像一只被囚的鸟儿，渴望飞出囚笼，狄奥尼修斯却想方设法阻吓柏拉图，以图不用归还狄翁的财产。柏拉图的这一描述似乎自相矛盾：柏拉图已经放弃索要狄翁的财产，他只想要离开，为什么狄奥尼修斯还担心要归还狄翁的财产呢？尽管如此，在整个西西里面前，他们两人依然表现得如同同伴。

赫拉克雷德斯与忒奥多特斯(348a5–350b5)

狄奥尼修斯想要削减老雇佣兵的军饷，结果激怒了雇佣兵，引发叛乱。狄奥尼修斯试图使用暴力，但被雇佣兵的嚣张气势吓倒，于是答应了他们的全部要求。叛乱平息之后，有人谣传赫拉克雷德斯(Heracleides)是这场骚乱的主使，赫拉克雷德斯听到这一消息就立马逃跑藏了起来。狄奥尼修斯四处追捕赫拉克雷德斯，却寻不见人，他便传唤忒奥多特斯(Theodotes)到僭主宫中的花园。碰巧当时柏拉图也在园中散步，听到两人谈话，但柏拉图说，自己既不知道、也没听到他们谈的其他内容，只知道忒奥多特斯当着自己的面对狄奥尼修斯所说的内容。

忒奥多特斯请柏拉图做见证人，劝说狄奥尼修斯不要伤害赫拉克雷德斯。他对狄奥尼修斯说，自己会把赫拉克雷德斯带到狄奥尼修斯面前，辨清那些无端的指控，如果狄奥尼修斯觉得赫拉克雷德斯不应再住在西西里，他希望能让赫拉克雷德斯带上妻儿乘船去伯罗奔半岛，这样就不会给狄奥尼修斯造成麻烦。忒奥多特斯承诺会派人去找赫拉克雷德斯，但他请求狄奥尼修斯，无论在哪里找到赫拉克雷德斯，都不许加以伤害。忒奥多特斯求问狄奥尼修斯是否同意，狄奥尼修斯爽快地点头同意，还承诺说，即便发现赫拉克雷德斯在忒奥多特斯家中，他也不会违背这个约定伤害赫拉克雷德斯。

第二天晚上，忒奥多特斯、欧律比乌斯(Euribius)急急忙忙来找柏拉图，因为狄奥尼修斯违背约定，正派兵捉拿赫拉克雷德斯，而赫拉克雷德斯可能就在附近。柏拉图是昨天那场约定的见证人，忒奥多特斯便请求柏拉图跟自己一块去见狄奥尼修斯。三人一道进到狄奥尼修斯家中，但在僭主的淫威面前，忒奥多特斯和欧律比乌斯只能站在一旁默默垂泪，只有柏拉图上前大胆质问狄奥尼修斯违背了昨天的承诺。柏拉图无意间透露给狄奥尼修斯消息，即赫拉克雷德斯已经回来，就在附近的某个地方。听到这，狄奥尼修斯顿时火冒三丈，血气上涌，忒奥多特斯俯身跪倒，含泪乞求狄奥尼修斯不要伤害赫拉克雷德斯，柏拉图则安慰忒奥多特斯，说狄奥尼修斯不敢违背昨天的承诺。这时，狄奥尼修斯显露出十足的僭主神情，称自己对柏拉图根本没有承诺过任何东西。惊愕的柏拉图以诸神起誓(《书简七》中仅有的两次起誓，见345a3, 349b6)，说狄奥尼修斯至少承诺过不会做忒奥多特斯请求不要做的事。说完这些，柏拉图便转身离开了。

这场冲突是《书简七》中柏拉图与狄奥尼修斯的唯一一次直接对话，笔法细致入微，活灵活现地展现了狄奥尼修斯的愤怒和暴虐、忒奥多特斯和欧律比乌斯的恐惧和软弱，柏拉图则表现出非凡的勇敢和冷静。但柏拉图为什么要讲到赫拉克雷德斯和忒奥多特斯呢？《书简三》(318b5–d2)也讲到这个故事，但情节上多有出入。柏拉图没有交代雇佣兵的哗变，也没有说赫拉克雷德斯是这场哗变的主谋，只说狄奥尼修斯流放了赫拉克雷德斯（《书简七》则说是赫拉克雷德斯自己逃跑），流放的原因并不清楚；柏拉图和叙拉古人一样认为，狄奥尼修斯这么做是不义的，他便和忒奥多特斯、欧律比乌斯一道请求狄奥尼修斯不要这么做（柏拉图没有提到忒奥多特斯与狄奥尼修斯的约定），狄奥尼修斯便认为找到一个充足的理由，称柏拉图一直以来就不关心自己，只关心狄翁和狄翁的朋友们和家人们，由此，狄奥尼修斯与柏拉图的政治合作关系（κοινωνίας περὶ τὰ πολιτικὰ, 318d2）结束了。柏拉图称忒奥多特斯和赫拉克雷德斯为"狄翁的家人"（《书简三》318c7），《书简四》又暗示我们，这两位"狄翁的家人"并不和狄翁亲近，他们和狄翁一样"爱荣誉"，因而可能为了竞争荣誉而毁灭彼此，柏拉图向狄翁预言，"一旦狄奥尼修斯被铲除，事业很有可能会毁于你的以及赫拉克雷德斯、忒奥多特斯和其他几位豪杰的爱荣誉之心（φιλοτιμίαν）"（《书简四》320e1–4）。

此事过后，狄奥尼修斯觉得，自己侵占狄翁财产的阴谋已经可以作为一个可信的理由与柏拉图交恶。柏拉图当时住在卫城的花园里，为了把他赶出卫城，狄奥尼修斯借口妇女们要在花园里进行为期十天的献祭，因此需要他在这期间待在卫城外面，住到阿尔基德莫斯家中。柏拉图就从卫城搬到了阿尔基德莫斯家中，忒奥多特斯派人来请柏拉图一聚。柏拉图到了忒奥多特斯家中，当着柏拉图的面，忒奥多特斯对当时发生的那些事事愤愤不平，还连连责怪狄奥尼修斯，与他之前在狄奥尼修斯面前的软弱悲戚判若两人。

狄奥尼修斯听说柏拉图拜访了忒奥多特斯，便认为逮到了新的借口，即之前逼迫柏拉图搬出卫城的借口的"姐妹"。他派人来问柏拉图，是否真地去了忒奥多特斯那里。柏拉图未加否认，这似乎正中狄奥尼修斯下怀，使者便以狄奥尼修斯之名正告柏拉图：你看重狄翁和狄翁的朋友们，却轻视狄奥尼修斯，这种做法一点都不美。经过这场冲突，柏拉图与狄奥尼修斯的关系彻底破裂，狄奥尼修斯再没请柏拉图回到内城，他似乎认为柏拉图跟忒奥多特斯和赫拉克雷德斯是朋友，跟自己是仇敌，加之他已经把狄翁的财产挥霍一净，所以更加猜疑柏拉图对自己没有好感。

柏拉图被赶出了卫城，只能住在卫城外面，而且是住在野蛮而危险的雇佣兵中间。目前为止，柏拉图的住所历经三次变化：卫城中的花园—卫城外的阿尔基德莫斯家中—卫城外的雇佣兵中间。柏拉图并没有交代，他如何从阿尔基德莫斯那里辗转到了雇佣兵中间。许多人来看柏拉图，其中有几位雅典水手，他们告诉柏拉图，轻甲兵中有人诽谤柏拉图，威胁要抓住并杀掉他。柏拉图走出卫城，来到了城邦中，但是，离开了僭主的庇护，他却立即面临着丧命的危险。为了保全性命，柏拉图就给阿尔基塔斯和塔兰特的朋友们送信，说明自己的危险处境。阿尔基塔斯等人就派了一艘三十桨的船，由拉弥斯克(Lamiskos)率队，请求狄奥尼修斯允许柏拉图离开。狄奥尼修斯毫不犹豫地同意了，还给了柏拉图一笔盘缠。柏拉图没有讨还狄翁的财产，也没有人归还。

柏拉图之前曾说，自己之所以能从第二次西西里之行平安归来，首先要感谢神，其次要感谢狄奥尼修斯，因为狄奥尼修斯保护了自己，并对自己表示了应有的敬畏(340a4–b1)。柏拉图对狄奥尼修斯的"感激"，当然有强烈的讥嘲意味。在讲述第二次西西里之行的经历时，柏拉图先揭穿狄奥尼修斯的伪哲学，批驳其冒险的写作行为，继而又通过行事展示了狄奥尼修斯的僭主品性。既然哲人与僭主在言辞和行动上无法相容，哲人为何还要感谢僭主呢？但我们不能忽略，柏拉图与狄奥尼修斯共处时虽然遭受了不义，但依然可以保全性命，但离开了狄奥尼修斯，柏拉图却立刻面对着雇佣兵的威胁。哲人与僭主的关系着实耐人寻味。

"狄翁赞" (350b6–352a7)

柏拉图离开了叙拉古，可奇怪的是，他并没有直接回到雅典，而是到了伯罗奔半岛——至于柏拉图有否最终回到雅典，我们不得而知。在奥林匹亚，柏拉图遇到了前来观看比赛的狄翁，就把所发生的一切告诉了他。狄翁恳请宙斯为证，呼吁柏拉图和柏拉图的亲友们一道报复狄奥尼修斯，而且狄翁还分别说明了"我们"和"他"报复狄奥尼修斯的理由："我们"作为异乡人到了狄奥尼修斯那里，没有得到礼遇，反而备受欺弄；他自己是因为受到不公正地驱逐和流放。相比之下，"我们"报复狄奥尼修斯的理由并不充分。对此，柏拉图答复说，你可以叫我的朋友们帮忙，但我绝不会报复狄奥尼修斯。柏拉图给出了下面三条理由。其一，柏拉图与狄奥尼修斯并无仇隙，尽管狄奥尼修斯很可能认为柏拉图是狄翁的同谋，但他并没有杀柏拉图，反而对柏拉图存有敬畏之心；同时，柏拉图还指责狄翁和其他人以某种方式逼迫他跟狄奥尼修斯同吃同住、共同参与祭仪，从而表明他的第二次西西里之行出于他人的逼迫。其二，他年事已高，无法再与人并肩作战。其三，柏拉图是狄翁和狄奥尼修斯两者的中间人，他可以从中撮合两人的友谊，但不可以帮助一方报复另一方。从这一答复来看，柏拉图并没有力劝狄翁勿要报复狄奥尼修斯，他似乎并不完全反对狄翁的征讨。

至于狄翁远征西西里的经过和结局，我们之前已经详细地说过。狄翁迅即推翻了狄奥尼修斯的僭政，但也给西西里蒙上了无尽的灾难。柏拉图曾说，自己当初到西西里是现今一切灾难的肇因——要是他当初不到西西里，没有结识狄翁，恐怕狄翁不会死，叙拉古也不会陷入今天的动乱(326e1–327a1)。如今，柏拉图秘而不宣地推翻了这一说法：狄翁发动内乱，不是为了实现"叙拉古人应该享有自由，受那些最好的法治理"的"意见"，也不是为了在叙拉古实现最美好的生活，而纯粹是因为自己受到狄奥尼修斯不公正地驱逐和流放，其中最直接的原因是，狄奥尼修斯侵吞了自己的财产(350b7)。故而柏拉图在这里说，"倘若狄奥尼修斯把财产归还狄翁，或者与他彻底和好，这些恶就绝不会发生"(350e1–2)。按这种说法，狄翁的远征纯粹出于个人恩怨，纯粹为了报复狄奥尼修斯，而不是为了什么高贵的政制理想。柏拉图甚至说，由于狄奥尼修斯和狄翁都不听劝，"结果自己酿成了现今发生在他们身上的一切恶"(350d6–7)。言外之意，柏拉图与西西里的内乱毫无关系，而且，如果狄翁和狄奥尼修斯听从柏拉图的劝说，西西里的内乱就不会发生！柏拉图初到西西里时，曾预言这座受欲望奴役的城邦必然在僭主制、寡头制和民主制之间变来变去，必然处于无休止的政制动荡之中。狄翁发动的内乱是否就属于柏拉图所说的"必然"？狄翁发动内乱的最直接动因，是狄奥尼修斯侵占了自己的财产——财产是满足欲望的主要手段，灵魂中欲望的部分又被称作"爱钱财的"部分(《王制》580e2–581a7)。倘若如此，狄翁与狄奥尼修斯的争斗是欲望的争斗，即便柏拉图不到叙拉古，在这个僭政的灵魂所主宰的城邦，依然会有狄翁式的内乱和灾难。

尔今往后，如何才能避免狄翁式的灾难呢？柏拉图重新说到狄翁的愿望或遗愿(βούλησις, 另见336c4–6)，他将狄翁的愿望推及自己及其他人，亦即任何持守中道的人 (ὅστις μέτριος)。μέτριος(或译"中庸""温和""合度")在此成了柏拉图特别强调的美德，但这一美德并不关乎智慧，而是以权力和荣誉为目的，因此是一种政治美德。这意味着，柏拉图是要借狄翁的愿望来训导政治人，而不能说狄翁确有柏拉图所说的愿望。柏拉图说，节制的人会想到，只要多多行善(εὐεργετῶν)，亦即多多造福于自己的朋友和城邦，就能获得最大的权力和荣誉。因此，任何追逐权力和荣誉的人都应该想着如何带给朋友和城邦以最大的益处，而不是处心积虑地从朋友和城邦那里攫取最大的益处。

柏拉图另外举出两种反例来说明，如何才是造福于朋友和城邦。假使一个人没钱又不能自制，受各种快乐和欲望奴役，为了满足自己的欲望，他便要玩弄阴谋，纠集同伙把那些有产业的人杀掉，夺取对方的钱财，而且他不会单干，而是煽动所有帮手和同伴一起下手，这样就不会受到无产者们的控告。这些"流氓无产者"借着造福城邦的名义，实际却在损害城邦。柏拉图似乎是在描述民众领袖(demagogue)利用平民与富户(寡头)之间的矛盾发动的政变：杀掉有产者，瓜分有产者的财产，如此就能充实自己跟同伴和城邦的腰包(《王制》565a1以下；亚里士多德，《政治学》1304b20–1305a7)。与此类似，若是一个人利用投票决议把少数人的钱财分给大多数人，或者他领导一个统治着许多小邦的大邦，他把这些小邦的资财分给自己的城邦，如此虽然造福城邦并获得了城邦给予的荣誉，但却违背了正义。这两类人都没有真正地造福朋友和城邦，因此都不能获得最大的权力和荣誉。

与这两类人形成对比的是，狄翁和其他任何人都不会自愿地这样追逐权力——以上面两种方式获得的权力，毋宁说是对自己和子孙后代永恒的诅咒——他们追求政制，追求最公正和最好的法律，期望无需最少人数的死亡和流血就能实现这些目标。因此，对城邦最大的贡献，不是扩充城邦的财产和疆域，而是为城邦订立良好的政制和最公正的法律，如此才能赢得最大的荣誉和权力。这就是狄翁的信念，他宁愿承受不虔敬，也不愿行虔敬，尽管他提防不要承受不虔敬，但他最终还是即将完胜敌人时从顶峰跌下。柏拉图称，狄翁的这番遭遇毫不令人惊讶。为什么毫不令人惊讶？在《书简七》的开头，柏拉图称，倘若希普帕西努斯在某位神的帮助下获得与狄翁一样的意见，那也毫不稀奇(324b3–4)。这首尾呼应的两个"毫不令人惊讶"(οὐδὲν θαυμαστὸν)让人备感惊讶，难道说，从哲学的立场来看，西西里的悲剧不过是政治世界恒常的波澜,在任何时候、任何地方都不稀缺?

　　柏拉图进入了这场"狄翁赞"的高潮。他称狄翁是一个节制和神清智明的虔敬之人,这样的人在跟不虔敬的人交往时,不会完全被他们的灵魂欺骗,但他可能会像一位好舵手一样,虽然意识到会有一场暴风雨来临,但他却忽略了这场暴风雨出人意料的威力,于是浑然不觉地被这场暴风雨强行吞没。狄翁并非没有意识到那些给自己下绊子的人之邪恶,但却忽略了这些人邪恶到了何种程度:他们的无知、邪门和贪婪已经超乎狄翁的想象。一位真正的好舵手不仅要预知暴风雨的来临,还要预知暴风雨究竟有多大威力,这样他才可能做出相应地准备,确保航船不被风暴吞没。那位新狄翁就要做这样的舵手,不仅要认识到许多人的邪恶,还要认识到这些人具体的邪恶之处和程度,亦即更清楚地认识人性。

　　柏拉图结束了他对第二次西西里之行的讲述,也在对狄翁的哀悼中结束了对狄翁的"赞颂"。柏拉图重新把我们拉回狄翁死后西西里的现实处境。因此,他又说到自己之前所给出的"建议",他似乎意犹未尽,仍有一些话想说,但他克制住自己,以自我命令式的口气说"也就说那些吧"。对于"狄翁的诸位同伴和家人"而言,柏拉图对第二次西西里之行的讲述是一次"离题",抛离了他们当下所要求的建议;但对于柏拉图而言,对第二次西西里之行的讲述或许才是《书简七》的主旨,所以他在结尾点出了第二次西西里之行的特殊性。柏拉图说,之所以讲述自己的第二次西西里之行,是因为所发生的那些事荒诞而不合情理(ἀτοπία καὶ ἀλογία),他觉得必须要说一说。通过这份讲述,如果听众觉得这些事情更富情理了,觉得所发生的事有了足够的因由,刚才所说的这些对"我们"就会是"说得合适的和足够的"(μετρίως καὶ ἱκανῶς)。如此看来,柏拉图之所以要把尚未说完的内容算作说完了,是因为他以所说的内容对我们是否恰到好处和足够为标准,这意味着,柏拉图的讲述始终是合适的和足够的——但或许并不是完整的和真实的。如何才合适? 如何才足够? 通过聆听柏拉图的讲述,如果我们觉得荒诞而不合情理的事情变得合乎情理、有足够的因由,那就是合适的和足够的。这意味着,只有当我们以哲学的逻各斯把握了没有逻各斯的政治世界,那对我们才是合适的和足够的。

结　　语

　　据说，北非的昔兰尼人(Cyrenaeans)曾向柏拉图抛出橄榄枝，邀请他为他们立法并安排政制的形式，但柏拉图拒绝了。他说，昔兰尼人太过繁荣，为他们立法反而是很困难的事。因为，当人自认为成功时，也就会变得极其自负、粗暴、难以统治，因此也难以服从任何法律。[①]换言之，唯有当某个危机时刻，人才会渴望并容易接受某种统治。柏拉图的《书简七》就发生在这样的危机时刻，故而不离乎立法和政制两题，但身为哲人的柏拉图同样看到了哲学所处的深重危机，故而也不得不引入哲学论题。如此多样的论题相互缠绕交织，使《书简七》成了一次奇妙的漫游，带我们领略了歧异丛出的纷纭景象。柏拉图以他的神化之笔与灵动之思将这些景象熔炼成一个有机体，并寄托了他严肃的意图。

　　在柏拉图的讲述中，他的两次西西里之行有着不同的意蕴，一侧重于政治，一侧重于哲学。可以说，柏拉图身上结合了政治冲动与哲学节制，这一结合之所以可能，是因为柏拉图政治哲人

---

① 事见普鲁塔克，"致一位缺乏教养的君主"(Ad Principem Ineruditum)，见《伦语》(*Moralia*)779d，另见普鲁塔克，《卢库拉斯传》(*Life of Lucullus*)2.4。另见卢梭，《社会契约论》，何兆武译，商务印书馆，2003，页55-56。

的身位。所谓政治哲人，一是看到了哲学生活高于政治生活的自然，二是看到哲学生活无法脱离政治生活的必然——因为，哲学生活要维系下去，就必然要在政治面前辨明自身之正当，这不可避免地会迫使哲人进入政治，甚至迫使哲人寻求与城邦和统治者的交谈。简言之，政治哲人不过就是游乎自然而返乎必然的一类人。《书简七》虽多言及法和政制，但法和政制却并非贯穿始终的论题，我们看到，"哲人王"渐渐淡出视野，最后落脚于哲学的自我辩护："关于建议"以及"哲学离题话"两节包含着柏拉图最明确的自我辩护，是《书简七》的华彩段落。因此，《书简七》中政治与哲学的交织并非"变奏"或"复调"关系，而毋宁说是哲学牵引政治、政治包裹哲学。

抛开《书简七》的文本问题，我们究竟该对柏拉图赴西西里的动因作何想？是历史的机缘，阴差阳错地走到这一步？是柏拉图素有的政治抱负，为了实践自己的学说云云？是为了向世人展示哲学可能成就的功绩？如果联系《书简七》开头对雅典以及"现今所有城邦的统治"的描绘，可以看到柏拉图所处的时世不啻为"据乱世"，柏拉图面对着希腊城邦以及文明的急剧衰落。因此，柏拉图接受狄奥尼修斯的邀召，可能有着比我们所猜想的大得多的抱负，他所说的"万丈光芒将会照耀所有希腊人和蛮族人"也许并非戏言，而是他重整希腊文明的志向所在。

如是而言，柏拉图岂不也有"澄清天下之志"？相比于柏拉图，先圣孔子的政治经历无疑丰富的多。但和柏拉图一样，无论是在鲁还是在卫宋楚陈蔡，孔子终不能为用。但有两次，孔子受到了狄奥尼修斯式的召请：

> 公山不狃以费叛季氏，使人召孔子。孔子循道弥久，温温无所试，莫能己用，曰："盖周文武起丰镐而王，今费虽小，傥庶几乎！"欲往。子路不悦，止孔子。孔子曰："夫召我

者岂徒哉？如用我，其为东周乎？"然亦卒不行。

　　佛肸畔，使人召孔子。孔子欲往。子路曰："由闻诸夫子，'其身亲为不善者，君子不入也'。今佛肸亲以中牟畔，子欲往，如之何？"孔子曰："有是言也。不曰坚乎，磨而不磷；不曰白乎，涅而不淄。我岂匏瓜也哉，焉能系而不食？"（引自《史记·孔子世家》，另见《论语·阳货》）

在"陪臣执国命"的春秋末世，召请孔子的并非贤君明相，而是两位据邑以叛的"畔臣"。两次召请，孔子皆欲往而"卒不行"。"卒不行"的理由何在？并非因为性情刚直的子路反对，也并非因为公山不狃、佛肸之召违其所言也，而是于知天命之年卒知道之不行也（两次召请分别在孔子五十岁和五十五岁时）。畔臣召孔子却未必能用孔子，即便得用而必有佞者谮孔子，甚或必有民人欲除孔子而后快……孔子一生颠沛流离，莫能容于天下，然"不容何病，不容然后见君子！"

孔子的故事要比柏拉图的故事精彩。柏拉图隐身于民主城邦城墙外的学园内，若没有这番受召而卒往矣，他的故事恐怕更没什么可称道的了。柏拉图或云：如有用我者，吾其为新希腊乎？

下篇　其他书简研究

下篇　其他荷前研究

面对余下的十二封书简，我们必须区别对待。有六封与柏拉图的西西里之行直接相关，它们要么写给狄奥尼修斯，要么写给狄翁，要么写给狄翁的家人和同伴，从而与《书简七》联构成一个庞大的意群，可以在与《书简七》的比较和对照中得到理解和解释。其余六封则相对独立，与柏拉图的西西里之行关系不大或者完全不相关，因而无法借助于《书简七》打开突破口，这使得理解这些书简变得相当困难。尽管这些书简同样不乏有趣而深刻的内容，但不适合整篇进行解读。因此，本书下篇就六封与柏拉图的西西里之行直接相关的书简展开研究，并按照收信人将其分为三组，依次进行解读：写给狄奥尼修斯（《书简一》、《书简二》、《书简三》、《书简十三》），写给狄翁（《书简四》），写给狄翁的家人和同伴（《书简八》）。这些书简虽然可以视为一个意群，但每篇都有其特殊性，犹如多棱镜一般折射出柏拉图西西里之行的不同镜像。

1.《书简一》

《书简一》虽然被绝大多数人认为是伪篇，但其形式上有诸多可堪玩味之处。作者从开篇309a1到b2始终称他的收信人为"你们"，自309b7以下直到结尾，收信人变成了"你"。作者似乎也想提示我们注意这一变化，故而在309b5–6重复了开头的语句（309a1: διατρίψας παρ' ὑμῖν χρόνον τοσοῦτον; 309b5–6: τοσοῦτον παρ' ὑμῖν διατρίψαντα χρόνον）。致狄奥尼修斯的其他三封书简也出现了"你们"的称呼（《书简二》313e3，《书简三》316a5，《书简十三》361c1, 362b2），但并没出现如此明显的人称突变。"你"无疑是指"这样一位僭主"（309b7–8），但"你们"指谁？

在309a6，作者说到哲人的孤独与僭主的孤独："今后我要以更加远离世人的方式（τρόπον ἀπανθρωπότερον）来为我自己考虑，而你身为这样一个僭主，将孤独地生活。"柏拉图今后要远离人事，从"爱人"转变为"爱自己"，享受哲学生活的自足，这可以视为他与狄奥尼修斯决裂的标志，也是他远离政治生活的开始。但是，柏拉图的远离将导致僭主的孤独。他下面引用欧里庇德斯和其他悲剧诗人的诗句，形容僭主在遭逢变故乃至被杀时，都悲叹自己没有朋友。因此，"你们"是指狄奥尼修斯以及他所谓的"朋友们"，他们簇拥在僭主周围，是僭主的谄媚者，却又时刻觊觎僭主之位。从"你们"到"你"的变化，仅仅道出了人尽皆知的真相：你是孤独的，唯有柏拉图可以成为你的朋友，但你错失了这位朋友，从而将因为缺少朋友而被你所谓的"朋友们"杀害（比较色诺芬，《希耶罗》6.1–5）。柏拉图退回狄奥尼修斯作为盘缠送的黄金，因为这黄金既不够他旅途的开销，对他今后的生活也没有用处——尽管他反讽地称其"光彩夺目"——弦外之音便是，狄奥尼修斯根本不知道柏拉图的"价值"，他不知道真正的朋友不能用任何黄金白银来衡量。"最珍稀的不是金灿灿的黄金"，而是"君子们相通的理智"（ἀγαθῶν ἀνδρῶν ὁμοφράδμων νόησις, 310b10），即心心相通的友谊。

《书简一》的开头交代了柏拉图与狄奥尼修斯决裂的因由，

但与其他几封书简、尤其《书简三》和《书简七》明显不符。《书简一》声称柏拉图在西西里"待了这么长的时间",实际上,柏拉图的两次西西里之行分别是在公元前367–366年和361–360年,每次只有一年左右的时间,其实很短暂;《书简一》中的柏拉图曾积极投身西西里政治,"治理你们的邦国",又"多次作为全权将领护卫你们的城邦",而《书简三》和《书简七》都辩称,柏拉图在两次西西里之行期间几乎没有参与西西里的任何政事,他更多想的是教化狄奥尼修斯(《书简三》316a, d–e, 317e;《书简七》329c–330b, 340b)。《书简一》中的柏拉图是爱政治的治邦者,无怪乎自斐奇诺以来,许多人猜测这封信的作者是狄翁。[①]

我们当然有诸多理由判定《书简一》是伪作。但是,伪作者的目的是"鱼目混珠",要读者相信"伪作"是"真作"。但《书简一》太不真了。伪作者为什么不从其他书简中就地取材,塑造一个更靠谱的柏拉图呢?《书简一》的"拙劣"恰恰提醒我们,它并非拙劣的伪作,而可能是一篇别有用意的作品。因此,我们要考虑作者的意图以及他赋予《书简一》的场景。

《书简八》中说到西西里僭政的历史:西西里人为了应对迦太基人的威胁,推选老狄奥尼修斯和老希普帕西努斯为领袖,并称两人为将拯救西西里的"全权将领",即"人们所谓的'僭主'"(《书简八》353b2–3)。"全权将领"的称号几等于"僭主"!在西西里的历史上,格隆、狄奥尼修斯一世和二世、狄翁、阿加托克雷(Agathokles)都担任过 στρατηγὸς αὐτοκράτωρ[全权将领],并顺势成为僭主。[②]如此一来,《书简一》称柏拉图多次担任西西里

---

① R. Hackforth,《柏拉图书简的作者》(*The Authorship of the Platonic Epistles*), Manchester: The University Press, 1913, 页36。其他三封致狄奥尼修斯的书简都说到狄翁, 惟独这一封对狄翁只字不提, 因为狄翁的遭遇与这封书简中"柏拉图"的遭遇太相似了。

② J. Harward,《柏拉图书简》, 前揭, 页6, 35。

的全权将领，这一方面说明这位雅典来客多么受西西里人信任，另一方面也说明他具有成为僭主的能力却并不觊觎僭主之位。柏拉图强调自己"在治理你们的邦国时是所有人里面最受信任的"，恰恰是在指责僭主不信任自己。导致柏拉图与僭主决裂的原因是什么呢？信中说柏拉图"忍受着那些恼人的诽谤"（"诽谤"亦见诸柏拉图写给狄奥尼修斯的其他书简），诽谤的内容或许就是"柏拉图图谋成为僭主"，诽谤者或许是狄奥尼修斯身边的"朋友"。面对连绵不绝的诽谤，柏拉图选择"忍受"，因为清者自清浊者自浊，他相信人们看得到他的行为——"所有那些和你们共同治邦的人都可以为我作证"。大多数人都不相信这些诽谤，狄奥尼修斯却听之信之，严词喝令柏拉图乘船离开。从此以后，狄奥尼修斯失去了一个最值得信任的人，一个最能够保卫他的城邦的人。柏拉图在最理想的状态下能够发挥的作用，终因诽谤而归零。

《书简一》展示了一位已经与权力结合的柏拉图，但这一结合因为僭主的不信任而破裂。经历了这一失败，柏拉图似乎由此从"爱人"（philo-anthropos）转变为"厌人"（miseo-anthropos），走入哲人的宁静独处，但他大肆渲染僭主的孤独命运，也是在呼唤僭主的友谊。因此，《书简一》的结语就有预言意味了："你要认识到你在多少事情上错过了我们，这样你才会更好地对待其他人。"僭主总是与智慧者擦肩而过，因为僭主总是不能恰切地理解智慧者，总是看不到智慧者的价值，尽管他如此地需要智慧者。僭主制是"最坏的但却接近于最好的一种政制"（deterrimum genus et finitimum optimo，见西塞罗，《论共和国》卷一，65）。因其最坏，所以才需要智慧者教导；因其接近最好，所以才值得智慧者教导。你已经错失了我们，你要深刻反省你因此失去了什么，这样你才会更好地对待其他人——柏拉图式的后来人。

2.《书简二》

《书简一》中的柏拉图忿然与狄奥尼修斯决裂，《书简二》中的柏拉图则努力修补与狄奥尼修斯的关系。《书简二》的主题是"我和你应该如何对待彼此"（310d7, 312b3–4, 313c7）——狄奥尼修斯来信向柏拉图提出了这一问题，《书简二》便是柏拉图的解答。两人的关系出现了裂痕，但柏拉图力图抓住这一契机，教育狄奥尼修斯，匡正两人的关系："多亏神呵，如果我俩之前的交往中发生过什么不愉快，我俩还有可能通过行动和言辞来加以矫正。"（311d6–8）

要确定《书简二》的写作时间或场景并非易事。信中不乏对柏拉图第二次西西里之行的影射，譬如开篇提到的奥林匹亚赛会（310d，比较《书简七》350b），"花园中的月桂树下"的交谈（313a–b，比较《书简七》345a, 348c），信中声称"如果当初我这样管住其他人以及你和狄翁的话，那对我们所有人和其他希腊人会更好的多"，似乎是在影射柏拉图第二次西西里之行的彻底失败（310c，比较《书简七》335d）。照此来看，《书简二》的场景很可能设置在柏拉图第二次西西里之行结束后不久，约在公元前360年，即柏拉图离开西西里、与狄翁在奥林匹亚相会后不久（《书简七》350b）。但是，很难想象柏拉图与狄奥尼修斯彻底决裂之后还会再通信。既然柏拉图已经审查了狄奥尼修斯所谓对哲学的爱欲（《书简七》345d3–4），而且两人已经因为狄翁的财产、赫拉克雷德斯而交恶，柏拉图怎么可能再写信挽回两人的关系，并在信中给予狄奥尼修斯哲学教诲呢？另一方意见认为，《书简二》提到的奥林匹亚很可能不是公元前360年的赛会，而是公元前364年的赛会（尽管没有任何证据表明柏拉图参加了当年的赛会），《书简二》应该是写于柏拉图两次西西里之行之间的某个时段，即公元前364–361年间。但《书简七》并未提到柏拉图与狄奥尼修斯在此期间有这样的通信，而且柏拉图在《书简七》中明确说，狄奥尼修斯在他第一次到西西里期间拒绝接受他的任何哲学教诲（330b, 338d–e），唯有在他第二次到西西里期间，他跟狄奥尼修斯才"仅有一次谈话"（μία συνουσία, 345a1）。倘若《书简二》写于柏拉图第二次到西西里之前，信中所涉及的哲学内容（312d）以及"花园中的月桂树下"的谈话（313a）就不可思议了。[①]

我们无法断定《书简二》的场景究竟在第二次西西里之行结束后，还是在第一次西西里之行结束后。将其设定在任何一个时间，都会出现与《书简七》等相矛盾的反证。因此，《书简二》也常被断定是伪作。粗心的"伪作者"没有注意《书简七》中清晰的时间线索，结果编造得漏洞百出。或者说，"伪作者"完全不关心这些时间线索，也不关心那些历史细节：信中说到柏拉图"来到西西里的时候"（311e5–312a3），根本没交代柏拉图是第一次还是第二次来。《书简二》不是历史的，而是诗的，或说是对历史的诗之模仿。为了说明"睿智和强权"的亲缘关系，《书简二》的作者举出了两方面例证：一方面是人们在"私人谈话"中谈论的那些历史人物，另一方面是诗人们在"诗歌"中谈论的那些传说中

---

① 两种意见分别参看J. Harward, "The Date of the Second Platonic Epistle", *The Classical Review*, Vol.40.6, 1926, 页186–188; L. A. Post, "The Date of the Second Platonic Epistle", *The Classical Review*, Vol.41. 2, 1927, 页58–59。Harward持第一种意见，他辩护说，即便柏拉图在公元前360年与狄奥尼修斯关系破裂，柏拉图依然相信狄奥尼修斯有可能转向哲学生活，而且柏拉图对狄奥尼修斯本人并无敌意（参《书简七》350c–d）："他（柏拉图）认为哲学对于无论任何人都是最重要的……如果他看到有可能帮助狄奥尼修斯研究哲学思考必须的基础，他会抓住这一可能……柏拉图不愿错失拯救一个灵魂的任何机会"。Post持第二种意见，他认为"花园中的桂树下"的谈话并非哲学谈话，而且《书简七》338d–e表明，在邀请柏拉图第二次到西西里之前，狄奥尼修斯已经展现出对哲学的兴趣，已经得到其他人的教导。

的人物，但诗人们是模仿 (ταῦτα μιμούμενοι, 311a7) 那些人所共知的历史人物创作了传说中的人物。按亚里士多德《诗学》的经典表述：历史讲述已发生的事，诗讲述可能发生的事，因此诗比历史更富于哲学意味，也更为严肃。但是，诗与历史真的能截然二分吗？亚氏称诗描述普遍的事，历史叙述个别的事。但诗如果只关心普遍，那就与哲学无二致了，同样，历史如果只关注个别，那就与流水账没什么分别。诗与哲学的区分说明，诗追求普遍，但不能离开个别，诗要把可能发生的事与已发生的事结合起来，从而把普遍寓于个别、以个别呈现普遍。《书简二》称诗模仿历史，其实，诗模仿的是那些历史人物之间的关系共有的普遍性，即"睿智和强权"的亲缘关系，而且诗通过模仿个别的人物在个别情形下的言行表达了这种普遍性："诗人们咏唱这些人，说他们有些彼此争执，有些彼此结下友谊，还有些这时结下友谊而那时陷入争执，在这些问题上一致而在那些问题上不和"（参311b4–7）。借此观照《书简二》，它不就是通过模仿历史上的柏拉图和狄奥尼修斯的关系，表达了哲人与僭主或睿智与强权的关系这一普遍主题吗？《书简二》可说是极富哲学意味的无韵诗，它的意蕴并不局限于那一个特定的时空，而是有更普遍的时空意义——其鲜明的文本特征之一是，反复说到"今后"(τὸ λοιπόν) 和"将来"(εἰς τὸν ἔπειτα χρόνον)。① 《书简二》面朝未来，面对"可能或必然"(τὸ εἰκὸς ἢ τὸ ἀναγκαῖον,《诗学》1451b9)，它着眼的是未来的柏拉图与未来的狄奥尼修斯之间的关系，"我和你应该如何对待彼此"其实是"我和你将来应该如何对待彼此"。"伪作者"打破历史的逻

---

① 在《书简二》中，εἰς τὸν ἔπειτα χρόνον 见于310e2, 311c3–4, c6；τὸ λοιπόν 见于310d4, 313d4；μετὰ ταῦτα 见于312b1。相比之下，其他书简出现以上词组的频率少得多：εἰς τὸν ἔπειτα χρόνον 见于《书简七》334b1, 334d3–4(εἰς τὸν ἔπειτα καιρὸν)，《书简八》356c4–5(εἴς τε τὸν ἔπειτα χρόνον καὶ τὸν νῦν χρόνον)；τὸ λοιπόν 见于《书简一》309b7，《书简三》316d8，《书简九》358b4(εἰς τὸν λοιπὸν χρόνον)，《书简十一》359b3。

辑，创造了一个超时空的场域，展现了一个在与狄奥尼修斯交往中的柏拉图：柏拉图如何修补、矫正两人的关系，如何给予对方教导，以此昭示未来的哲人和僭主如何相处。《书简二》很可能是伪作，但绝对是篇立意深远的伪作，伪作者甚至可能不是别人，而是柏拉图，是柏拉图的为后世之作。

　　《书简二》的开头的确像是在接续《书简七》的结尾。信使阿尔基德莫斯（Archedemus）是柏拉图第二次西西里之行期间的关键人物，狄奥尼修斯最初派他去请柏拉图重回叙拉古，柏拉图则在被逐出卫城后住到他的家中（《书简七》339a–b, 349d, 另见《书简三》319a）。阿尔基德莫斯是柏拉图最看重的西西里人，是阿尔基塔斯的一位弟子。《书简二》以他作为信使再合适不过了，因为重建两人的关系首先取决于两人之间是否有某个相通的通道。开篇说到的"奥林匹亚"似乎也指向柏拉图与狄翁在奥林匹亚的相会（《书简七》350b–c），只不过主角不是狄翁：柏拉图和他的朋友们①去参加奥林匹亚赛会，大概有些人说了几句狄奥尼修斯的坏话，结果被随行的克拉提斯托鲁斯（Cratistolus）和波吕克赛努斯（Polyxenus）听到，于是就向狄奥尼修斯打了小报告。狄奥尼修斯这次派阿尔基德莫斯前来，就首先要求柏拉图管束自己和他的朋友们，不要做或说任何损害狄奥尼修斯的事或话。此外，"你只把狄翁排除在外"——排除在什么之外？②这句话是对狄奥尼修斯原话的概括，还是对其行动的描述？作者通过动词ποιῆ

---

① 作者并没以通常用的φίλος一词表示"朋友"，而是代之以形容词ἐπιτηδείος："合适的"、"有用的，必需的"或"怀好意的、有用的朋友"。《书简十三》同样也以ἐπιτηδείος表示"朋友"（361c4–5, d4, 362c1, 363c6），除此之外，《书简十三》还和《书简二》一样，结尾都涉及对某些人物的评价或建议。这些成为《书简二》模仿《书简十三》的"证据"。

② 几乎所有研究者都对这句话语焉不详，这使得狄翁在《书简二》中的出现变得晦暗不明。唯独R.S. Bluck注意到，这句话可能影射狄翁正在筹划征讨狄奥尼修斯。参见R.S.Bluck, "The Second Platonic Epistles", *Phronesis* 5, 1960, 页141。

[做] (310c1, 与c4的ἡγῆ[认为]相对)强调了后一种可能, 由此可以推测, 狄奥尼修斯的口信仅涉及柏拉图和柏拉图的朋友们, 并不涉及狄翁——狄奥尼修斯并没要求柏拉图管束狄翁的言行, 因为已经管不住。"你只把狄翁排除在外"随即变成了"'狄翁除外'这句话"(οὗτος ὁ λόγος), 而作者对自己的这句话解释说, 这句话恰恰表示"我并不统治我的朋友们": 即便他们讥诃你, 那责任也不在我, 因为我并不是他们的主人, 不应为他们的言行负责(何况我在奥林匹亚并没听到他们这么说)。狄奥尼修斯的行动已经反驳了自己的言辞。正如柏拉图并不统治狄翁一样, 他也并不统治他的朋友们。作者说, 柏拉图当初也并未统治其他人以及狄奥尼修斯和狄翁, 他如今只统治自己, "让我自己遵行我的教诲。"柏拉图对狄奥尼修斯和狄翁的教育均告失败。《书简二》以第二次西西里之行的失败为背景, 其时狄翁恐已与狄奥尼修斯交恶, 发动对狄奥尼修斯的远征。根据《书简七》, 狄翁曾在奥林匹亚号召柏拉图以及柏拉图的家人和朋友们报复狄奥尼修斯, 奥林匹亚之会标志着狄翁与狄奥尼修斯的彻底决裂。假如《书简二》承续的是第二次西西里之行的终点, 那它朝向的将是第三次西西里之行。

《书简二》的开头显示出两人的关系出现了裂隙, 但这一裂隙似乎是出于外因即由诽谤导致的, 并不是什么大问题。柏拉图嘱咐狄奥尼修斯, 今后如果再有人离间两人的关系, 他应该送信前来向柏拉图询问。柏拉图转而开始谈论"你我彼此之间的关系"现在是怎样的。没有一个希腊人不知道我俩, 而且我俩的交往(συνουσία)也不是什么秘密; 一位是希腊世界最著名的哲人, 一位是西西里最强大的僭主, 所有希腊人都在谈论我俩的关系, 将来还会继续谈论, 但我俩现在的关系并不完全和谐。为此柏拉图"从头开始讲起", 引出了整部书简的题眼: "依据自然(πέφυκε), 睿智和强权(φρόνησίς τε καὶ δύναμις μεγάλη)要结合为一, 两者永远在相互追逐、相互寻求和相互聚合。"在柏拉图作品中，这是对哲学与政治之关系最直白也最形象的表述。哲学与政治犹如被爱欲推动的阴阳两极，永远在寻求结合但永远结合不了——若没有永远的相互排斥，也就没有永远的相互追逐，反之亦然。作者紧接着回到人们的谈论：人们既乐于自己谈论它们，也乐于听别人在私人谈话（ἰδίαις συνουσίαις）或诗歌（ποιήσεσιν）中谈论它们。作者举出了四组历史人物：希耶罗和拉克岱蒙的泡桑尼阿斯与西蒙尼德斯，科林斯的佩里安德斯与米利都的泰勒斯，伯里克勒斯和阿纳克萨戈拉，智慧者科洛伊苏斯、梭伦与掌权者居鲁士。接下来又提到诗人们的颂唱，涉及三组人物：克瑞昂与忒瑞西阿斯，波吕艾都斯与米诺斯，阿迦门农与涅斯托尔、奥德修斯、帕拉默德斯。最后则提出"原初的人们"所创造的普罗米修斯和宙斯神话。作者共列举了十个历史人物、八个传说中的人物、两个神，从"近代"推进到"古代"再上推"元古"，如此大的时间跨度无非揭示出，睿智与强权自古及今永远在相互追逐，甚至开天辟地之初就是如此。但这些例证"太过冗长"，"看上去像是一个学童急切地想要引用他所能引用的一切例证"，[1]而且大多不能证明作者的论题。西蒙尼德斯是诗人，虽然常被称赞为"智慧"，但他的贪婪也是全希腊闻名，他与希耶罗和泡桑尼阿斯的交往更可能是为了钱；[2]泰勒斯是第一位伊奥尼亚哲人，佩里安德斯是科林斯僭主，两人同是古希腊七贤（《王制》336a），但并没有任何文献表明两人有交往；克洛伊索斯的确曾向居鲁士谏言（参见希罗多德《历史》卷一，155–157，卷三，36），但是，并没有证据表明梭伦与居鲁士见过面。唯独伯里克勒斯和阿纳克萨戈拉确乎有某种

---

[1] R. Hackforth，《柏拉图书信的作者》，前揭，页51。
[2] 西蒙尼德的智慧，参见柏拉图，《王制》331e，《普罗塔戈拉》343c。西蒙尼德的贪财，参见阿里斯托芬，《和平》行698–699；亚里士多德，《修辞学》1391a8–11，1405b24–28。

友谊(参见《斐德若》270a),而这对儿人物也是距我们最近的例证。常人们的谈论远离真实,那些越久远的事例在常人们的谈论中越远离真实(从时间顺序上说,这四个例证由古及今依次是佩里安德斯-泰勒斯,科洛伊苏斯、梭伦-居鲁士,希耶罗、泡桑尼阿斯-西蒙尼德斯,伯里克勒斯和阿纳克萨戈拉)。诗人们则能把谎话说得像真实一般(赫西俄德,《神谱》行27-28),无论是悲剧诗人还是更古老的荷马,他们为了展现智慧与强权的亲缘关系而创造了他们笔下的角色,当然,原初的神话也是诗人的创造。普罗米修斯代表神界的智者,宙斯代表神界的王者,普罗米修斯曾以自己的计谋扶助宙斯推翻克洛诺斯获得神界的王位,但又因盗火给人类而遭到宙斯的惩罚(埃斯库罗斯,《被缚的普罗米修斯》行199-225)。① 与私人谈话不同,诗人的颂唱是多元性的,诗人对于智慧和强权的关系的理解更为完整,他们既看到两者之间的和谐,也看到两者之间的冲突,所以在诗人们的颂唱中,说他们有些彼此争执,有些彼此结下友谊,还有些这时结下友谊而那时陷入争执(譬如宙斯与普罗米修斯),在这些问题上一致而在那些问题上不和。

作者所举出的这些例证都是过去的人物,不管他们离去了多么久,他们都永久地留驻于人们的言辞中,被人们反复谈论。无疑,人们将来也会继续谈论西西里的狄奥尼修斯与雅典的柏拉图,"在我们死后,那些关于我们本人的言谈(λόγοι)并不会止息"。但为什么要在意死后人们如何议论自己呢?作者诉诸人的某种自然:最具奴性的人完全不考虑将来,他们沉溺于奴性的、身体性的快乐(《书简七》335b),认为死后万事皆空,何必为了死后的名声而放弃当下的快乐(比较《苏格拉底的申辩》40c);最端正的人所做的一切都是为了将来会受人称颂,为了百世流芳。

---

① 参见刘小枫,《普罗米修斯之罪》,北京:三联书店,2012年。

狄奥尼修斯可能因为与柏拉图的"友谊"在后世收获莫大的声誉，但对于柏拉图而言，与僭主的友谊将会是他哲人之名的瑕疵，柏拉图现在所做的并不是为了自己将来受人称颂。最端正的人未必是最好的灵魂，最好的灵魂是那些属神的男人，他们能预见未来，他们预见到即便在自己死后也会对世上的事有某种知觉（αἴσϑησις）。死者对世上的事有某种知觉，我们要为将来（死后）操心，所以我们应该矫正我们的交往，以便人们在我们死后更好地谈论我们——经过这样一段简单而含糊的论证，柏拉图说明了矫正两人之关系的必要性。比前人幸运的是，他们还能够矫正两人的交往，毕竟两人都还活着。当十三封书简第一次提到"哲学"（311d8）时，作者说，"如果我们自身是端正的，关于哲学的真实意见和言辞将会更好"。因此，柏拉图现在做的是为了今后人们会更好地看待和谈论哲学，换言之，为了哲学在大众中的声誉，让大众相信哲学不仅不会危害城邦，而且还有益于城邦，哲学与政治是有可能结合的（比较《书简七》328e）。柏拉图甚至把这一点抬高到虔敬的地步：关心哲学的声誉是最虔敬的事。我们可以设想，在柏拉图的两次西西里之行失败后，尤其在狄翁被杀、西西里陷入内乱之后，哲学的声誉降到了极点，大众对哲学定然充满了轻蔑甚至是厌恶，大众会认为哲学无法教化僭主，在政治上亦毫无用处，一旦插足政治就会弄出大灾难。《书简二》所做的，就是通过修复柏拉图与狄奥尼修斯的关系，改变大众对于哲学的看法。

应该如何矫正两人的关系？为了回答这一问题，作者突然讲起柏拉图来到西西里的意图和遭遇。在来到西西里之前，柏拉图在那些从事哲学的人里面（τῶν ἐν φιλοσοφίᾳ）享有极高的名望，他之所以到叙拉古，是想以狄奥尼修斯作为共同的见证人（συμμάρτυς），亦即让狄奥尼修斯和其他哲人一样见证自己的智慧，如此"哲学可以因我在大多数人（πλῆϑος）那里得到荣耀"。柏拉图的西西里之行，是为了让哲学走向大多数人，在大众中获得声誉，而僭主就是柏拉图与大众之间的纽带。但这一意图失败了。个中原因并不像大多数人所说的那样，不是因为狄奥尼修斯瞧不起柏拉图，而是因为狄奥尼修斯并不信任柏拉图。对照开头来看，柏拉图与狄奥尼修斯关系的裂隙陡然加深，原来两者的冲突并非起于外部的诽谤，而是有着根深蒂固的内因，即狄奥尼修斯的不信任。但是，既然狄奥尼修斯不信任柏拉图，设法把柏拉图打发走，为什么现在又向柏拉图求问"球"的问题，并希望柏拉图阐明比"球"更为神圣也更有价值的问题？如果他现在信任柏拉图，为什么不请柏拉图重返西西里？《书简二》内部矛盾重重，不过是对哲人与僭主"这时结下友谊而那时陷入争执，在这些问题上一致而在那些问题上不和"的模仿。

话题再次回到"我和你应当怎样对待彼此"，但意蕴已有所变化。狄奥尼修斯可能完全瞧不起哲学，也可能热衷于哲学；他可能热衷于其他人的学说，或者他自己发现了某些学说，或者他热衷于柏拉图的学说。①若是前两种情形，柏拉图要求狄奥尼修斯荣耀那些学说，若是后一情形，柏拉图则要求狄奥尼修修荣耀他自己，给予他最大的荣誉。就荣誉而言，柏拉图与其他哲人有着竞争关系，虽然狄奥尼修斯已聆听过柏拉图的学说，但他出于对柏拉图的不信任（未必是不满意）撵走柏拉图，把其他人请过来，又聆听其他人的学说，同时还将柏拉图的学说与其他人的学说进行比对（312c3-4，313c8-9）。狄奥尼修斯无疑喜欢哲学，但他尚不能判定是柏拉图的哲学还是其他人的哲学更好。"如

---

① 这里区分了狄奥尼修斯接受哲学的三种途径：听柏拉图讲，听其他人讲，或是自己发现。参见《书简三》313a-b，《书简七》341c，345b。

果我们的学说令你满意，你就应该最为荣耀我"——《书简二》
看上去足够惊世骇俗，因为它公然向僭主讨要荣誉，在哲人与
僭主的关系上赤裸裸。哲人要从僭主那里寻求荣誉，不能主动去
荣耀僭主，否则会被认为是贪慕钱财的谄媚者；哲人只能劝导僭
主首先荣耀自己，然后他再去荣耀僭主。更宽泛些说，虽然哲学
与权力相互寻求，但哲人要劝导僭主首先亲近自己，只有僭主首
先亲近了哲人，哲人才能够亲近僭主。哲人如何劝导僭主首先亲
近自己？只能诉诸荣誉：如果僭主亲近哲人，在大众眼中，僭主
就成了哲人，享有智慧者的好名声。哲人这么做并不是为了个人
的荣誉——柏拉图说，若他没有受到荣耀，他并不会为此怨怨艾
艾——而是为了哲学的荣誉，哲学由此将"在大多数人那里得到
荣耀"。

　　接下来进入极其隐晦的哲学讨论。狄奥尼修斯变身为一位
初入门的新哲人，向柏拉图求问那个"比这个[球]更有价值也更
神圣的问题"，柏拉图则用"谜语"解答，以便其他人读到也明
白不了。柏拉图的解答主要涉及"第一者"(τὸ πρῶτον)的性质，他
称之为"万物之王"："万物都与万物之王有关，万物都是因为它
[而存在]，而且它是所有美的事物的原因。"他还说到，"'第二
者'(δεύτερον)是关于第二等东西的，'第三者'(τρίτον)是关于第三
等东西的"。这一段落虽然晦涩难解，但在柏拉图经学史上颇有
影响。新柏拉图主义者认为它包含着"柏拉图的神学"，[1]经由

____

[1] 晚期新柏拉图主义者普洛克罗系统阐发了柏拉图的神学，他将涉及柏拉图神学的
作品分为三个层级：位于第一层级的是那些通篇讨论柏拉图的神圣学问的对话，
如《斐多》《斐德若》《会饮》《斐勒布》《智术师》《治邦者》《克拉底鲁》《蒂
迈欧》；位于第二层级的是《高尔吉亚》和《普罗塔戈拉》中的神话、《法义》中
关于神意的论述以及《王制》卷十；位于第三层级的则是柏拉图的书信，因为它
们谈到了三个王，还有许多其他与柏拉图的学说相匹配的神圣教义。参见普洛克
罗，《柏拉图的神学》，石敏敏译，中国社会科学出版社，2007，页14；Proclus, *The
Theology of Plato*, Thomas Taylor译, Prometheus Trust, 1995，页63。

新柏拉图主义者的阐发，这一段落又被转化为对基督教三位一体说的论证，被早期的希腊教父吸收。这一小段内容因而被称为"三位一体的形而上学"(trinitarian metaphysics)。[1]

如何理解"第一者"？新柏拉图主义者提供了线索。[2]"第一者"与"第二者""第三者"并非并列关系，因为"第一者"是关于万物的"万物之王"，但"第二者"只是关于第二等事物的，正如"第三者"只是关于第三等事物的。"第一者"完全超越于所有事物之上，它包含了"第二者""第三者"，所以柏拉图只把"第一者"称为王，也只有"第一者"带有定冠词 τό。"万物都是因为它〔而存在〕"，则说明"第一者"是所有事物共同的唯一目的，是一切原因中的最终因。"所有美的事物的原因"显然次于最终因，"第一者"是美的源泉，虽然它也包含了丑。"第一者"具有不可言说、绝对超越的特征，它不可能通过语言阐明，也不可能加以认识，不管我们如何谈论它，都像是在谈论某个事物，谈论"关于"它的东西，而不是在谈论它。但我们可以谈论和认识"第二者"和"第三者"，"人的灵魂渴望学习它们是什么样的"，但"王以及我说到的这些，则完全不是这样的"。假如灵魂去追问"第一者"是什么样的，这一追问就成了所有恶的事物的原因。所有的恶都产生于这一追问，因为不可能回答这一问题。柏拉图以这样的方式向狄奥尼修斯说明了"第一者"的性质，而他的目的在于促使狄奥尼修斯不再追问"第一者"是什么样的。因为这一问题会在灵魂中产生阵痛，而只有摆脱这一阵痛，才能达致真理。也就是说，对第一者的认识不能够从第一者本身入手，而只能从第二者和第三者入手，绕道去认识第一者。

---

[1] Paul Friedländ，《柏拉图》，前揭，页245。

[2] 普洛克罗，《柏拉图的神学》，前揭，页109–115; Proclus, *The Theology of Plato*, 前揭，页158–164。

鉴于"第一者"的性质，狄奥尼修斯的"哲学"不攻自破了。狄奥尼修斯曾向柏拉图声称，自己已经想明白了这个问题，而且是他自己做出的发现。但柏拉图说，他从未遇到过发现这一问题的答案的人，甚至他自己付出那么多努力也没找到答案。狄奥尼修斯现在以为自己已经变得智慧，从而放弃了对自己的"智慧"的检审。这不过是初次听柏拉图讲的人的普遍情形，他们实际刚刚踏上智慧之路，却自以为已经达到智慧之路的终点（比较《书简七》340c）。柏拉图强调说，他的话不是听一次两次就能明白的，要"经过经常言说和反复倾听，经过许多年，在付出许多努力之后"，这些话的价值才会显现出来，"像金子一样艰难地得到纯化"（314a5-7）。之所以需要这么多时间的磨练，就是因为柏拉图所言并非抽象的理论，而是一种生活方式：听者需要在生活中不断践行并反复检审，从而不停地修正自己，当柏拉图的话像金子一样得到纯化时，听者的灵魂也就变得像金子一样。柏拉图的"灵魂炼金术"只针对那些禀赋好的人（εὐφυεῖς），他那些修成正果的听众"善于学习，也善于记忆，能够在各方面彻底地检验以做出判断"，这些人天赋如此之高，却也在听了不下三十年之后才悟到："那些曾经被认为最不可信的，现在却显得最可信和最清楚，而那些曾经被认为最可信的，现在却显得恰恰相反"（314b3-5）。这一说法像是对《王制》中洞穴喻的说明。洞穴中的人以为阴影就是真实，当他最开始看到光的时候，他并不会认为光比阴影更真实，而且他会逃回阴影，除非有人硬拉他走出洞穴，并让他逐渐习惯于直视太阳本身，他才会明白他之前所看到的一切都源于太阳，他先前一直生活在虚假之中（《王制》514a-516e）。走出洞穴的人如果再度回到洞穴，则会成为洞穴中的囚徒嘲笑的对象；如果他试图释放这些囚徒并带他们走出洞穴，则会被他们逮住处死（《王制》517a）。必须要小心洞穴内外的区分："对于多数人而言，几乎听到的没什么比这些话更荒唐可笑了"，所以，柏拉图要以谜语来解释"第一者"的性质，以免多数人误听到他的话。柏拉图还告诫狄奥尼修斯，将来不要因为"现在不当地流传的东西"懊悔(314b6–7)。"现在不当地流传的东西"似影射《书简七》中所批判的狄奥尼修斯式的哲学写作(341b, 344d–e)。如果《书简七》的批判属实，《书简二》中对于哲学写作的告诫就具有事后弥补的性质了。可以猜想，藉由狄奥尼修斯，"柏拉图的哲学"流传到大多数人中间，遂使大多数人对"柏拉图的哲学"以及"第一者"的性质形成极大误解，他们要么认为柏拉图的哲学只是在讨论"第一者"，要么认为"第一者"有着清楚明白的答案。所以，柏拉图一方面要以"谜语"来解释"第一者"，揭示"第一者"的绝对超越和不可言说，另一方面又要对自己的哲学正本清源：

> 我本人从未就这些内容写过什么。没有柏拉图的著作(σύγγϱαμμα)，也根本不会有，现在那些所谓的[柏拉图的著作]属于变得美和年轻的苏格拉底。(314c1–4)

柏拉图没有就"第一者"这样的内容写过任何著作，因为这些内容不可言说也不应言说，而且一旦写下就不可避免地会流传出去，传到不适宜的耳朵之中(对比《书简七》341c)。但这并不意味着柏拉图没有写任何东西，柏拉图所写的是那位"变得美和年轻的苏格拉底"，对苏格拉底的塑造才是柏拉图的哲学。这段话提示我们如何理解柏拉图对话中的形而上学内容。与亚里士多德不同，柏拉图写的不是形而上学论文，而是戏剧性的对话，理解在对话中出现的形而上学讨论，必须要从对话的戏剧行动出发，必须要思考对话者为什么这时以及向这个人谈论形而上学、这样的谈论最终有什么结果。如果将形而上学内容从对话中单独抽离出来，那就会出现狄奥尼修斯式的哲学论文，而不是"柏拉图的著作"了。

柏拉图讲这些同样是在回答"我们应该如何对待彼此"的问题。柏拉图先后三次回答这一问题，逐渐将两人的关系推进到最理想的境地。他首先指出矫正两人关系的必要性，然后说明狄奥尼修斯应该首先荣耀自己，最后说明两人在哲学上应该如何交往。柏拉图要求狄奥尼修斯检验自己的学说，让他跟其他人交往，将自己的学说与其他人的学说相对照，并考察自己的学说本身的内容。如果狄奥尼修斯实实在在地做到了这些，柏拉图的学说就会"生长"（προσφύσεται）在他身上——不再是外在的一套说辞，而是内化为生命的一部分——由此狄奥尼修斯就会融入柏拉图的学说所构建的精神团契，与柏拉图以及柏拉图的朋友们亲如家人。为了实现这一最理想不过的状态，狄奥尼修斯应该怎么做？今后，他应该像他现在所做的那样，一旦碰到其他困惑，就要再次派阿尔基德莫斯前来向柏拉图请教，而阿尔基德莫斯会带着柏拉图的话回到他那里，就像一个往返于雅典与西西里的商贩。①经过这么两三次，如果狄奥尼修斯充分检验了柏拉图送去的话，当前令他困惑的东西将会变得跟现在截然不同。狄奥尼修斯将感受到灵魂的蜕变，正如那些跟从柏拉图三十多年的人一样，以全新的灵魂过着全新的生活，"变得美和年轻"。

《书简二》期待着哲人与僭主最为理想的关系，预示着两者从分离走向结合。面对着柏拉图两次西西里之行结束后的处境，《书简二》努力挽回哲学在大众心中的形象，并补救狄奥尼修斯

---

① 柏拉图为什么不嘱托狄奥尼修斯去读"柏拉图的著作"（比较《书简十二》；《书简十三》360b, 363a）？

的写作造成的问题，同时向未来的哲人与僭主指出两者应该有怎样的关系。《书简二》朝向柏拉图的第三次西西里之行，因为在几次派阿尔基德莫斯到柏拉图那里后，狄奥尼修斯很可能会邀请柏拉图重返西西里。

3.《书简三》

《书简三》具有严整的结构和清晰的线索，这在十三封书简中殊为难得。它是对柏拉图遭受的诽谤做出的双重申辩（δισσά ἀπολογία, 316b3），它名义上是写给狄奥尼修斯，实际是一封公开信，写给所有听闻这些诽谤的人们。信中讲述了柏拉图两次西西里之行的始末，向世人展现了柏拉图与狄奥尼修斯的关系，在内容和主题上可与《书简七》对勘。

促使柏拉图写这封信的是狄奥尼修斯近来对他的诽谤。狄奥尼修斯声称，他原本打算殖民西西里的希腊城邦，并要把对叙拉古人的统治从僭政转变成王政，柏拉图却劝阻他这么做，如今柏拉图又教导狄翁做这些事，试图由此夺取狄奥尼修斯的统治。《书简三》所处的当下是狄翁与狄奥尼修斯交战之时：狄翁已经发兵征讨狄奥尼修斯（公元前357年），但尚未推翻僭政。如《书简三》所说，狄奥尼修斯是对"去你那里的使者们"（315c8–d1）说这些话的，可以想见，这一诽谤通过这些使者散播到其他城邦，进而可能散播到整个希腊世界。这一诽谤的重点在于，柏拉图偏私于狄翁，阴险地阻挠狄奥尼修斯成为一个有为的王者，同时扶持狄翁夺取狄奥尼修斯的统治。但这一诽谤对狄奥尼修斯有什么益处呢？狄奥尼修斯的诽谤表明，狄翁现在要做的就是他"曾经想要"做的，他是一位有着高贵的政治抱负的僭主，但因为柏拉图的阴谋，这些抱负未能实现。这样一来，狄翁和柏拉图就是不正义的，狄奥尼修斯则成了受伤害的一方。狄奥尼修斯试图通过制造舆论博取国际社会的支持，确立自己统治的正当性。

说完狄奥尼修斯的诽谤，柏拉图离题说到他在两次西西里之行期间所受的诽谤。斐利斯提德斯(Philistides)[1]等人曾在雇佣兵和叙拉古民众面前诽谤柏拉图(315e4–5)：两次西西里之行期间，柏拉图都住在僭主禁卫深严的卫城中(见《书简七》329e, 349c)，这些诽谤者便能轻易地说服卫城外的叙拉古人相信，狄奥尼修斯对柏拉图言听计从，因此狄奥尼修斯的种种过失都要归咎于柏拉图(对比《书简七》330a, 350a)。柏拉图辩称，只有在最初到叙拉古时，他才自愿和狄奥尼修斯共同主持一点点政事，但也仅涉及一些琐事以及"关于一些法律的序曲"，[2]而且狄奥尼修斯等人后来还修改

---

① 十三封书简中只有这里提到诽谤者的名字。这位斐利斯提德斯可能就是普鲁塔克说到的斐利斯图斯(Philistus)。斐利斯图斯曾扶助老狄奥尼修斯成为僭主，并长期执掌叙拉古卫城的卫戍部队。老狄奥尼修斯的兄弟勒普提涅斯(Leptines)与一个已婚妇人生下两个女儿，他把其中一个女儿嫁给斐利斯图斯，却没有告知老狄奥尼修斯，老狄奥尼修斯一怒之下放逐了斐利斯图斯。流亡在外的斐利斯图斯专心写作西西里史，直到老狄奥尼修斯驾崩才回到西西里：狄翁劝说新近即位的狄奥尼修斯召柏拉图前来，狄翁的政敌害怕狄奥尼修斯会受到柏拉图的影响，就劝服他召回斐利斯图斯，因为这个人受过良好的教育，熟悉僭主的性情，能够与柏拉图及其哲学抗衡。斐利斯图斯很快就成了狄奥尼修斯的心腹。他和同党散播谣言，攻击狄翁，迫使狄翁被流放。狄翁征讨西西里期间，斐利斯图斯曾率舰队救援被困在卫城中的狄奥尼修斯，后在海战中战败被杀。事见普鲁塔克，《狄翁传》11–12节，35–36节。普鲁塔克提到，斐利斯图斯是"最热爱僭主的人"，"最崇拜僭主们的奢侈、权力、财富和婚姻"。
② "关于一些法律的序曲"(τὰ περὶ τῶν νόμων προοίμια)照应《法义》卷四(719a以下)的讨论：立法者应该兼用说服和强制，制定法律以及"法律的序曲"，所谓"法律的序曲"，就是运用说服让人们更容易接受立法者的命令(亦即法律)。在进行这番讨论时，雅典异乡人称"我们之前的讨论"(前四卷)是法律的序曲，也就是立法工作前的准备，并商定在彻底完成这一序曲后，再来颁布法律(723e–724a)——卷九-卷十二所制定的法律无一例外由法律的序曲和法律构成。因此也可以说，《法义》本身就是由法律的序曲和法律构成。《书简三》说柏拉图严肃从事的内容包括"关于一些法律的序曲"，由此可见，他初到西西里时可能承担了某些立法工作并写成条文，所以才会有其他人的篡改。《书简七》从未提到这一内容(比较329b–c)，但说过柏拉图去西西里是为了实现"对法和政制的构想"。

了这些"序曲"。可以想见，这一诽谤也由叙拉古人传播到外邦，不少希腊人相信，柏拉图与狄奥尼修斯有政治上的合作。

《书简三》针对这两组诽谤展开双重申辩，首先反驳先前的诽谤，表明柏拉图避免和狄奥尼修斯共同主持政事，其次反驳现今的诽谤，表明柏拉图并未劝阻狄奥尼修斯殖民西西里的希腊城邦。由此，《书简三》与《苏格拉底的申辩》形成了清晰的类比：苏格拉底和柏拉图都遭受了两组诽谤-控告，一是现在的诽谤，另一是先前的诽谤——先前的诽谤者人数更众，诽谤更持久、更可怕（见《苏格拉底的申辩》18a–e）；苏格拉底和柏拉图都是先回应先前的诽谤，再反驳现在的诽谤；苏格拉底在雅典公众面前申辩，柏拉图则是在希腊公众面前申辩，苏格拉底的罪名是不敬神和败坏青年，柏拉图的罪名则是败坏狄奥尼修斯。①

《书简三》没有提到的是，这些诽谤者还在狄奥尼修斯面前诽谤过狄翁和柏拉图，声称狄翁图谋夺取僭政，欲以柏拉图的哲学迷惑狄奥尼修斯，诱使狄奥尼修斯放弃权位（参见《书简七》329c, 330b, 333c, 350c）。这一诽谤导致狄翁被流放，狄奥尼修斯拒绝接受柏拉图的哲学。反过来，《书简七》也没有提到《书简三》所说的这一诽谤。斐利斯提德斯等人是僭主制的卫护者，他们在僭主面前诽谤试图废除僭主制的狄翁和柏拉图，在雇佣兵和民众面前诽谤柏拉图，试图把雇佣兵和民众对僭主的不满转嫁到柏拉图头上。《书简三》与《书简七》的这一差异可能缘于写作时间和写作对象上的区别。《书简七》写于狄翁被杀之后（公元前354年），西西里人指控狄翁图谋成为僭主，致使狄翁被杀（《书简七》334a），所以柏拉图要重点反驳对狄翁的诽谤，通过讲述狄翁的政治信念是如何形成的（《书简七》324b）来坚定"狄翁的家人和同伴"对狄翁的忠诚，激励他们继承狄翁的遗愿；《书简三》

---

① 《书简三》结尾（319e1）用ὦ ταν[伙计啊]称呼狄奥尼修斯，《苏格拉底的申辩》（25c6）则用于称呼莫勒图斯（Meletus）。这一呼语碰巧在柏拉图作品中仅此两见。

写于狄翁征伐之时，柏拉图反驳狄奥尼修斯的诽谤则有声援狄翁的作用，通过讲述两次西西里之行撇清与狄奥尼修斯在政治上的关系，则能够揭露僭主的虚伪和昏庸，从而为狄翁的远征张目。这说明，对于狄翁的远征，柏拉图并不是个旁观者。当初狄翁号召他报复狄奥尼修斯时，他本人予以拒绝，但他并没有劝阻狄翁，反而命令狄翁呼召他的朋友们帮忙（《书简七》350c–d），在狄翁发动远征后，他又密切关注着狄翁的行动（见《书简四》320a），并以自己的方式帮助狄翁：既然狄奥尼修斯不可能转向王政，而狄翁已经发兵征讨，次好的方案不得不是和狄翁联手，扶助狄翁夺取权力，然后让狄翁施行王政或施行法的统治（见《书简七》337d）。①

由此我们就能够理解《书简三》与《书简七》在两次西西里之行的叙述上的细微差别了。《书简七》对狄奥尼修斯有臧有否，赞赏他的年轻、哲学天分、善学、爱荣誉，还称赞他对柏拉图心存敬畏（《书简七》328a, 329d, 338d, 340a, 350c–d），《书简三》则对狄奥尼修斯毫不留情，直斥其为没头脑的"糊涂虫"（ἄφρων, 316d5），相应地又对狄翁不吝美言，称其为"神清智明的同志"（ἔμφρων κοινωνός, 316d4），还说"他一点都不比你[狄奥尼修斯]差"（318d7）。《书简三》一开始就表明，狄翁更具有统治资格，更值得柏拉图信赖：

> 狄翁受过我的检验，早就成为我的异乡朋友，而且他的年岁已经成熟而沉静——[这些品质]是但凡稍有点理智的人必须具备的，若是他们想要就你当时手中那样重要的事务出谋划策。而你却极为年轻，你对那些需要有经验的东西非常没有经验，而且我完全不了解你。(316c4–d1)

---

① G. R. Morrow，《柏拉图书简》，前揭，页95–96。

作为叙拉古的统治者，狄奥尼修斯完全没有统治能力，却担负着治邦君民的重责。因此，狄奥尼修斯应该接受狄翁和柏拉图的辅佐，但随后狄奥尼修斯就流放了狄翁。《书简三》没有交代流放狄翁的原因（对比《书简七》329c），它将狄翁的流放归结为人或神或某种机运与狄奥尼修斯的共谋，从而表明，狄奥尼修斯根本不知道自己为什么流放狄翁，正如他自认为在统治，但实际是被他身旁的恶人统治着。从此以后，柏拉图就远离政事，与狄奥尼修斯断绝政治上的合作，同时竭尽全力促使狄奥尼修斯与狄翁和好。

对于第二次西西里之行的缘起，《书简三》与《书简七》大致相契。狄奥尼修斯违背约定，只邀请柏拉图一人前来，推脱说之后再请狄翁，尽管狄翁催促柏拉图前去，但柏拉图拒绝了这一邀请；一年后，狄奥尼修斯派了一艘三层桨的船来接柏拉图，并写信说如果柏拉图前来，狄翁的事就能照着柏拉图的意思办；意大利和西西里也有好多人写信劝柏拉图去，柏拉图身边的人们也这样劝他；柏拉图最终踏上了西西里的旅程。对于柏拉图拒绝邀请的原因，两封书简出现了分歧。根据《书简七》，柏拉图认为“这时候不要理会狄翁和狄奥尼修斯更为稳妥”，便以年事已高、违背约定为由拒绝了狄奥尼修斯（338c），《书简三》中的柏拉图则是因为狄奥尼修斯撇下了狄翁而拒绝了这一邀请。同时，《书简七》说柏拉图遭致了狄翁和狄奥尼修斯两人的怨恨（ἀπηχθόμην ἀμφοῖν, 338c3），《书简三》则只说激起了狄翁的怨恨（Δίωνι ἀπηχθόμην, 317a8）。《书简三》中的柏拉图始终站在狄翁一边反对狄奥尼修斯，不像《书简七》那样偶尔还要批评一下狄翁（350c-e）。在《书简三》中，狄翁怨恨柏拉图，是因为柏拉图的拒召有损于狄奥尼修斯和叙拉古的利益；狄翁受到不公正地流放却并不怨恨狄奥尼修斯，这说明他毫无私心，当时未曾想过夺取狄奥尼修斯的统治。

柏拉图之所以最后接受邀请，《书简三》说是因为不想辜负朋友们所托，让朋友们指责他破坏了他们的计划。《书简七》则说是因为哲学：外界疯传狄奥尼修斯在哲学上有了惊人的进步，而柏拉图觉得应该查明这一传言是真是假，他的第二次西西里之行其实是对狄奥尼修斯的"哲学爱欲"的检验(339e–340b)。《书简三》只暗示了那些政治性的考虑，比如实现狄翁的计划、维系塔兰特人与狄奥尼修斯的友谊(它没有说到阿尔基塔斯和塔兰特的人们的请求)，柏拉图的第二次西西里之行似乎只是为了促成狄翁和狄奥尼修斯的和解，而不涉及哲学。《书简三》也没有说明狄奥尼修斯第三次召请柏拉图的原因——狄奥尼修斯先是按照约定请柏拉图返回西西里(338b)，后来则是因为渴望倾听柏拉图的哲学，才兴师动众地派人来请柏拉图(338c–e)。《书简三》同样完全不谈对狄奥尼修斯的哲学教育。通过这样的对比，我们能够把握《书简三》与《书简七》的最大区别了。《书简七》既具有政治性，又具有哲学性，它一方面是为了应对非常严峻的现实处境，另一方面又是为了引领"狄翁的家人和伙伴"中的"你"走向哲学，这就使它有着超政治的视野，在表明哲学生活是"最好的生活"的同时(339e)，揭示出狄翁的局限以及政治生活的局限。《书简三》则是完全政治性的，毕竟它的对象或听众毕竟不同于《书简七》，如果它是写给希腊公众，怎么可能在其中大谈哲学？两封书信出于不同的意图采取了不同的修辞，不过，《书简三》所言并不违背《书简七》，它并没有说谎，只是隐瞒了部分内容，而它隐瞒的内容部分是因为狄奥尼修斯心知肚明——"当然，你知道此后所发生的一切"(317e1–2)。①

　　柏拉图第二次西西里之行的焦点是狄翁的财产，在这个问题上，两封书简的叙事线索又出现了歧异：

---

① 对于柏拉图的第二次西西里之行，《书简七》声称会"讲出真相"($\dot{\alpha}\lambda\eta\vartheta\tilde{\eta}$ $\lambda\acute{\epsilon}\gamma\epsilon\iota\nu$, 339a3)。《书简三》同样强调"说真话"(319a1–2, e4–5)。另见《书简二》310d6, 315a2；《书简十三》361b6。

《书简三》	《书简七》
狄奥尼修斯把狄翁的财产分配给别人掌管，并缩减狄翁享有的收益；	狄奥尼修斯剥夺狄翁所享有的收益，并声称狄翁的财产归狄翁的儿子所有，而他是狄翁儿子的监护人；(345c–d)
柏拉图要求将狄翁的财产交由狄翁的家人掌管，送交狄翁的受益应该增加而不是减少；狄奥尼修斯未允；(317e–318a)	
柏拉图要求离开叙拉古；	柏拉图要求离开叙拉古；
为了劝说柏拉图再待一年，狄奥尼修斯声称会变卖狄翁的所有财产，其中一半送到科林斯去，另一半留给狄翁的儿子；(318a)	为了留住柏拉图，狄奥尼修斯提出：只要狄翁不再阴谋反对他，他允许把狄翁的财产存放在伯罗奔半岛和雅典，由柏拉图等人找人看管，狄翁享有收益，但未经柏拉图等人许可不得擅自取用；如果柏拉图再待一年，到时柏拉图就可以带着这些财产离开；(346b–c)
柏拉图为此决定留下；	柏拉图为此决定留下；
	狄奥尼修斯又提出，这笔财产应该一半归狄翁，一半归狄翁的儿子，他要卖掉这笔财产，卖后所得一半会交柏拉图带走，另一半则留给狄翁的孩子(347d)；
未经狄翁同意，狄奥尼修斯变卖了所有财产；(318b)	未经狄翁同意，狄奥尼修斯变卖了所有财产；(347d–e)

　　最主要的歧异在于，《书简三》中狄奥尼修斯用以劝说柏拉图留下的诺言其实是《书简七》中狄奥尼修斯后来才提出的方案。《书简七》记录、而《书简三》忽略的狄奥尼修斯的提议(346b–c)表明，狄奥尼修斯害怕狄翁用自己的财产阴谋反对他，因此他有理由侵吞狄翁的钱财；也正是因为他侵吞了狄翁的钱财，狄翁才决意谋反，可见狄翁对自己的财产极其看重(350b–c, d)。《书简三》忽略了这些，它使得狄奥尼修斯的出尔反尔并没有什么直接的理由，而就是因为僭主习惯于空口许诺，或者说就是因为贪财。① 由此可见，两封书简是从不同角度讲述这一事件，

---

① L. Edelstein，《柏拉图的〈书简七〉》，前揭，页142–144。

《书简三》把狄奥尼修斯与柏拉图、狄翁关系破裂的原因完全归到狄奥尼修斯身上，《书简七》则相对中立，部分影射了狄翁对狄奥尼修斯的威胁。

狄奥尼修斯设计了一个伎俩，试图让柏拉图不再要他归还狄翁的财产。狄奥尼修斯流放赫拉克雷德斯（这是否是他的伎俩之一？），柏拉图和忒奥多特斯、欧律比奥斯请求狄奥尼修斯不要这么做。狄奥尼修斯借此声称，柏拉图只关心狄翁以及狄翁的朋友和家人，而根本不关心他，正因为忒奥多特斯、赫拉克雷德斯是狄翁的家人，所以柏拉图要袒护他们。这一故事对应《书简七》348e–349e，只不过《书简七》的叙述细致入微，极富戏剧性，《书简三》则笼统的多，没有交代具体时间和地点，仅以一句εἶπες ὅτι [你说]（318c4）引出了狄奥尼修斯的指责（对应《书简七》349e4–6中狄奥尼修斯信使的话）。此外，《书简三》说赫拉克雷德斯被狄奥尼修斯流放，《书简七》则说赫拉克雷德斯自己逃跑，因为据说他是当时爆发的雇佣兵骚乱的主谋（348b），并不像在《书简三》中那样无辜；《书简三》还说忒奥多特斯受到指控（可能涉嫌藏匿或勾结赫拉克雷德斯），因而在时间序列上必定位于《书简七》349e之后，这足以说明《书简三》的这段叙述极其浓缩。

通过讲述两次西西里之行的始末，柏拉图表明，他与狄奥尼修斯"在政事上的合作"在狄翁被流放后根本不存在，同时，他也表明自己一直没有背叛狄翁，不曾为了钱而与僭主狼狈为奸。这既反驳了先前的诽谤，也反驳了当前的诽谤：为了侵吞狄翁的财产，狄奥尼修斯诽谤柏拉图只关心狄翁而不关心他，实际上，是他拒绝柏拉图的关心，因为柏拉图一直力劝他与狄翁和解，力图规避现在的争斗。

柏拉图的第二轮申辩相对简短和复杂。为了反驳狄奥尼修斯的诽谤，《书简三》讲到柏拉图在花园中与狄奥尼修斯的一场谈话，时在柏拉图离开叙拉古二十天前，有阿尔基德莫斯和阿里斯托克利图斯（Aristocritus）在场。《书简三》摆出时间、地点和证人，一副言之凿凿的姿态，但这一谈话并不见于《书简七》或其他书简。①这场谈话似乎缘于不久前的赫拉克雷德斯事件，狄奥尼修斯抱怨柏拉图关心赫拉克雷德斯和其他人多过关心他，他质问柏拉图是否记得，柏拉图最初来的时候曾命令他殖民那些希腊城邦。柏拉图说记得，而且现在依旧认为这么做最好。借由狄奥尼修斯之口，《书简三》在此表明，"殖民希腊城邦"根本不是狄奥尼修斯自己提出的，而是柏拉图的建议，如今狄奥尼修斯不仅把并非自己的东西说成是自己的，而且还诽谤柏拉图。再下面的内容似乎得到了特别强调。柏拉图问狄奥尼修斯，我当初是只向你提了这一点建议，还是有别的建议。狄奥尼修斯回答说，你建议我先受教育（παιδευθέντα），之后你再命令我做什么和不做什么。他还说，是不是受几何学的教育。听到这一回答，柏拉图欲言又止，似乎要纠正狄奥尼修斯的回答，但又不想触怒狄奥尼修斯，以免自己可能因此无法脱身。对僭主的教育影射僭政到王政的转变，僭主只有受到教育才可能转变为王者，但绝对不是几何学的教育，而是柏拉图式的哲学教育。狄奥尼修斯的回答表明，他始终没有接受柏拉图的哲学，而仅仅沉溺于几何学的内容。既然他不能够接受柏拉图的哲学，而柏拉图要求他必须先受到教育，所以他便认为是柏拉图劝阻他殖民希腊城邦、把僭政转变为王政。最后这段对话包含着直接引语，展现了狄奥尼修斯的狂妄与柏拉图的无奈，与《书简七》348e–349e的对话颇为神似。如果这场对话真实不虚，《书简七》为什么未加记述？《书简七》的重点是柏拉图对狄奥尼修斯的哲学教育的失败，而且《书简七》在前面已

---

① 有人认为，这场谈话由伪作者戏仿《书简七》而成，糅合了《书简七》349a–349e的两场谈话。如果不强行牵合两封书简，这场谈话的真实性依然可以得到保留：在这场谈话后，狄奥尼修斯借口把柏拉图赶出卫城，柏拉图先住在阿尔基德莫斯家里，之后又住在雇佣兵中间，他向阿尔塔斯求援，阿尔塔斯派出一艘三十桨的船，这一系列事件都可能发生在二十天内。参见G. R. Morrow，《柏拉图书简》，前揭，页97–99；R. Hackforth，《柏拉图书简的作者》，前揭，页56–57。

说到殖民西西里的希腊城邦的建议(332e)，故而没有必要再以一场对话指出这些。《书简三》只是通过这场对话暗示了柏拉图对狄奥尼修斯的哲学教育。

回到《书简三》的开头。《书简三》以讨论问候语开始，柏拉图不确定在这封信里应该如何问候狄奥尼修斯，似乎是第一次给狄奥尼修斯写信。柏拉图面临两个选择：要么用狄奥尼修斯常用的问候语"快乐"(χαίρειν)，要么用他给朋友们写信时常用的问候语"万事顺遂"(εὖ πράττειν)。柏拉图听闻，狄奥尼修斯不仅问候德尔斐的神"快乐"(比较《卡尔米德》364d–e)，而且还写下了这样一句铭文："快乐吧(χαῖρε)，并当使僭主的生活快活始终(ἡδόμενον)"。僭主追求快乐的生活，为此还祈求神的保佑，狄奥尼修斯的这则传闻大概已经人尽皆知了吧。对狄奥尼修斯而言，"快乐"是最佳问候语。但柏拉图绝不会用"快乐"来问候神或人。因为他认为，神性超越了快乐和痛苦，而快乐和痛苦会对人造成伤害，使人的灵魂变得迟钝、遗忘、愚蠢和狂妄。追求快乐的狄奥尼修斯无疑就陷入了迟钝、遗忘、愚蠢和狂妄之中。对问候语的讨论既嘲讽了狄奥尼修斯，又暗示了生活道路的选择：快乐还是正义？

4.《书简十三》

除《书简七》外，《书简十三》可说是最具争议性的柏拉图书简了，争议之处涉及文辞、风格、真伪以及诸多细节。虽然普鲁塔克三次征引(《狄翁传》21节；《论错误的羞耻》[*De Vitioso Pudore*]11；《论制怒》[*De Cohibenda Ira*]16)，①但这最后一封书

---

① G. R. Morrow,《柏拉图书简》，前揭，页100。《狄翁传》征引了《书简十三》362e关于狄翁的内容，《论错误的羞耻》和《论制怒》都引到《书简十三》360c–d对于赫里孔的评价，尤其"人是一种并不拙劣但却易变的生物"的说法。

简在现代最先受到质疑，从斐奇诺到李特、维拉莫维茨等古典学家们都提出众多证据断定其为伪作。《书简十三》"惹人嫌"的原因很多，究其根本，主要可归为以下两点。

其一，在《书简十二》的结尾处，各大抄件都有一句插入语："有人反驳说，这不是柏拉图的书简"（ἀντιλέγεται ὡς οὐ Πλάτωνος）。这句话肯定不是书简的内容，而可能是书简编者插入的评语，这表明书简编者对《书简十二》的作者身份已然心存疑窦，既然《书简十二》的真伪可疑，其后的《书简十三》自然就更可疑了，而且《书简十三》并没有与同样写给狄奥尼修斯的其他三封书简排列在一起，这说明编者很可能认为《书简十三》"不是柏拉图的书简"。斐奇诺在出版拉丁文版的柏拉图全集时（1484年），惟独把《书简十三》排除在外，他认为"有人反驳说，这不是柏拉图的书简"指的是《书简十三》，而非《书简十二》。[①]

其二，与所有其他书简、尤其是写给狄奥尼修斯的其他三封书简不同，《书简十三》明显是一封非常私人性的书简，显示出柏拉图与狄奥尼修斯非同一般的亲密关系。它不像《书简二》那样充满哲学性，也不像《书简三》那样充满政治性，它相当生活化，谈的是非常具体、私人的事务：人、礼物、钱、嫁妆、丧葬费……我们多少可以从其他书简窥探柏拉图的哲学或政治思想，这篇书简中的柏拉图却如此世俗，跟一个僭主关系如此亲密，这太违背我们对一个哲人的想象了！

"烟雾聚处，必有火种"。《书简十三》招惹的种种争议恰恰表明它的特殊性。面对这样一篇形式和内容极其特殊的作品，我们将尝试着把它看成一个整体，探寻其框架，并揭示作者的写作意图。

结合《书简七》对柏拉图两次西西里之行的记述来看，《书简十三》的场景大致是在柏拉图第一次西西里之行结束后不久

[①] R. Hackforh,《柏拉图书简的作者》，前揭，页167。

（公元前366-365年间）。据《书简七》(329c-330b, 338a-c)，柏拉图
第一次到西西里不久，狄翁就遭流放，狄奥尼修斯恳求柏拉图留
下，同时又强行把柏拉图带进卫城，将柏拉图与外界隔绝开来。
此时外界传言说狄奥尼修斯非常依恋柏拉图，而实际也是如此，
但狄奥尼修斯却回避学习和聆听关于哲学的言辞，拒绝跟从柏拉
图，柏拉图则坚持自己最初的想法，期望狄奥尼修斯热爱哲学。
后来西西里爆发战争，柏拉图劝说狄奥尼修斯放自己走，狄奥尼
修斯同意了，但约定要等战争结束再派人请柏拉图和狄翁回来。
因此，在第一次西西里之行结束后，尽管狄奥尼修斯丝毫没有聆
听柏拉图的哲学，外界却认为狄奥尼修斯得到了柏拉图的亲传，
纷纷与狄奥尼修斯讨论哲学(《书简七》338d-e)，远离智慧的狄奥
尼修斯藉此享有了"智慧"之名；另一方面，虽然柏拉图屡屡受
挫，但他依然没有放弃教化狄奥尼修斯的目标，依然渴望教授狄
奥尼修斯哲学。

　　哲学是《书简十三》的主题之一。开篇讲述了一个宴饮场
景：狄奥尼修斯宴请一群罗克里的年轻人，柏拉图恰好在场（宴
饮应该发生在卫城，即僭主宫中），狄奥尼修斯原本躺在离柏拉
图很远的位置（柏拉图并非宴饮的主角），他朝柏拉图走来，说了
一番热情而精彩的话，柏拉图没有转述这番话，却转述了躺在自
己旁边的人的赞美——这人称赞狄奥尼修斯在智慧上从柏拉图
那里受益匪浅，狄奥尼修斯则毫不谦虚地说，自己在许多其他方
面同样受益，而且自己单单因为请柏拉图来而立马受益了。狄奥
尼修斯的"智慧"受到赞美，并且被认为大大受益于柏拉图的
智慧，这恰好符合柏拉图第一次西西里之行期间的境况。不过，
狄奥尼修斯自己的话却表明，他缺乏智慧者应有的谦虚，而且他
是因为"请柏拉图来"这个行为而受益，并不是因为领受柏拉
图的教诲而受益，他的受益仅仅在于博得了"好名声"(εὐδοξῆς,
360e3)。尽管如此，柏拉图在信中却一再鼓励狄奥尼修斯"爱智

慧"(φιλοσόφει, 360e1, 363c9),以便狄奥尼修斯从他这里源源不断
地获得益处。也就是说,《书简十三》中的柏拉图依旧试图把狄奥尼
修斯拉到哲学道路上来,毕竟他也看到了狄奥尼修斯的哲学天
分(参《书简七》339e,《书简二》314d)。

　　"正是抱着这样的愿望",柏拉图给狄奥尼修斯送去一些
"关于毕达哥拉斯派和划分法的书"(τῶν Πυθαγορείων καὶ τῶν
διαιρέσεων)。柏拉图的某些对话,如《蒂迈欧》《智术师》《治邦
者》等,涉及毕达哥拉斯派学说以及划分法,即数理性的科学。①
我们不知道柏拉图送去的这些书究竟是他自己写的对话,还是
其他人的哲学著作。但我们可以断定,狄奥尼修斯的哲学兴趣在
于数理性的科学,而不在于关乎人世的政治哲学。②因此,柏拉
图按照"当初的约定",亦即按照他离开西西里之前与狄奥尼修
斯的约定,给狄奥尼修斯派去的哲学教师恰是著名数学家和天文
学家欧多克索斯(Eudoxus)的一位高足。③这位赫里孔(Helicon)
的哲学造诣没有问题,足以担当狄奥尼修斯和阿尔基塔斯的老师
(在柏拉图离开西西里之后,阿尔基塔斯方才到狄奥尼修斯那里

----

① 柏拉图融合了毕达哥拉斯与苏格拉底两者(参见西塞罗,《论共和国》I.16),施特
　劳斯将这一问题破解为年轻的苏格拉底与成年的苏格拉底的关系问题。因此,柏
　拉图并不完全等同于苏格拉底,他展现的毋宁说是苏格拉底如何成为苏格拉底的
　过程,即苏格拉底如何从一位数理科学家成为第一个政治哲人的过程。两类哲学
　家的比较,参见色诺芬,《回忆苏格拉底》I.1.11–16。
② 普鲁塔克记述说,当柏拉图第二次到西西里时,所有人对哲学都产生了巨大热
　情,僭主宫中聚集了众多几何学家,他们在地上铺上沙土画图,令宫室落满灰尘
　(《狄翁传》13节)。
③ 欧多克索斯年轻时曾在柏拉图学园短暂学习,之后退出,第欧根尼·拉尔修把他
　视为毕达哥拉斯派人物(《名哲言行录》8.86–91)。科学史权威乔治·萨顿(George
　Sarton)评价说,欧多克索斯"被认为是他那个时代最伟大的数学家和天文学家,
　即使在对整个科学史进行最简洁的概述时也必然要谈到他。知道柏拉图的人更多
　一些,但从科学的观点看,柏拉图时代应该被称作欧多克索斯时代"。欧多克索斯
　在数学和天文学上的成就,参见萨顿,《希腊黄金时代的古代科学》,鲁旭东译,
　大象出版社,2010,页550–554,558–561。

去，参见《书简七》338c–d)，但柏拉图特别看重的是这个人的性情："尤为难得的是，他并不是个谈起话来索然无味的人(ἄχαϱις)，而且看上去没什么坏脾气(καϰόηϑει)，反倒似乎会是一个乐天和心地单纯(εὐήϑης)的人。"赫里孔并非毫无趣味的数学家，而首先是一个温良优雅的好人。但是，柏拉图对于赫里孔的性情并不完全确定，"因为我是在表达对一个人的看法，而人是一种并不拙劣(φαῦλος)但却易变的生物，只有很少人在很少事情上能例外。"正因为人是多变的，所以"属人之物并不完全牢靠"(《书简六》323b2–3)。一个人固然拥有好品质，但终生保守这种好品质很难，正如我们常说的"做好事不难，难的是一辈子做好事"。要完全认识一个人很难，或者说根本不可能，尽管柏拉图对赫里孔进行了全面"政审"，但他还是提醒狄奥尼修斯要亲自考察此人，小心提防。身为僭主的狄奥尼修斯必须学会如何统治人(标题中出现僭主，或许是为了提醒狄奥尼修斯的统治者身份)，因此，相比于学习数学和天文学，更重要的是认识人是怎样一种生物。柏拉图向僭主指出人性的易变，这一看似庸常的教诲指向关乎人世的政治哲学。柏拉图告诫狄奥尼修斯一有闲暇就向赫里孔学习，并且"进行其他的爱智研究"(τἆλλα φιλοσόφει)，在柏拉图看来，赫里孔所教授的哲学仅是"爱智研究"的一部分，除了数学和天文学，哲学还包含着其他内容。《书简十三》并未谈及具体的数学或天文学问题，通篇几乎都在谈人，因而显得日常和琐碎。可实际上，透过这种日常和琐碎，柏拉图传达了他关于人世的教诲。

　　谈完跟哲学相关的事情后，柏拉图说到一些具体事务。他拿到了狄奥尼修斯在雅典订制的阿波罗像，他为狄奥尼修斯的妻儿分别准备了礼物，他买这些东西以及向城邦交纳贡税的钱是向勒普提涅斯(Leptines)支取的——话题自然而然过渡到钱的事情。钱是《书简十三》的另一主题。钱就是"经济"，也就是"理家"（οἰκονομικὴ）。柏拉图谈到他需用的钱，也谈到狄奥尼修斯在雅典所需用的钱。首先，柏拉图说明自己如何"理家"："我会用你的钱，就像用其它热心的朋友的钱一样，可我会尽可能少用，除非我和出钱的人觉得不得不用（ἀναγκαῖα）或者应当用（δίκαια）或者用得合算（εὐσχήμονα）。"柏拉图的经济状况与苏格拉底何其相似！自己没有家产，完全仰赖朋友们的资助，但并不滥用朋友们的慷慨（色诺芬，《齐家》2.8, 2.13）。一个没有家产的人教导一个富有的僭主如何用钱，这也有些类似苏格拉底教导年轻的克利托布勒斯（Critobulos）如何增进财富。[①]柏拉图眼下所需要的就是他"不得不用"的钱。他的几个外甥女（她们当初的嫁妆是由狄翁和其他人出资）已经过世，撇下四个女儿，她们的嫁妆都应由柏拉图代为置办，其中一个已到适婚年龄的现在就要准备嫁妆；柏拉图的老母亲即将不久于人世，修坟也需要一笔钱。为此，柏拉图总共向狄奥尼修斯索要四十米纳。柏拉图为什么不向狄翁索要这笔钱，倘若狄翁当时虽遭流放但依然享受着他财产的收益（《书简七》345c, 346b–c）？[②]狄奥尼修斯会慷慨地给予柏拉图这笔钱吗（比较《书简一》309b–c，《书简七》350b）？进一步说，狄奥尼修斯会接受柏拉图的其他建议吗？

接下来说到狄奥尼修斯在雅典的钱的开支情况。约在公元前368年（即《书简十三》写作2–3年前），鉴于老狄奥尼修斯的亲雅立场，雅典授予他们父子公民身份，并让老狄奥尼修斯"创作"

---

① 施特劳斯，《色诺芬的苏格拉底言辞》，杜佳译，上海：华东师范大学出版社，2010。

② 普鲁塔克说，狄翁遭流放后，在雅典买了一座乡间别墅，又去游历其他城邦，拜访希腊最高贵和最具政治家风度的人士（《狄翁传》17节），由此可见狄翁之财力。不过，普鲁塔克紧接着说，狄奥尼修斯嫉妒狄翁受到希腊人的欢迎，于是断决狄翁的财源，接管了他的财产（《狄翁传》18节）。而根据《书简七》，狄奥尼修斯是在柏拉图第二次西西里之行期间才侵吞了狄翁的财产（347d–e）。

的悲剧《赫克托尔的赎救》(*Ransom of Hector*)在戏剧节上获得头奖。①有赖于父亲的苦心经营，狄奥尼修斯如今既是叙拉古僭主，又是雅典公民，而雅典会要求富有的邦民承担一些义务，比如驯养马匹，训练歌队，修建体育场馆等(色诺芬，《齐家》2.6)。因此，狄奥尼修斯在雅典肯定会发生许多支出，倘若处理不好这些支出，势必会影响狄奥尼修斯在雅典的声誉，进而会影响雅典与叙拉古的邦际关系。柏拉图向狄奥尼修斯指出，如果需要支付歌队之类的费用，并没有哪个异乡朋友可以为狄奥尼修斯垫支，此外，一旦碰到与狄奥尼修斯切身利益相关的大事，立即付钱就有利，拖到狄奥尼修斯派的人来再付钱就不利，有损于僭主的声誉(αἰσχρόν, 362a8)。为备不时之需，狄奥尼修斯需要在雅典放一笔钱，或者找一位可靠的异乡朋友垫支。为了说明这一点，柏拉图给出了一个他亲身经历的例证。狄奥尼修斯曾嘱托柏拉图，有需要可以找一位异乡朋友支钱，但柏拉图去找狄奥尼修斯父子("你们")的这位异乡朋友时，对方却一万个不情愿，因为当初他为老狄奥尼修斯垫支过钱，差点没有收回。老狄奥尼修斯已经在钱的问题上犯过错误，狄奥尼修斯若重蹈覆辙，则会损害他在雅典的信誉。对于一位刚刚登位的新僭主而言，此事需要慎之又慎。勒普提涅斯在钱的问题上非常爽快，堪当僭主的异乡朋友，但柏拉图还是叮嘱狄奥尼修斯，要尽快偿还勒普提涅斯所垫支的钱，"其他人看到你这么对他，就会更热心地为我们效劳"(363d)。柏拉图在钱的问题上对狄奥尼修斯直言不讳，缘于狄奥尼修斯身边的人在钱的问题上遮遮掩掩：他们不愿意传报涉及花销的消息，因为他们认为这会遭致僭主的不快。僭主不愿看到自己财富的减少，这些人取悦于僭主的耳朵，却使僭主在钱的问题上陷于无知。对此，柏拉图建议狄奥尼修斯，要让他们习惯于并强迫他们

---

① M. I. Finley，《古代西西里》(*Ancient Sicily*)，Rowman and Littlefield，1979，页84。

报告这些事情，"因为你应当尽力知道一切，自己做判断，切莫逃避知道"。僭主应该把一切紧紧攥在手里，避免受到蒙蔽。狄奥尼修斯应当学会"正确地支配花销和正确地偿还欠债"，这对于钱财的获取，对于其他目的，都有极大的益处。钱的问题关乎统治的问题，因而必须审慎对待。①

　　谈完钱的问题后，柏拉图又陆续谈到一些琐事。他首先简短地说到狄翁。狄奥尼修斯企图瞒着狄翁做某些事情，他不许柏拉图向狄翁言及，柏拉图试探狄翁的态度，结果发现，如果这些事情发生了，狄翁很可能会大为恼怒，但狄翁在其他方面对狄奥尼修斯很温和。柏拉图为狄翁说好话，并试图劝说狄奥尼修斯勿对狄翁做这些事情。如果柏拉图所说属实，那么这里就透露了狄翁与狄奥尼修斯交恶的原因。根据《书简七》，狄翁起事征讨狄奥尼修斯，是因为狄奥尼修斯侵吞了他的财产(350c, 350e)。这里说的是否便是侵占狄翁的财产？结合上文对钱的问题的讨论，这一猜测有其合理性。不过，普鲁塔克在征引《书简十三》的这一段落时，认为这里说的是狄奥尼修斯准备逼迫狄翁留在叙拉古的妻子改嫁(《狄翁传》21节)。在普鲁塔克的传记中，狄奥尼修斯在狄翁流放后不久就侵吞了狄翁的财产(《狄翁传》18节)，而《书简十三》写于之后，所以普鲁塔克才会对这一段落另作解释。

　　柏拉图还拜托狄奥尼修斯为克拉提努斯(Cratinus)和克贝斯(Cebes)的女儿们准备礼物。狄奥尼修斯应该不认识这些人，他甚至是第一次听说克拉提努斯的名字，但他很可能知道克贝斯的名字。克贝斯和辛米亚斯(Simmias)是《斐多》中苏格拉底主要的对话者，狄奥尼修斯很可能读到过《斐多》，因为这篇对话所包

_____

① 马基雅维利把这一论题演变为"君主的慷慨和吝啬"，他认为吝啬对于君主的统治是必须的，慷慨则会给君主招来轻视和憎恨。参见马基雅维利，《君主论》，第十六章。

含的毕达哥拉斯派学说令僭主感兴趣。十三封书简中唯一明确提及的对话便是《斐多》，《书简七》345a似乎也引用了《斐多》中克贝斯的起誓语(参见《斐多》62a)。《斐多》是唯一一篇提到柏拉图的名字但柏拉图因病缺席的对话。柏拉图说他写下的一切"属于变得美和年轻的苏格拉底"(《书简二》314c3–4)，十三封书简虽然属于柏拉图自己，但依然有着苏格拉底的影子。

《书简十三》中最令人费解的莫过于下面这段话：

> 至于那个符记——它可以表明哪些书简是我严肃写下的，哪些不是——我设想你记得，可你还得加以理解，并且要凝神专注于它。因为，有许多人命令我写，要公然拒绝他们可并不容易。那严肃的书简以"神"开头，不那么严肃的书简则以"神们"开头。(363b1–6)

这段话至少包含四层信息：1. 许多人命令柏拉图给狄奥尼修斯写信，柏拉图不好拒绝——当时人都知道，柏拉图与狄奥尼修斯的关系现在很亲密，可能有许多人想借柏拉图上位；2. 在柏拉图写的信里面，有些是他严肃、认真、热诚(σπουδῇ)写下的，有些则不是，他通过一个符记(σύμβολον)来区分这两种信；3. 柏拉图之前跟狄奥尼修斯说过这个符记，他现在还要求狄奥尼修斯理解并凝神专注于这一符记，可见这一符记并不那么容易理解；4.这一符记就是"神"或"神们"的不同开头。在柏拉图作品中，σύμβολον一词还见于《王制》(371b8)以及《会饮》(191d4, d5)：《王制》把"市场和钱币"称作商业交换的"符号"；《会饮》中阿里斯托芬讲述了圆球人神话，宙斯把圆球人切成两半后，人就产生了爱欲，彼此渴望结合，因此"我们个个都是人的一个符片(ἀνθρώπου σύμβολον)，像被切成两片的比目鱼。所以，人人都总在寻求自己的符片"。σύμβολον象征着渴望聚合的分离，是双方相认

相合的信物，是双方私密的契约。①但是，《书简十三》以及流传
下来的其他书简均没有以"神"或"神们"开篇，这要么意味着
《书简十三》是伪作，"符记"之言根本不可信，要么意味着现有
的十三封书简并非柏拉图在此所说的那些书简。"有许多人命令
我写"——这一符记是柏拉图用来应对其他人的命令的，他下面
说到"使者们请求我致信于你"，或许柏拉图会严肃对待他们的
请求。现有的十三封书简并非应其他人的命令而写，故而不需要
区分严肃或不严肃，但是，当时很可能有人冒充柏拉图给狄奥尼
修斯写信来炒作自己，在柏拉图生前很可能就已经有了伪作的
"书简"。为了避免鱼目混珠，柏拉图与狄奥尼修斯的来往信件，
尤其是那些非常私密的信，必须交由可堪信赖的信使递送（《书简
二》的信使是阿尔基德莫斯，《书简十三》的信使或许是勒普提
涅斯，《书简三》是公开性的，因而不需要信使，另参《书简七》
339b–c)，此外也可以通过"符记"来验明真身。《书简十三》的开
头就是一个"符记"，柏拉图要以此表明"这封信出自我手"。多
数学者认为这一符记是指柏拉图特有的问候语 $εὖ\ πράττειν$，但笔
者以为，仅仅一个问候语还不足以表明柏拉图的身份。这一符记
很可能便是柏拉图开头讲述的宴饮场景。通过讲述两人共同亲历
的一个场景，来表明自己的身份，从而相认相合。

　　柏拉图最后要求狄奥尼修斯保存这封信的原件或一份备忘，
其他书简都没有这样的要求，《书简十三》或许就是因为狄奥尼
修斯的保存而流传下来。《书简十三》貌似庸常和琐碎，却非常
具有现实感，同时暗藏哲人的教化，这反而能确立而不是反驳它
的真实性。编者把《书简十三》列为最后一封信，或许是因为这
封书简所展现的哲人与僭主的关系太融洽了，狄奥尼修斯正在走
向哲人王的途中……

---

① 马特，《柏拉图与神话之镜》，前揭，页345以下。

5.《书简四》

《书简四》是唯一一封写给狄翁的书简。柏拉图最初与狄翁相识时（公元前388/7年），柏拉图四十岁，狄翁则不过二十出头（《书简七》324a）。《书简四》写于柏拉图与狄翁相识三十年后，当时狄翁已经对狄奥尼修斯采取"行动"，而且"行动"已接近成功（公元前357–354年）。《书简四》中的时空非常清晰，但它不像其他书信那样，要么是答复收信人的某个请求，要么是反驳莫须有的诽谤，要么是举荐某人，要么是解答现实问题。《书简四》的写作契机相对模糊：柏拉图为什么在这个关头给狄翁写信？

柏拉图说，"对于所发生的那些行动"，他一直以来都充满热望，并期待着这些行动的告结。据《书简七》，在第二次西西里之行结束后，柏拉图曾经拒绝报复狄奥尼修斯，他依然没有放弃使狄翁与狄奥尼修斯达成和解（350c–d）。对于狄翁的行动，难道柏拉图在三年里完全转变了态度？如果《书简七》所言不虚，那么，柏拉图对于狄翁的远征可能一直都是冷静旁观但密切注意，虽然他可能显得漠不关心，但等他一旦发现问题，他就立刻致信狄翁。为了让狄翁接受他的建议，他不得不表白说自己一直以来对狄翁的行动充满热望，但他的热望并不是出于对狄奥尼修斯的报复，而是出于"对高贵之物的爱荣誉之心"，如此一来，狄翁的行动就脱去了个人复仇的色彩，变成了对高贵之物的追求（比较《书简七》350e）。这些或许只是为了劝诫而使用的修辞。

柏拉图之前未曾向狄翁致信，狄翁似乎也未曾向柏拉图写信告知行动的进展，故而柏拉图督促"你们要给我们写信"，"说说你们做了什么或碰巧正在做什么，因为我们虽然听到了许多，但却一无所知"（321a–b）。狄翁将柏拉图抛诸脑后，但柏拉图始终把狄翁放在心上。柏拉图窥见了什么，以至于不得不主动给狄翁写这封信？狄翁的行动当前进展地很顺利，"但最重大的竞赛还没到来"。最重大的竞赛不是勇敢、速度和力量上的竞赛，而是真实、公正、威严、优雅得体上的竞赛。狄翁现在的行动是在与狄奥尼修斯比试勇敢、速度和力量，在击败狄奥尼修斯后，若不加节制，狄翁必然要继续与同伴比试勇敢、速度和力量，从而陷入内乱的循环。如柏拉图所告诫的："一旦狄奥尼修斯被铲除，事业很有可能会毁于你的以及赫拉克雷德斯、忒奥多特斯和其他几位豪杰的爱荣誉之心。"(320e1-4)爱荣誉是血气充沛的外显，因为"血气的部分永远是整个地冲向征服、胜利和好名声"，所以又被称作"爱胜利、爱荣誉的部分"(《王制》581a-b)。狄翁、赫拉克雷德斯等人的爱荣誉会引发彼此的争执，从而毁灭当前的行动。事实证明，正因为狄翁与赫拉克雷德斯相互争胜——狄翁放任自己的支持者杀死赫拉克雷德斯，结果因此遭到暗杀——叙拉古不仅没有得到解放，反而陷入了持续十多年的政治动荡。①柏拉图如先知一样预见到了这一危险，所以现在致信狄翁，医治狄翁炽盛的爱荣誉之心。

柏拉图将身体性的竞赛转变为灵魂性的竞赛，他认为身体上的卓越谁都可以拥有，因而不是真正的卓越，但灵魂上的卓越只属于"那些努力寻求荣耀这些品质的人"。身体上的卓越犹如大人之于孩童：大人比孩童更高快更强，但孩童终究会成为大人；灵魂的卓越则不可弭平不可跨越，孩童永远是孩童，大人永远是大人。因此，灵魂的卓越才会带来真正的荣誉，才真正值得追求。"我们必须清楚地表明，我们就是我们声称所是的那类人"，换言之，必须要真实(ἀλήθεια)，绝不自欺。如果狄翁声称拥有灵魂的卓越，他便应当展示出这一卓越；如果狄翁声称爱荣誉，他便应当去追求真正的荣誉。对照《书简七》来看(尤其350c-e)，《书简四》中的柏拉图试图把狄翁的征讨从低的层面拉向高的层面，

---

① 参见本书页147-148。

使其从好勇斗狠上升为灵魂的竞赛。

这会是一场怎样的竞赛呢？柏拉图以非常形象的语言描述说：

> 遍布全地的人们——这么说或许过分了些——都注视着一个地方，在这个地方又最主要地注视着你。你既然被所有人看着，你就要准备好，证明那位吕库尔戈斯和居鲁士已成过往，以及证明任何其他因其性情和政制而被认为出众的人也[已成过往]。(320d3–8)

世界如同一座大大的剧场，狄翁置身于这座剧场的中心，正在世人面前演出一场前所未有的竞赛。他的竞赛对手不是狄奥尼修斯或赫拉克雷德斯，而是那些名垂青史的伟人，是吕库尔戈斯这样的立法者和居鲁士这样的王者，他要证明自己的性情比以往这些人物更卓越，自己所创立的政制比以往任何一种政制更完美，如此则内圣外王矣！在这样恢弘的时刻，狄翁敢不"终日乾乾，夕惕若厉"？

纵有柏拉图的加持，狄翁终究没能成为吕库尔戈斯或居鲁士，遑论超越这两位前人了。究其根本，可能还要归因于狄翁的"性情"(ἦθος, 320d7)。在《书简四》的结尾，柏拉图提醒狄翁注意自己性格的缺陷："有些人认为你还不够殷勤(θεραπευτικὸς)……你不要忘了：通过取悦众人才可能有所作为，而刚愎自用伴随着孤独(αὐθάδεια ἐρημία σύνοικος)。"普鲁塔克在为狄翁作传时两次引用结尾的这句话(《狄翁传》8, 52节)，①又在《如何区分朋友与谄媚

---

① 狄翁的性情与罗马英雄科利奥兰纳斯(Coriolanus)有类似之处，所以普鲁塔克在为科氏作传时也引用了这句话，用以说明："一个人若投身政事，就应该首先避免刚愎自负——如柏拉图所说，'刚愎自负伴随着孤独'——还应该与各等人打交道，并乐于忍受某些人的大肆讥笑"(《科利奥兰纳斯传》15节)。

者》(*Quomodo adulator ab amico internoscatur*, 29)再次引用，说明柏拉图与狄翁是朋友的典范。[①]狄翁的性格特征在于αὐθάδεια[刚愎自用/自以为是/固执己见]。这一性情绝对不是民主式的，而更近乎贵族式或君主式的，这决定了狄翁心中的理想政制绝不会是民主制。狄翁不愿向民众献媚，但政治生活本身是多数人的生活，如今他身处于政治生活之中并领导着政治生活，他必须学会如何与各色人等打交道，并在必要的时候取悦于人们。政治人必须要为人民服务，与人民群众打成一片。"刚愎自用伴随着孤独"，"孤独"意味着政治生活的离弃。《书简四》带有不详意味的预言最终应验了：狄翁两度解放城邦又两度把城邦还给叙拉古人，但叙拉古人相信传言，认为狄翁图谋成为僭主，于是杀死了狄翁（《书简七》333b–c）。狄翁被杀以后，并没有人为他复仇。

6.《书简八》

《书简八》是《书简七》的姊妹篇，同样写给"狄翁的各位家人和同伴"。《书简七》写于狄翁被杀后不久（公元前354年），全篇围绕着狄翁之死展开，文辞间弥漫悲恸之情，《书简八》则仅仅两次提到狄翁的死（355a, 357a），情感也内敛而冷静。我们似乎可以据此推断《书简八》写于《书简七》之后：当时柏拉图已从狄翁之死的打击中恢复过来。[②]不过，《书简八》面对的现实情境和《书简七》一样，依旧是"内乱中每天涌现的众多的各种争

---

① 参见J. Harward，《柏拉图书简》，前揭，页182。

② 狄翁被杀后，卡利普斯曾统治叙拉古一年。《书简八》提到老狄奥尼修斯之子希普帕西努斯"现在的援助"（356a4），并称这位希普帕西努斯已与狄翁之子"达成一致"（357c1–3），古典学家们认为这是指两方联手驱逐卡利普斯，并由此断定《书简八》写于公元前353年，是应"狄翁的各位家人和同伴"的第二次请求而写（参见G. R. Morrow，《柏拉图书简》，页81–82）。但是，《书简八》根本没提到卡利普斯的统治，它描绘的并非古典学家们依据后世史家的记载得出的"历史"。

执"(336d—e)，因而可以忽略两者时间上的先后关系，只考虑两者在形式和内容上的差异。《书简八》并未提到《书简七》，尽管其中说到了柏拉图"旧有的建议"(354a5)，那也未必是指《书简七》。总之，两封书简的直接关联并不明确，它们更像是两篇独立的作品，尽管它们有着相同的收信人和相同的情境。

柏拉图开篇就说明，这封信要提出一些有益的建议，"但不只给你们——主要是给你们，其次是给叙拉古的所有人，再次是给你们的仇人和敌人"。《书简八》是唯一写给所有人的书简，其潜在的写作对象是整座叙拉古城：在这座深陷内乱的城中，"你们"想要彻底脱离僭政，实现自由，"你们的仇人和敌人"则想要再次夺取权力，恢复僭政。正如狄翁并非民主分子一样，"狄翁的各位家人和同伴"也未必尽是民主分子，但柏拉图随后还是给两方贴了标签。一方是民主派($τὸ$ $δημοτικὸν$ $γένος$)，另一方是僭主派($τὸ$ $τυραννικὸν$ $γένος$, 353e1—2)，两派之间的争斗撕裂着城邦。面对如此悖反的两方，《书简八》教导自由与奴役之间的中道，试图弥合两派的冲突并为叙拉古立法。在《书简八》中，柏拉图"以仲裁者($διαιτητής$)的方式言说，像是与两个人交谈——一个曾行僭主统治，另一个曾受僭主统治"(354a3—4)，他着眼的不是某一政治派别的利益，而是城邦的共同福祉。

《书简七》是对收信人来信的回复，《书简八》却是柏拉图主动给予的"建议"，而且它声称"完全直言不讳"($πάσῃ$ $παρρησίᾳ$, 354a2)，因而并没有任何离题。《书简八》包含三部分内容：引言(352b3—353a3)，说明整封信的宗旨在于给予所有人有益或者对双方尽可能最少伤害的建议；民主与僭政之辩(353a3—355a1)，结合西西里的历史说明民主与僭政的循环，分别给予僭主派和民主派建议；狄翁的建议(355a1—357d2)，柏拉图以狄翁之名向全体叙拉古人发言，指示叙拉古应该建立的法和政制。三个部分统一在"建议"的主题之下，①因而比《书简七》更具现实感。《书简八》所面对的现实情形是僭主派与民主派的争斗，对于这样的情形，无论何时，大多数人都认为应该提出会对敌人造成尽可能多伤害、为朋友提供尽可能多助益的建议。助友损敌是城邦的正义（参见《王制》332d–e），但伤害别人却想自己不受伤害，这本身是不正义的，也不容易做到。哲人的正义超越了城邦的敌友区分，因此会有益于大多数人而不伤害任何人（参见《王制》335d–e; 色诺芬，《回忆苏格拉底》4.8.11）。《书简八》中的柏拉图践行了哲人的正义，他要指出"那些会对所有人——敌人与朋友——有益、或者对双方尽可能最少伤害的东西"，但他承认，即便指出这样的东西，那也不容易施行。他把自己给出的建议看作一个祈祷（εὐχή），结尾时又借狄翁之口呼召叙拉古人向神们祈祷，并把自己所言称之为"降临在清醒的人身上的神圣的梦"，从而暗示自己的建议仅存在于言辞中，难以付诸行动。在斗争如此激烈的情形下，民主派或僭主派多半不会接受柏拉图的建议，但这一非现实的建议却是永久解决现实争斗的唯一方式，这一建议的非现实性决定了现实争斗不可能永久解决。《书简八》类似于向神的祈祷，它的实现依赖于诸神的保佑。

《书简八》追溯了叙拉古僭政的历史。尽管"你们"拥护民主制，但拥立狄奥尼修斯成为僭主的恰是"你们的父辈"。当时的西西里陷于与迦太基的战争，很可能由希腊人的殖民地沦为野蛮人的地盘。在这样的深重危机下，"你们的父辈"推选狄奥尼修斯和希普帕西努斯（即狄翁之父）为"全权将领"（αὐτοκράτωρ），②

---

① "建议"一词的名词和动词形式（συμβουλή – συμβουλεύειν）共出现12次，参见325b5, c8, d1, e6, 353c8, 354a5, a6, 354d2, 355a2, a3, a6, 357b3。

② 《书简八》称希普帕西努斯为"全权将领"，随后还并称狄奥尼修斯和希普帕西努斯两者（354d5–6, 356c2–3），很可能是有意抬高希普帕西努斯当时的地位。这一夸大彰显了狄翁之父的功绩，从而为狄翁之子作王的资格张目（355e6–7），使叙拉古人更容易接受狄翁提出的三王制。

狄奥尼修斯由此成为僭主，希普帕西努斯则成为其谋师，此后狄奥尼修斯和狄翁的联合家族便一直统治着叙拉古。僭主统治由此开端，但西西里毕竟由此得到拯救，免于被野蛮人毁灭。对于西西里得救的原因，柏拉图列举了三种观点：有人认为是神圣的运道和神，有人认为是统治者们的美德，还有人认为是前述两者以及当时的邦民们。第一种看法抹杀狄奥尼修斯等人的功绩，认为西西里得救纯粹是运气，持这种观点的或许是民主派；持第二种看法的无疑是僭主派，他们歌颂狄奥尼修斯的美德和功绩；持第三种看法的属中和派，能够超越阶级对立。柏拉图没有列举第四种观点，即将西西里的得救归因于当时邦民们的"美德"。这暗示，甚至邦民们也认识到，仅凭他们自身无法拯救西西里，他们要么依赖神，要么依赖狄奥尼修斯们。柏拉图稍后才说到当时邦民们的生活。民主制下的西西里人奢靡放荡（比较《书简七》326b–c），统治着他们的统治者。[①]未经依法判决，他们投石击死狄奥尼修斯之前的十位将军，以便不受制于任何秉持正义或法律的主人，达到彻彻底底的自由。由此，狄奥尼修斯成为"全权将领"，僭政落在了叙拉古人头上（354d–e）。"你们"是自由的斗士，等你们获得自由，你们是否会重蹈"你们的父辈"的覆辙，并最终为了自由而选择僭主？

柏拉图通过追溯历史而提醒民主派，狄奥尼修斯毕竟拯救了城邦，他应当获得邦民的感激（比较355d5–8）。但是，僭政此后滥用了城邦赐予的权力，应当受到惩罚。是否有一种僭政不会滥用城邦的赐予，因而会受到人们拥护？如果狄奥尼修斯的美德不仅仅限于战争，他建立的僭政很可能是良性的，如此便不会发生今

---

① 修昔底德笔下的西西里与雅典一样是民主制的典范，参见《伯罗奔战争史》卷六，38–39，卷七，55。《书简八》对西西里的描述有着雅典的影子，雅典人也曾投石击死他们的十位将军（参见《苏格拉底的申辩》32b–c）。

天的局面。如今僭政已经倾覆，西西里陷入两派的混战，"鉴于当前的状况，怎样惩罚他们才必定会是正确的呢？"对僭主派的惩罚必定会激起僭主派对民主派的惩罚，因而会令灾难（κακόν）没有尽头，"旧的灾难看似终结了，新的灾难却又随之开始了，如此循环往复，整个僭主派和民主派便都有毁灭的危险"。倘若如此，整个西西里的希腊文明就会被蛮族人毁灭。相比于希腊人与蛮族人之间的战争，僭主派与民主派之间的内乱是次要的，两派理当握手言和，一致对外。

柏拉图分别对僭主派和民主派给出了"我旧有的建议"（354a5）。他建议每个僭主脱离僭主的头衔和行为，并把僭政转变为王政（参见《书简三》315d, 319d；《书简七》334c–d）。他以斯巴达立法者吕库尔戈斯为例说明僭政可以转变为王政。斯巴达原本是由双王统治，吕库尔戈斯看到他的同室族人如何由王政沦为僭主统治，于是设立长老和督察官来约束王权。①凭借这种"混合政制"，斯巴达繁盛至今，而且依然享有盛名，这是因为"法成了人们至高的王（νόμος κύριος ἐγένετο βασιλεὺς τῶν ἀνθρώπων），而不是人们成了诸法的僭主（οὐκ ἄνθρωποι τύραννοι νόμων）"。《书简八》所谓的王政（βασιλεία）并非王者的统治，而是法的统治：王者要自愿臣服于王者之法（νόμος βασιλικός），法才是真正的王者（354c5–6）。同理，《书简八》所谓的僭政也并非仅指僭主的统治，而是涵括一切僭越法的统治，换言之，如果僭主服从法律，他的统治就是王政；如果王者僭越法律，他的统治就是僭政。所以我们不难理解，在吕库尔戈斯立法之前，斯巴达明明是双王制，为何却被说成是从僭政转变为王政。柏拉图以这样的方式悬置了僭主与民主的争执，使法的统治或非法的统治变成唯

① 关于吕库尔戈斯的立法，参见希罗多德，《历史》，卷一，65–66；柏拉图，《法义》691e–692a；普鲁塔克，《吕库尔戈斯传》5–7节。

一的选择。《书简八》稍后为叙拉古立法时提出，叙拉古应该首先订立法律，"由法主宰其他邦民和王者们本人"（355e2–3），并建立斯巴达式的政制：王者并不掌握实际权力，主要主持圣事，犹如宗教性的祭司，实际权力掌握在三十五位护法者手中，此外还有议事会和公民大会（356d–357a）。《书简八》中的王政的确是可以实现的（δυνατόν，见354a7, b1），它并不要求王者的智慧，但它要求立法者像吕库尔戈斯本人那样"智慧且好"。当柏拉图以狄翁的名义为叙拉古立法时，他展现了他吕库尔戈斯式的智慧。

对于民主派，也就是"那些追求自由的习性、视奴役的重轭为恶而逃离的人们"，柏拉图建议他们要当心，不要因为贪求某种不合时宜的自由而重蹈其父辈的覆辙——他们的父辈就因为追求彻底的自由而走入僭政。自由与奴役实为一枚硬币的两面，过度的自由会导致奴役，过度的奴役会导致自由，要之在于两者的合度、节制或中道（比较《法义》693d–e, 701e）：

> 奴役与自由哪个过度哪个就是极恶，哪个合度哪个就是极善。合度的是受神奴役，不合度的是受人们奴役；对明智的人们而言，神是法，对不明智的人们而言，神是快乐。（354e3–355a1）

接下来，柏拉图遵照他开头的许诺（参见352c1），给予所有叙拉古人建议。柏拉图把他要建议的内容称为狄翁和他共同的建议，并以狄翁的名义发言："狄翁现在对你们说的话——倘若他还活着，而且能够开言的话——我将代他解说"（355a4–5）。柏拉图由此隐身，他给予所有叙拉古人的建议不过是在解说狄翁未说的话，已死的狄翁得以向世人陈述自己的遗愿。"狄翁"的发言针对"列位叙拉古人"，柏拉图是"狄翁"的解说者，可柏拉图同时要求狄翁的朋友们做自己的解说者，向所有叙拉古人宣告这番发言的内容，由此形成四层转述关系：狄翁—柏拉图—狄翁的朋友们—叙拉古人。柏拉图为什么不直接以自己的名义对所有叙拉古人发言？叙拉古人见证了狄翁两次解放城邦（356a），他们认识狄翁却不认识柏拉图，因此，柏拉图以己之名对叙拉古人发言恐怕不会有什么效力，只能依托狄翁作为面具。柏拉图恐怕也不愿意直接面对民众，他只对"狄翁的朋友们"发言，并让他们把"狄翁"的话转达给民众：柏拉图把"狄翁的各位家人和同伴"转变为"狄翁的朋友们"（参见《书简七》334c），实际是在寻求那些认同并能够继承狄翁遗愿的人们。

柏拉图的建议涉及法和政制。他在《书简七》中说狄翁旨在"无需最少的死亡和流血就能实现政制，制定最公正和最好的法律"（351c），如今他更具体地说明狄翁试图建立什么样的政制和法律。"狄翁"区分了三种卓越（ἀρετή），分属于灵魂、身体和财富，叙拉古人的法律应该最为尊崇灵魂的卓越，身体的卓越次之，财富带来的荣誉则等而下之。不过，现实的情形是，民众所追求的恰恰是财富，他们认为富人才幸福，因为财富是实现快乐的手段。"狄翁"所推崇的法律将约束民众的欲望，恢复西西里人先辈多里斯式的生活方式（比较《书简七》336c-d）。这样的法才会让服从它的人们真正幸福，因为幸福源于灵魂的卓越。

对于叙拉古未来的政制安排，"狄翁"再次提醒两方的势均力敌以及"他们的先辈"的功绩，并提出要"走中间路线"（μέσον τεμεῖν）：叙拉古人要经由王政达到自由，而狄奥尼修斯家族的王政要接受法的约束。在此原则下，"狄翁"为叙拉古拟定了一套混合政制，其中包含了三王、三十五位护法者、民众大会和议事会。"狄翁"要叙拉古人首先在诸神的帮助下立王，应立的三位王（模仿斯巴达的双王制？）分别是狄翁的儿子、老狄奥尼修斯的儿子（亦即狄翁的外甥）以及前任僭主狄奥尼修斯。立狄翁的儿子，并非因为他自己的功绩，而是因为狄翁和狄翁父亲对叙拉古的恩

情——狄翁父亲希普帕西努斯曾把城邦从蛮族人手中解放出来
(353b)，狄翁则两次把城邦从僭主手中解放出来；立老狄奥尼修斯的儿子希普帕西努斯，是因为他现在的援助和虔诚的品性，他虽是僭主之子，但他自愿让城邦自由；立狄奥尼修斯，则纯粹为了消除两派的争斗，虽然狄奥尼修斯很可能不会接受这一邀请，除非他"恐惧命运，而且为祖国、冷清的神庙和坟茔感到痛心"。三王的权力受到很大限制，除了负责宗教性的事务，"狄翁"并没说到其他，但他暗示三王可以获得"拉孔尼亚式的权力"，因而可以像斯巴达王一样掌管军队以及司法审判。总体来看，王更像是荣誉的称号，而非握有实权的统治者，这迥异于《书简七》中所宣扬的哲人王和王者统治。[①]三十五位护法者是战争和和平时的领袖，他们和民众大会、议事会共同统治。但护法者如何遴选、任期多长、民众大会和议事会的权力分配、三者的关系等等，"狄翁"并未多言。[②]从"中间路线"考虑，护法者、民众大会、议事会可能都代表民主派的势力，其成员主要由反对僭政的人构成，而当时叙拉古可能已经有这些机构，所以"狄翁"无需细言。就此而言，"狄翁"主张的是一种保留了"王政"的民主政治，他对"王政"进行了极大限制，试图达到僭主派与民主派的平衡。这种平衡主要牺牲了僭主派的势力，其实现很大程度上取决于"敌军的首领"狄奥尼修斯是否能顾全大局、放弃对抗。"狄翁"非常关心法庭审判，他规定应由不同的法庭审理不同的案件，但那些

---

① G. R. Morrow，《柏拉图书简》，页183。

② "狄翁"的政制设计与《法义》中雅典异乡人为新殖民地克诺索斯(Knossos)的立法遥相呼应。雅典异乡人也提出了护法者和民众大会、议事会的共同统治，只不过他的护法卫士是三十七位(卷六，752e)，护法卫士和议事会是由公民大会选出，议事会由依财产划分的四等阶层中数目相同的成员构成(卷六，756c–d)，护法卫士则不限于任何一个阶层(卷六，755b)。有人据此认为，柏拉图在写作《书简八》时随手引用了他当时正在写作的《法义》。参见G. R. Morrow，《柏拉图书简》，页183–185。

涉及死刑和流放的案件应由三十五位护法者加上上一年公认最好且最公正的长官一起审理，王绝不能审理任何这类案件，因为他要像祭司一样保持洁净。

　　"狄翁"说，倘若他还活着，在实现这些之后，他会殖民西西里的其他地方，驱除蛮族人，让希腊人回到故土定居——柏拉图在《书简七》中亦如此解说狄翁的遗愿(336a–b)。如今"狄翁"建议所有叙拉古人，为了这些目标要齐心协力，并呼召所有人参与这些行动。这些目标并非不可能，因为希普帕西努斯与他儿子的灵魂已经达成共契。尽管两位希普帕西努斯达成共契，最关键的人物狄奥尼修斯则未必，三王制很可能最终只能落实为两王制，并最终沦为泡影。"狄翁"最后要求叙拉古人一面向诸神祈祷和祭献，一面劝说朋友和敌人，直到现在说的这些幸运地实现。"狄翁"的建议结束于副词εὐτυχῇ[幸运地]，从而暗示它们的实现依赖于神佑和机运。僭主派和民主派两不相让，不可能接受这样的折中方案。在狄翁死后的十年间，叙拉古各派混战不已，直到公元前344年科林斯人提摩勒昂入主西西里，才逐渐建立稳固的政制，并灭除了僭政。

参 考 文 献

Bartlett. R.C. trans., *Plato "Protagoras" and "Meno".* Cornell University Press, 2004.

Bloom, A. trans., *The Republic of Plato*, 2nd ed. New York: Basic Book, 1991.

Carnes, L. trans., *Aristotle The Politics.* University of Chicago Press, 1984.

Finley, M. I., *Ancient Sicily*, Rowman and Littlefield, 1979.

Friedländ, Paul., *Plato*, trans. Hans Meyerhoff, New York: Pantheon Books, Vol.1, 1958.

Fritz, Kurt von., *Pythagorean Politics in Southern Italy.* Columbia University Press, 1940.

Fowler, Harold N. trans., *Plutarch Moralia* Volum X, Loeb Classical Library, 2002.

Hankins. J., *Plato in The Italian Renaissance.* Leiden: E.J. Brill, 1990.

Hackforth, R., *The Authorship of the Platonic Epistles*, Manchester University Press, 1913

Isocrates, *Isocrates* in 3 vols. Loeb Classical Library, 1968.

Kalkavage. P. trans., *Plato's Timaeus.* Focus Publishing, 2001.

Klein, J., *A Commentary on Plato's Meno.* University of North Carolina Press, 1965.

Minar, Edwin L. Jr., *Early Pythagorean Politics.* Arno Press, 1979.

Newman, W. L., *The Politics of Aristotls.*4vols. Oxford, 1887.

Pangle, T. trans., *The Laws of Plato.* University of Chicago Press, 1980.

Pangle, T.ed., *The Roots of Political Philosophy: Ten forgotten Socratic Dialogues*. Cornell University Press, 1987.

Perrin, B. trans., *Plutarch's Lives,* Vol.VI. Loeb Classical Library, 1961.

Strauss, L., *The Argument and the Action of Plato's Laws*. University of Chicago Press, 1975.

Strauss, L., *On Tyranny*. University of Chicago Press, 2000.

Strauss, L., *The City and Man*. University of Chicago Press, 1964.

Strauss, L., "The Origins of Political Science and The Problem of Socrates: Six Public Lectures", in *Interpretation* Vol. 23(2) ,1996. pp.127–208.

Strauss, L., *Socrates and Aristophanes*. University of Chicago Press, 1966.

Taylor T. trans., *Proclus. The Theology of Plato*, Prometheus Trust, 1995.

Westerink, L. G., *Anonymous Prolegomena to Platonic Philosophy*, Amsterdam: North-Holland Publishing Co., 1962.

The Cambridge Ancient History, Vol.6,2nd Edition, Cambridge, 2006.

阿尔法拉比,《柏拉图的哲学》,程志敏译,华东师范大学出版社,2006。

柏拉图,《柏拉图全集》(1–4卷),王晓朝译,人民出版社,2003。

柏拉图,《苏格拉底的申辩》,吴飞译疏,华夏出版社,2007。

柏拉图,《理想国》,郭斌和、张竹明译,商务印书馆,1986。

柏拉图,《理想国》,王扬译,华夏出版社,2012.

柏拉图,《柏拉图的〈会饮〉》,刘小枫译,华夏出版社,2003。

柏拉图,《斐德若》,刘小枫译,未刊稿。

柏拉图,《柏拉图对话集》,王太庆译,商务印书馆,2005。

柏拉图,《巴曼尼得斯篇》,陈康译,商务印书馆,1997。

柏拉图,《政治家》,洪涛译,上海人民出版社,2006。

伯格编,《走向古典诗学之路》,肖涧译,华夏出版社,2007。

布鲁姆,《巨人与侏儒》,张辉选编,华夏出版社,2003。

费勃,《哲人的无知:何以柏拉图没有写下"未成文学说"》,王师译,华夏出版社,2010。

拉尔修,《名哲言行录》,马永祥等译,吉林人民出版社,2003。

拉尔修,《名哲言行录》,徐开来、溥林译,广西师范大学出版社,2010。

刘小枫,《普罗米修斯之罪》,三联书店,2012年

刘小枫编,《苏格拉底问题与现代性》,彭磊、丁耘译,华夏出版社,2008。

刘小枫、陈少明主编,《经典与解释5:古典传统与自由教育》,华夏出版社,2005。

刘小枫、陈少明主编,《经典与解释8:苏格拉底问题》,华夏出版社,2005。

刘小枫、陈少明主编,《经典与解释16:柏拉图的真伪》,华夏出版社,2007。

卢梭,《论人与人不平等的起因和基础》,李平沤译,商务印书馆,2008。

卢梭,《社会契约论》,何兆武译,商务印书馆,2003。

马特,《柏拉图与神话之镜》,吴雅凌译,华东师范大学出版社,2008。

奈波斯,《外族名将传》,刘君玲等译,上海人民出版社,2005。

尼采,《人性的,太人性的》,魏育青译,华东师范大学出版社,2008。

尼采,《朝霞》,田立年译,华东师范大学出版社,2007。

彭磊选编,《叙拉古的雅典异乡人:柏拉图〈书简七〉探幽》,王师、马涛红译,华夏出版社,2010。

普鲁塔克,《希腊罗马名人传》,席代岳译,吉林出版集团,2009。

普洛克罗,《柏拉图的神学》,石敏敏译,中国社会科学出版社,2007

萨顿,《希腊黄金时代的古代科学》,鲁旭东译,大象出版社,2010。

色诺芬,《回忆苏格拉底》,吴永泉译,商务印书馆,2007。

色诺芬,《长征记》,崔金戎译,商务印书馆,1997。

色诺芬,《色诺芬的〈会饮〉》,沈默等译,华夏出版社,2006。

斯金纳,《现代政治思想的基础》,奚端森、亚方译,商务印书馆,2002。

施特劳斯、科耶夫,《论僭政》,何地译,华夏出版社,2006。

施特劳斯,《自然权利与历史》,彭刚译,三联书店,2006。

施特劳斯,《回归古典政治哲学》,朱雁冰、何鸿藻译,华夏出版社,2006。

施特劳斯,《色诺芬的苏格拉底言辞》,杜佳译,华东师范大学出版社,2010。

施特劳斯,《迫害与写作艺术》,刘锋译,华夏出版社,2012。

西塞罗,《论共和国》,王焕生译,上海人民出版社,2006。

希罗多德,《历史》,王以铸译,商务印书馆,2005。

修昔底德,《伯罗奔尼撒战争史》,徐松岩、黄贤全译,广西师范大学出版社,2004。

亚里士多德,《政治学》,吴寿彭译,商务印书馆,2007。

亚里士多德,《尼各马可伦理学》,廖申白译注,商务印书馆,2008。

亚里士多德,《修辞学》,罗念生译,上海人民出版社,2006。

附录：柏拉图书简研究文献通览

传记与历史

Boas, G., "Fact and Legend in the Biography of Plato", *The Philosophical Review*, Vol.57.5, 1948, pp. 439–457.

Bowra, C. M., "Plato's Epigram on Dion's Death", *The American Journal of Philology*, Vol.59.4, 1938, pp. 394–404.

Finley, M. I., *Ancient Sicily*, Totowa, N. J., 1979.

Fuks, Alexander, "Redistribution of Land and Houses in Syracuse in 356 B. C. and Its Ideological Aspects", *The Classical Quarterly*, Vol.18.2, 1968, pp. 207–223.

Marcuse, Ludwig, *Platon und Dionys. Geschichte einer Demokratie und einer Diktatur*, Berlin: Blanvalet, 1968.

Riginos, A. S., *Platonica: The Anecdotes Concerning the Life and Writings of Plato*, Leiden: E. J. Brill, 1976.

Scheliha, R. von, *Dion. Die Platonische Staatsgruendung in Sizilien*, Leipzig, 1934.

Westlake, D. D., "Dion: A Study in Liberation", in *Essays on the Greek Historians and Greek History*, Manchester University Press, 1969, pp. 251–264.

---

① 此处仅列出与柏拉图书简直接相关的中西文献，以论文居多。部分据 Luc Brisson法译本所列文献整理。

——"Dion and Timoleon", in *The Cambridge Ancient History*, Vol.6, Cambridge 2nd Edition.

真伪考辨

Gulley, Norman, "The Authenticity of the Platonic Epistles", in Vol.1 of *Pseudepigraphia*, ed. K. von Fritz, Geneva: Foundation Hardt, 1972, pp. 105–143.

Hackforth, R., *The Authorship of the Platonic Epistles*, Manchester, 1913.

Wohl, V., "Plato *avant la lettre*: Authenticity in Plato's *Epistles*", *Ramus* 27, 1998, pp. 60–93.

体例研究

Rosenmeyer, P.A., *Ancient Greek Literary Letters*, Routledge, 2006.

Momigliano, Arnaldo, *Development of Greek Biography*, Harvard Uni. Press, Expanded edition, 1993.

《书简七》

Aalders, G. J. D., "Political Thought and Political Programs in the Platonic Epistles", in Vol.1 of *Pseudepigraphia*, ed. K. von Fritz, Geneva: Foundation Hardt, 1972, pp. 147–187。

Andreae, W., *Platons Philosophie in seinen Briefen*, Leipzig, 1922.

Andreae, W., "Die philosophischen Probleme in Platonischen Briefen", *Philologus* LXXVIII, 1923, pp. 34–87.

Bluck, R.S., "Plato's Bibliography: The Seventh Letter", *The Philosophical Review*, Vol.8.5, 1949, pp. 503–509.

Brisson, Luc, "La Lettre VII de Platon, une autobiographie?", in *L'Invention de l'autobiographie: d'Hésiode à Saint-Augustin*, Paris: Presses de l'Ecole Normale Superieure, 1993, pp. 36–46.[此文综合了Brisson译本导言的内容]

Brumbaugh, Robert S., "Digression and Dialogue: The Seventh Letter and Plato's Literary Form", in *Platonic Writing, Platonic Readings*, ed. Charles L. Griswold, Jr. N.Y./London, 1988, pp. 84–92.

De Blois, L., "Some Notes on Plato's Seventh Epistle", *Mnemosyne* 32,1979, pp. 268–283.

Diès, A.,"Quelques études récentes sur les lettres de Platon", *Revue Pilologique*, Vol.9, 1935, pp. 371–388.

Edelstein, L., *Plato's Seventh Letter*, Leiden: E. J. Brill, 1966.

Egermann, F., *Die Platonischen Brief VII und VIII*, Berlin, 1928.

Ferber, R., *Die Unwissenheit des Philosophen oder Warum hat Plato die "ungeschriebene Lehre" nicht geschrieben?*, Sankt Augustin, 1991; München, 2007.

Friedländer, P., "Plato's Letters", in *Plato*, trans. Hans Meyerhoff, New York: Pantheon Books, Vol.1, 1958, pp. 236–245.

Fritz, Kurt von, "Die Philosophische Stelle im siebten platonischen Brief und die Frage der 'esoterischen' Pilosophische Platons", *Phronesis* 11, 1966, pp. 117–153.

——*Platon in Sizilien und das Problem der Philosophenherrschaft*, Berlin, 1968.

——"The Philosophical Passage in the Seventh Platonic Letter and the Problem of Plato's 'Esoteric' Philosophy", in *Essays in Ancient Greek Philosophy* I, ed. J. P. Anton and G.L. Kustas, State University of New York Press, 1971, pp. 408–447.

——"Der vermeintliche Augenarzt Lynkeus in Platons Siebtem Brief", in *Archiv für Geschichte der Philosophie* 53, 1971, pp. 231–237.

Gadamer, H. G., *Dialektik und Sophistik im siebenten platonishchen Brief*, Heidelber, 1964.[中译 "柏拉图《第七封信》中的辩证法与诡辩"，见《迦达默尔论柏拉图》，余纪元译，北京：光明日报出版社，1992]

Harward, J., "The Seventh and Eighth Platonic Epistles", *The Classical Quarterly*, Vol.22. 3/4, 1928, pp.143–154。

Hell, G., *Untersuchungen und Beobachtungen zu den Platonischen Briefen*, Berlin, 1933.

——"Zur Datierung des 7. und 8. Platonischen Briefes", *Hermes* LXVII, 1932, pp. 295–302.

Hildebrandt, K.,"Dions Schicksal und Platons Briefe an die Platoniker in

Syrakus", in *Platon*, Berlin, 1933, pp. 328–342.

Lewis, V. Bradley, "The Rhetoric of Philosophical Politics in Plato's Seventh Letter", *Philosophy and Rhetoric* 33, 2000, pp. 23–38.

——"The Seventh Letter and the unity of Plato's Political Philosophy", *The Southern Journal of Philosophy* 38, 2000, pp. 231–250.

Lloyd, G. E. R., "Plato and Archytas in the Seventh Letter", *Phronesis* 35, 1990, pp. 159–174.

Morrow, G., "The Theory of Knowledge in Plato's Seventh epistle", *Philosophical Review* Vol.38.4, 1929, pp. 326–349.

Post, L. A., "The Seventh and Eighth Platonic Epistles", *The Classical Quarterly*, Vol.24.2, 1930, pp. 113–115.

——"Plato Epistle vii. 333a", *Classical Philology*, Vol.18.2, 1923, pp. 180–182.

——"A Supposed Historical Discrepancy in the Platonic Epistles", *The American Journal of Philology*, Vol.45.4, 1924, pp. 371–376.

Reinhold, H., *De Platonis Epistulis Dissertatio*, Quedlinburg, 1886.

Rhodes, James M., "Mystic Philosophy in the Seventh Letter", in *Politics, Philosophy, Writing: Plato's Art of Caring for Souls*, ed. Zdravko Planinc, pp.179–247. 后收入Rhodes, James M., *Eros, Wisdom, Silence: Plato's Erotic Dialogues*, Uni. of Missouri Press, 2003.

Sayre, Kenneth M., "Plato's Dialogue in Light of the Seventh Letter", in *Platonic Writing, Platonic Readings*, ed. Charles L. Griswold, N.Y./ London: Routledge, 1988, pp. 93–109.

Stenzel, J., *Über den Aufbau der Erkenntnis im 7. Platonischen Brief*, Jahresbericht des Philologischen Vereins, 1921, pp. 63–84.

Szlezák, Th.A., "The Acquiring of Philosophical Knowledge according to Plato's Seventh Letter", in *Arktouros: Hellenic Studies Presented to B. M. W. Knox*, ed. G. W. Bowersock, W. Burkert and M. C. J. Putnam, Berlin: W. de Gruyter, 1979, pp. 354–363.

Tarrant, H., "Middle Platonism and the Seventh Epistle", *Phronesis* 28, 1983, pp. 75–103.

Taylor, A. E., "The Analysis of $\epsilon\pi\iota\sigma\tau\eta\mu\eta$ in Plato's Seventh Epistle", *Mind*,

Vol.21, 1912, pp. 347–370.

Thurnher, R., *Der siebte Platonbrief. Versuch einen umfassenden philosophischen Interpretation*, Meisenheim, 1975.

成官泯，"柏拉图《第七封信》的结构与主题"，见《经典与解释2：柏拉图的哲学戏剧》，上海三联书店，2003，页157–179。

—— "简评林国华'柏拉图的叙拉古'"，《经典与解释5：卢梭的苏格拉底主义》，北京：华夏出版社，2003，页49–80。

林国华，"柏拉图的'叙拉古'与狄翁的'友谊'难题"，见《经典与解释5：古典传统与自由教育》，北京：华夏出版社，2005，页157–179。

—— "关于柏拉图'第七封书信'的文体问题"，《诗歌与历史：政治哲学的古典风格》，上海三联书店，2005，页198–200。

王恒，"柏拉图《书简》中的政治与哲学问题"，见林国华、王恒编，《古代世界的自由与和平》，上海人民出版社，2010，页180–207。

《书简二》

Bluck, R.S., "The Second Platonic Epistles", *Phronesis* 5, 1960, pp. 140–151.

Rist, J. M., "Neopythagoreanism and Plato's second Letter", *Phronesis* 10, 1965, pp. 78–81.

Stannard, J., "Plato, Epistle II 312a", *Phronesis* 5, 1960, pp. 53–55.

Harward, J., "The Date of the Second Platonic Epistle", *The Classical Review*, Vol.40.6, 1926, pp. 186–188.

Post, L. A., "The Date of the Second Platonic Epistle", *The Classical Review*, Vol.41. 2, 1927, pp. 58–59.

《书简六》

Shorey, Paul, "Note on the Sixth Platonic Epistle", *Classical Philology*, Vol.10.1, 1915, pp. 87–88.

Post, L.A., "Plato, Epistle VI. 322d", *The Classical Review*, Vol.44.4, 1930, p.116.

《书简八》

Aalders, G. J. D., "The Authenticity of the Eighth Platonic Epistle Reconsidered", *Mnemosyne* 4:22:3, 1969, pp. 233–257.

《书简十一》

Salviat, F., "La *Lettre* XI de Platon. Léodamas de Thasos, Kallistratos d' Athènes et la fondation de Krénidès", *Annales de la Faculté des Lettres et Sciences humaines d'Aix* (Série Class.) 43, 1967, pp. 43–56.

《书简十二》

Thesleff, H. "Okellos, Archytas and Plato", *Eranos* 60, 1962, pp. 8–36.

《书简十三》

Gaiser, K., "Platone come kolax in una lettera apocrifa (13 a epist.)", *Sandalion* 4, 1981, pp. 71–94.

图书在版编目(CIP)数据

哲人与僭主：柏拉图书简研究/彭磊著.
--上海：华东师范大学出版社，2016.1
（政治哲学文库）
ISBN 978-7-5675-2768-3

Ⅰ.①哲… Ⅱ.①彭… Ⅲ.①柏拉图(前427~前347)-书信集-研究 Ⅳ.①B502.232

中国版本图书馆CIP数据核字(2014)第264582号

华东师范大学出版社六点分社

企划人 倪为国

政治哲学文库

哲人与僭主：柏拉图书简研究

著　　者	彭　磊
审读编辑	温玉伟
责任编辑	彭文曼
封面设计	卢晓红

出版发行　华东师范大学出版社
社　　址　上海市中山北路3663号　　邮编　200062
网　　址　www.ecnupress.com.cn
电　　话　021-60821666　　　　　行政传真　021-62572105
客服电话　021-62865537　　　　　门市(邮购)电话　021-62869887
地　　址　上海市中山北路3663号华东师范大学校内先锋路口
网　　店　http://hdsdcbs.tmall.com

印 刷 者　上海景条印刷有限公司
开　　本　890×1240　1/32
插　　页　6
印　　张　8.5
字　　数　180千字
版　　次　2016年1月第1版
印　　次　2016年1月第1次
书　　号　ISBN 978-7-5675-2768-3/B·893
定　　价　50.00元

出 版 人　王　焰

政治哲学文库书目